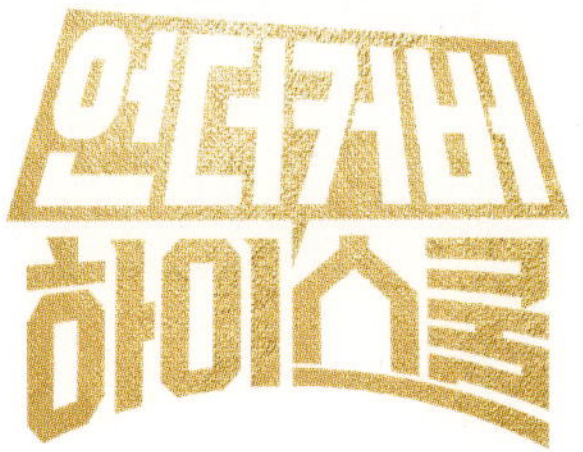

엉덩이탐정
하이스쿨

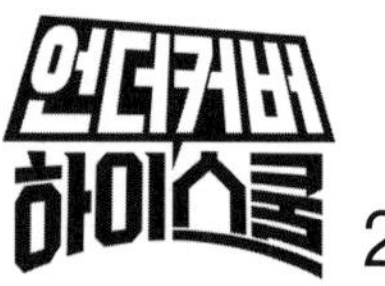 2

초판 1쇄 찍은날 2025년 05월 26일
초판 1쇄 펴낸날 2025년 06월 11일

글 임영빈
펴낸이 서경석
총괄 서기원 **편집** 배현아 서지혜 손다인 황창선
기획·마케팅 박문수 **디자인·제작** 이문영

펴낸곳 도서출판청어람
출판등록 1999년 05월 31일(제38-7-1999-000006호)

주소 서울특별시 구로구 디지털로272, 404호
전화 02-6956-0531
팩스 02-6956-0532
메일 chungeoram_book@naver.com

ISBN 979-11-04-20002-1 04680
        979-11-04-20000-7 (세트)

임영빈 대본집

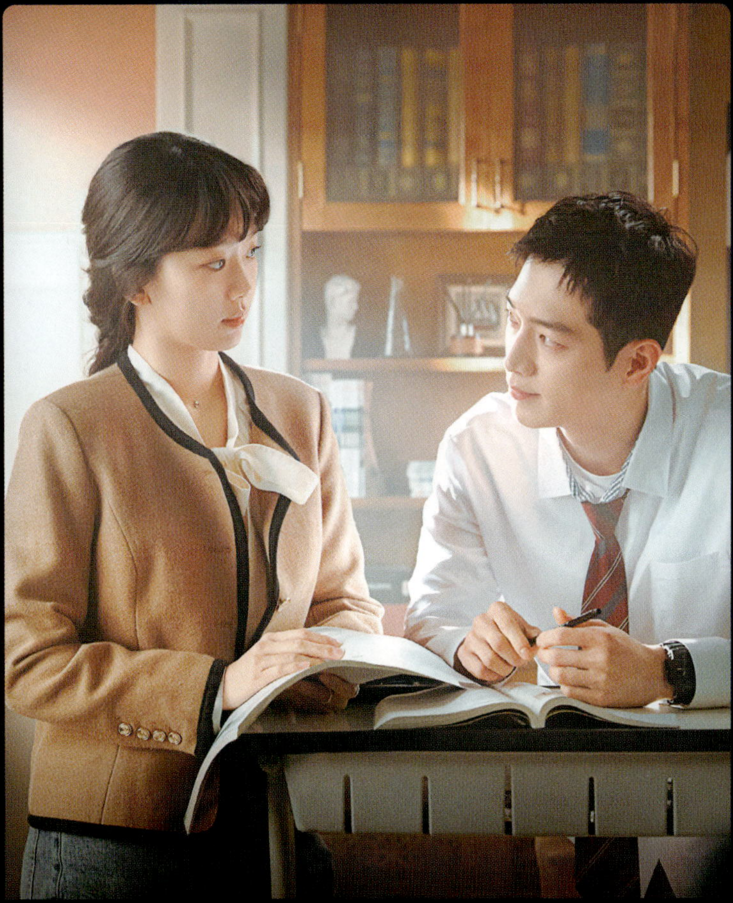

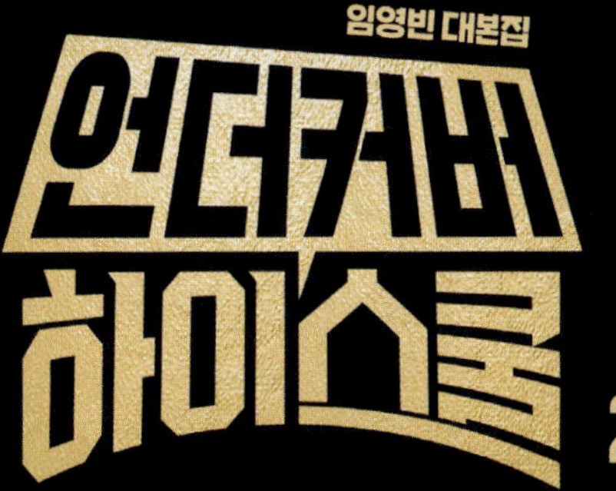

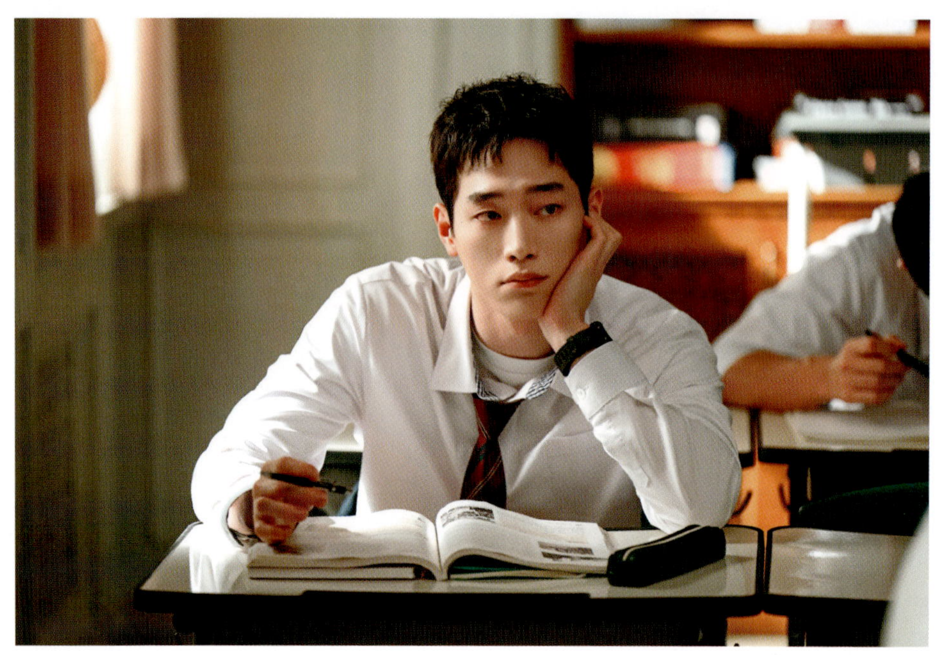

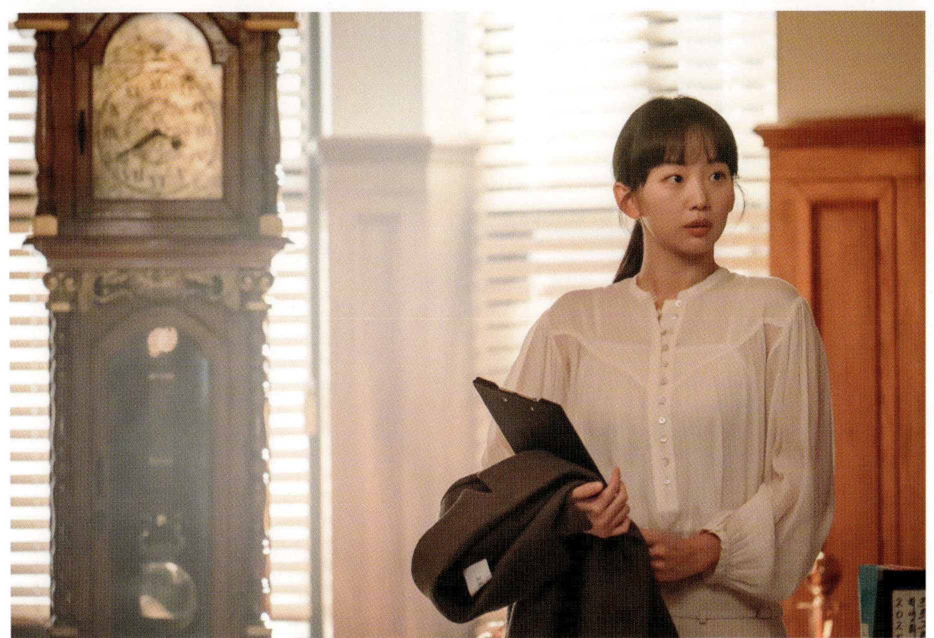

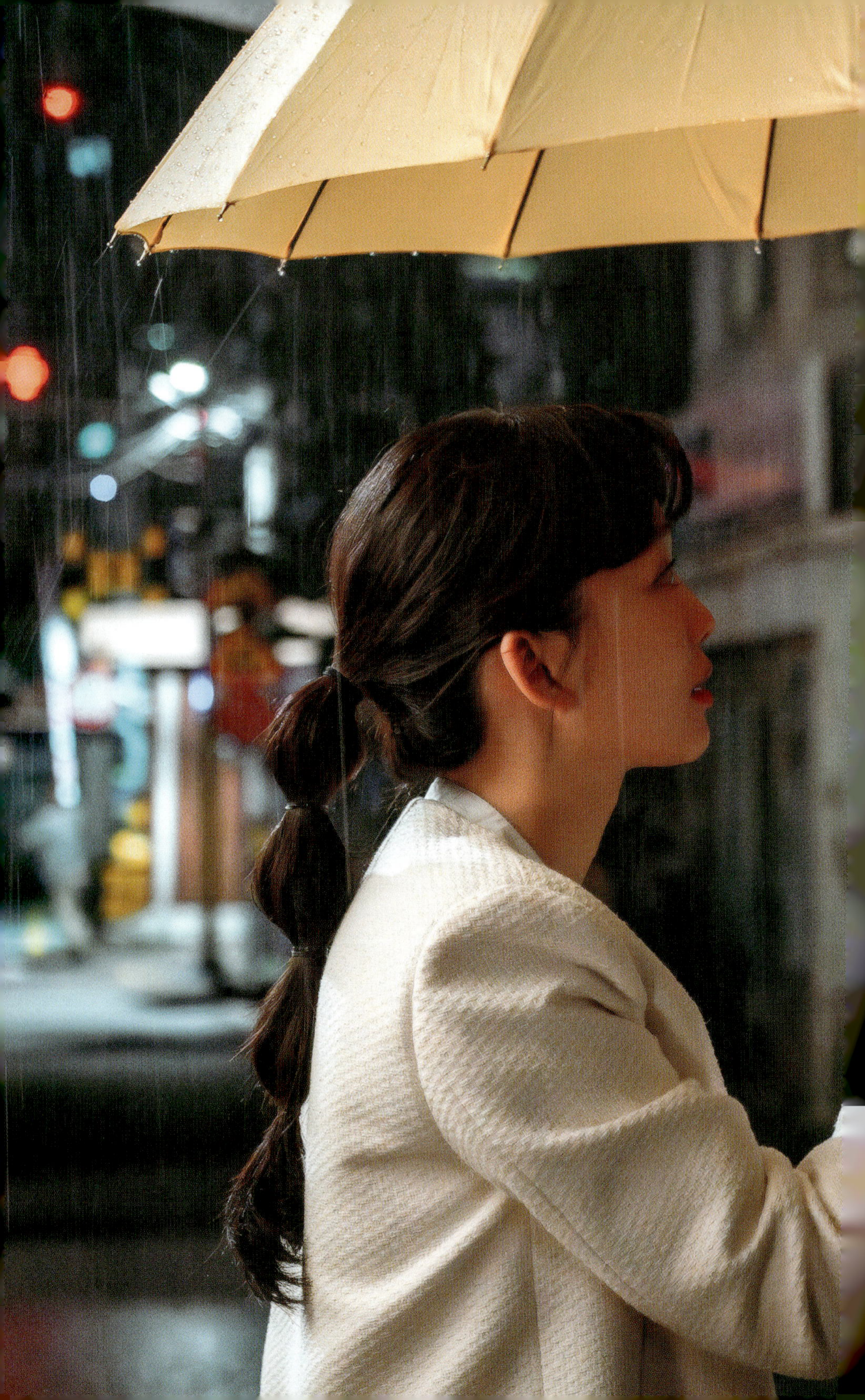

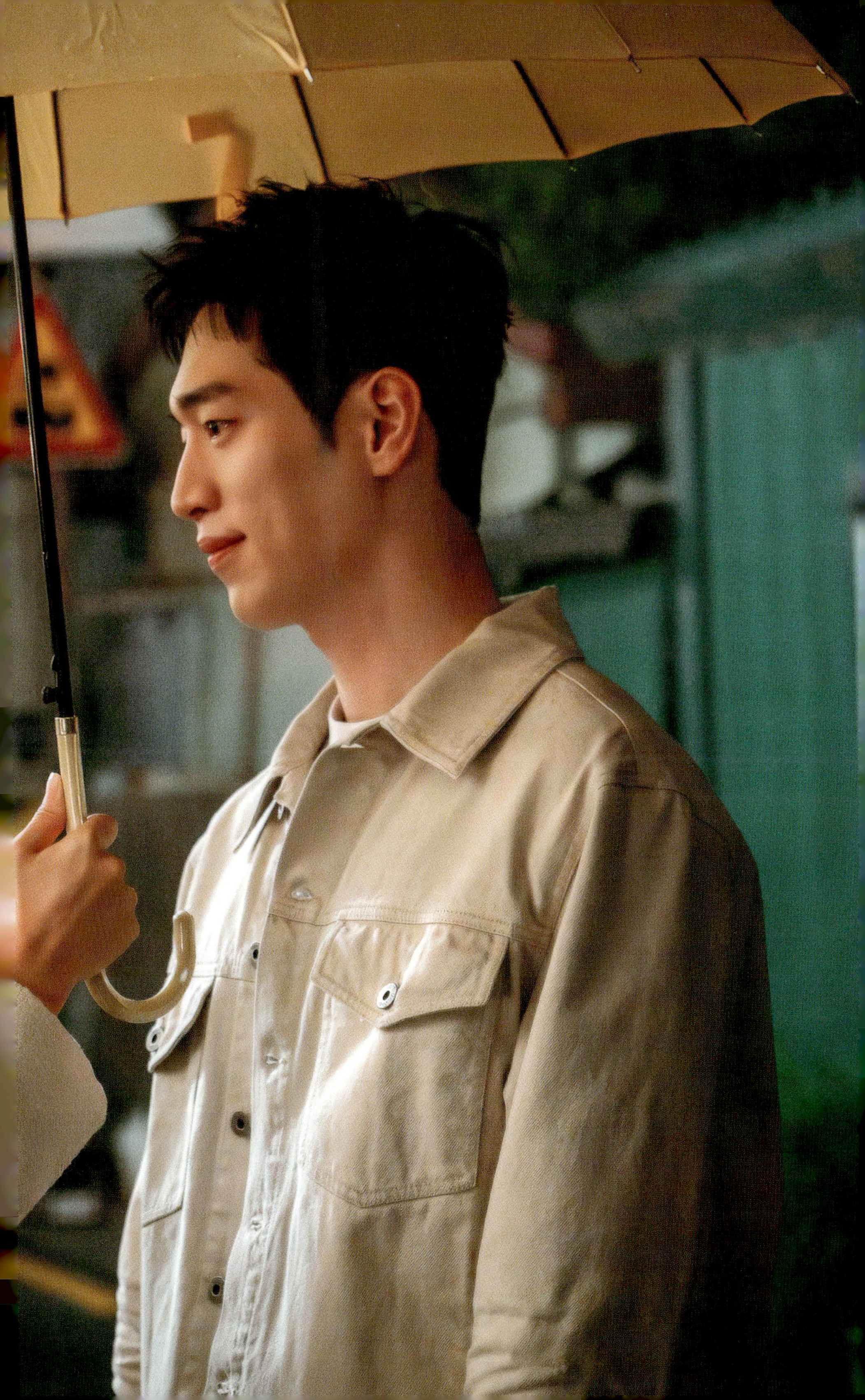

언더커버 하이스쿨

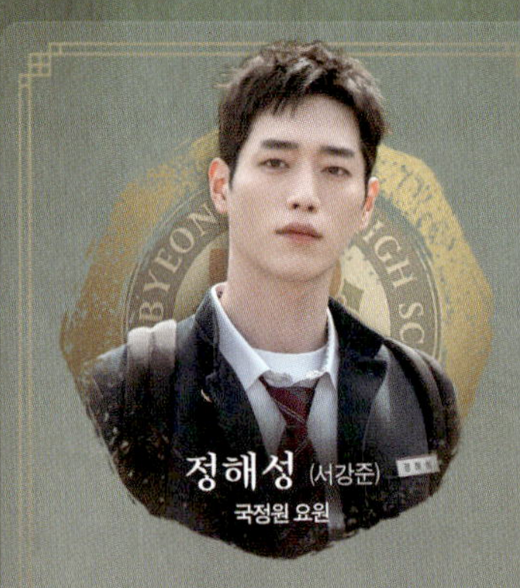

정해성 (서강준)
국정원 요원

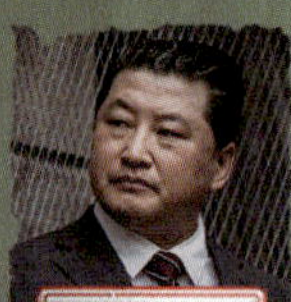

박재문 (박진우)
교장

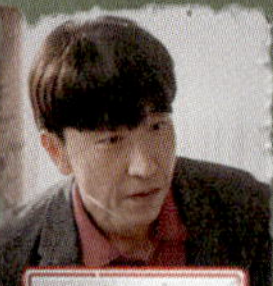

백광두 (오용)
교감

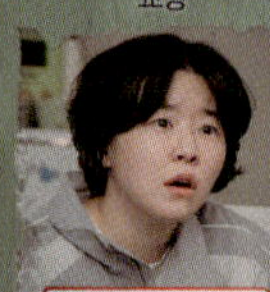
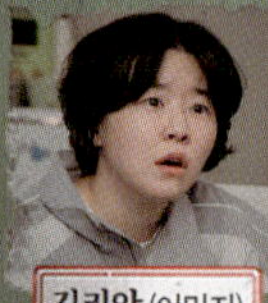

김리안 (이민지)
체육 선생님

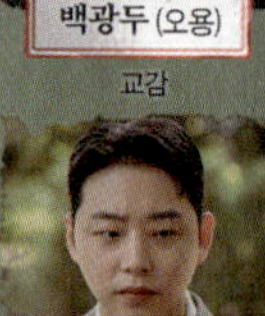

이준호 (노종현)
수학 선생님

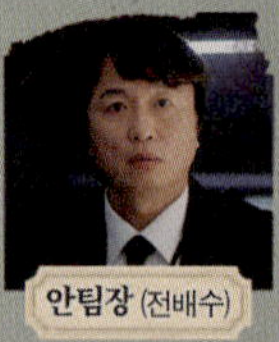

안팀장 (전배수)
국내4팀 팀장

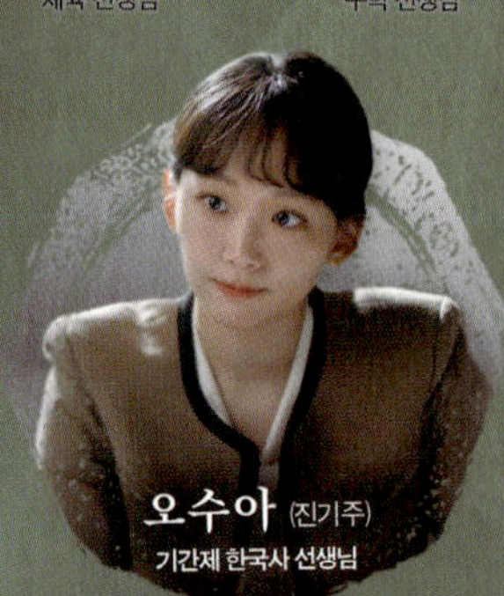

오수아 (진기주)
기간제 한국사 선생님

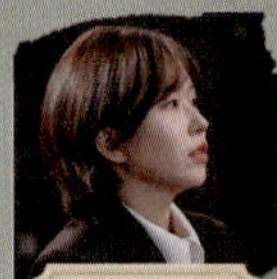

박미정 (윤가이)
국정원 요원

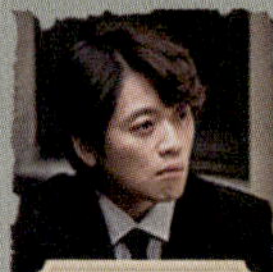

고영훈 (조복래)
국정원 요원

국내4팀

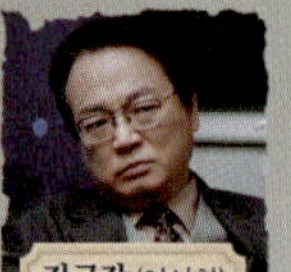

김국장 (이서환)
국내파트 국장

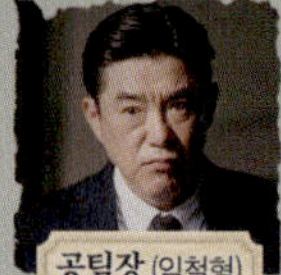

공팀장 (임철형)

국정원

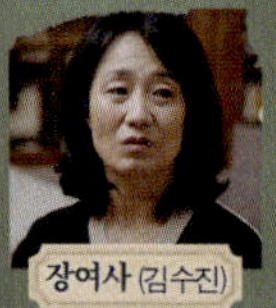

장여사 (김수진)

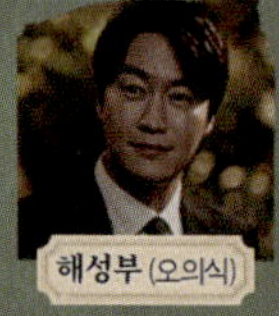

해성부 (오의식)

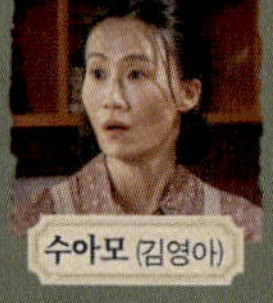

수아모 (김영아)

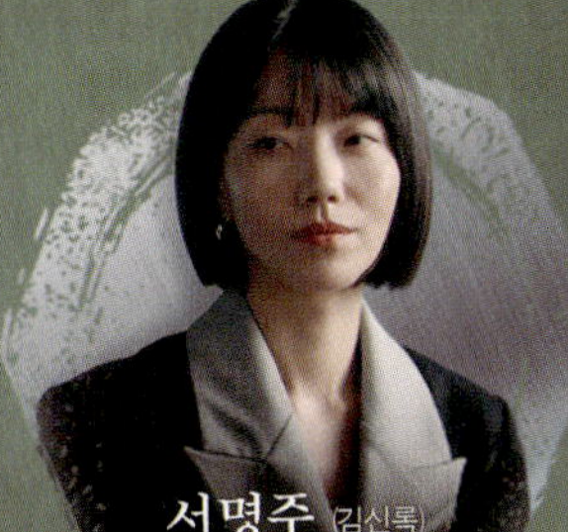

서명주 (김신록)
병문고 현 이사장

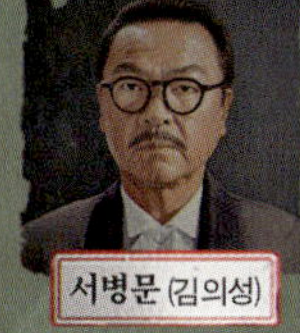

서병문 (김의성)
초대 이사장

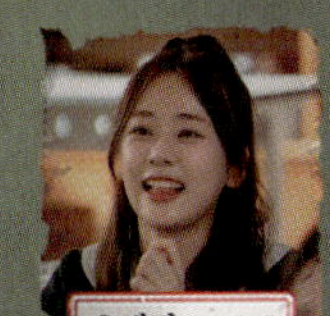

윤채린 (윤채빈)

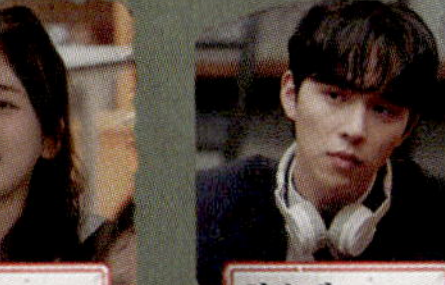

한승재 (이현소)

지현준 (김선민)
부학생회장

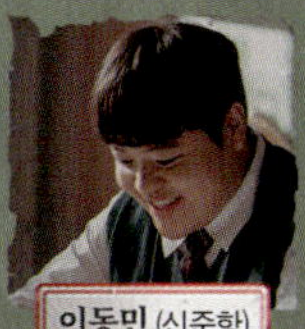

이동민 (신준항)

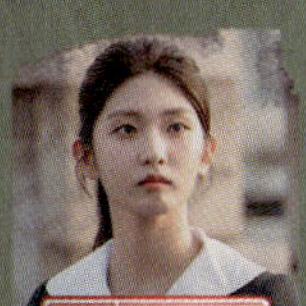

박태수 (장성범)

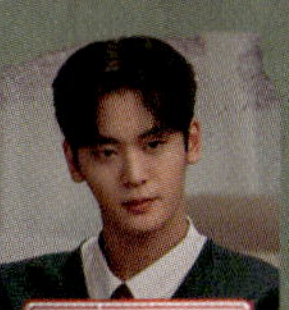

안유정 (박세현)

이예나 (김민주)
학생회장

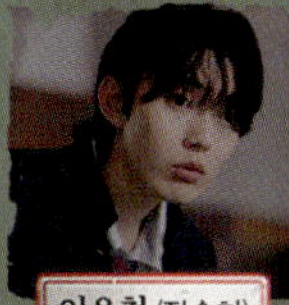

임윤철 (정수현)

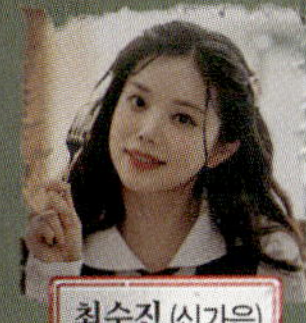

최수진 (신가은)

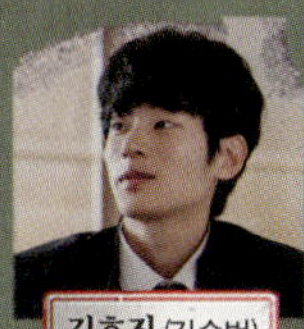

김호진 (김승범)

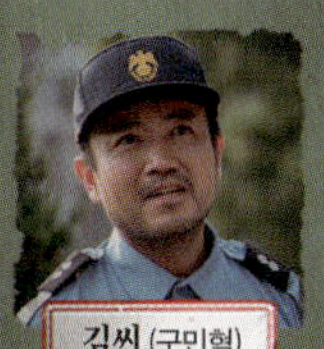

김씨 (구민혁)
병문고 경비원

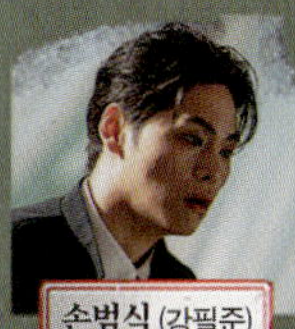

손범식 (강필준)

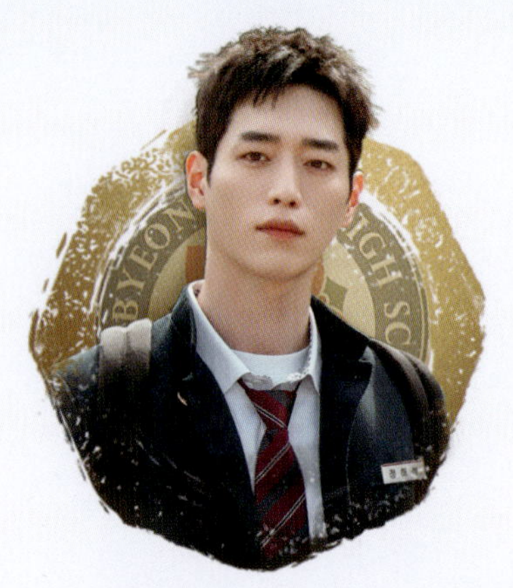

정 해 성 *cast 서강준*

국정원 국내4팀 소속 에이스 현장 요원

고종 황제의 금괴를 찾으란 특명을 받고 '언더커버 하이스쿨' 작전에 투입, 팔자에도 없는 고등학교 생활을 만끽(?)하게 되는 비운의 인물.

연예인 뺨치는 외모와 목소리, 가끔씩 짓는 미소로 전교생들의 관심을 한 몸에 받지만 정작 본인은 무관심과 무덤덤으로 응수하는, 진정한 의미의 마성의 남자.

'준비에 실패하는 것은 실패를 준비하는 것이다.'

국정원의 에이스 요원답게 심리전과 협상에 뛰어나며 언제 어떤 상황에서든 신속한 판단과 결단을 내린다. 타인에게 기대지 않고 고립된 삶을 살아가는, 복잡한 내면을 가지고 살아가는 인물.

해성은 자기도 모르는 새 점점 학생들에게 마음을 열어간다.

있는 줄도 몰랐던 오지랖과 정의감을 십분 발휘, 어느새 학교의 영웅으로까지 추앙받게 되는 해성. '정신 차리니 이렇게 됐다.'는 기가 막힌 상황 속, 과연 해성은 무사히 임무를 마칠 수 있을까?

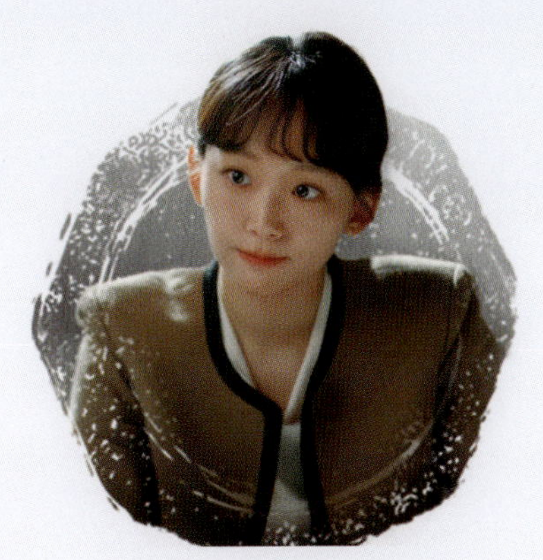

오 수 아 *cast 진기주*

해성의 담임이자 병문고 기간제 선생님. 담당 과목은 한국사

수없이 겪은 임용고시 낙방, 이후 늦깎이 나이에 간신히 잡은 병문고 기간제 계약직.
비록 기간제지만 학생들을 생각하는 마음은 누구에게도 지지 않는다 자부하며
병문고에 입성했지만… 세상에, 이게 뭐람? 수아는 이내 깨닫게 된다.
교사로서의 현실과 이상은 천국과 지옥만큼 다르다는 것을.
학생들에 대한 열정과 사랑은 자신이 정교사가 되는 데 아무 도움도 안 된다는 것을.
정교사가 되는 데 필요한 건 자본주의 미소와 궂은일 도맡아하기, 그리고 지문이
닳아 없어질 정도의 아부라는 것을…!
병문고에 첫발을 내디뎠을 때의 마음가짐 따윈 어느새 까맣게 잊고 만 수아.
'열정금지'를 모토로 오직 정교사가 되겠다는 데에만 온 신경을 쏟던 어느 날,
한 학생이 전학을 온다. 근데 이름이… 정해성?
근데 볼수록 옛날의 나의 첫사랑이랑 오버랩이 되는 것이 대체 애는 뭔가 싶다.
너 설마… 아니지?

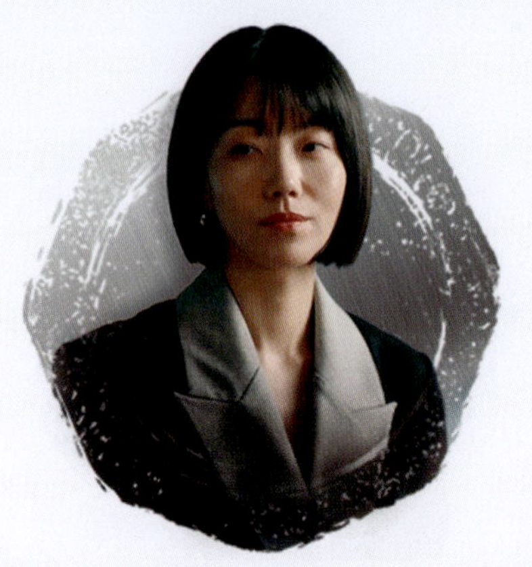

서 명 주 *cast* 김신록

현 병문재단 및 병문고 이사장이자 예나의 모친

세상 누구보다 학교와 딸 예나를 사랑하는, 그래서 내 것이고 내 것은 무조건 1등이고 최고여야만 한다는 왜곡된 집착의 소유자.

어떤 경우에도 동요하거나 흔들리지 않는다. 치밀하고 계획적이며, 언제나 상대보다 한 수 앞을 생각하고 두 수 먼저 움직이는, 극 중 해성의 최대 최악의 맞수.

자신의 것을 빼앗거나 망치려 드는 사람은 누구든 용서하지 않는다.

그런데 감히 학교 출입금지 구역에 누군가 침입을 했다. 누군가 했더니... 전학생이라고? 더 거슬리면 그때 치워버리면 될 뿐, 일단 어떻게 노는지 구경이나 해볼까? 호기심 많은 학생이라니 제법 쓸모가 있을지도 모른다.

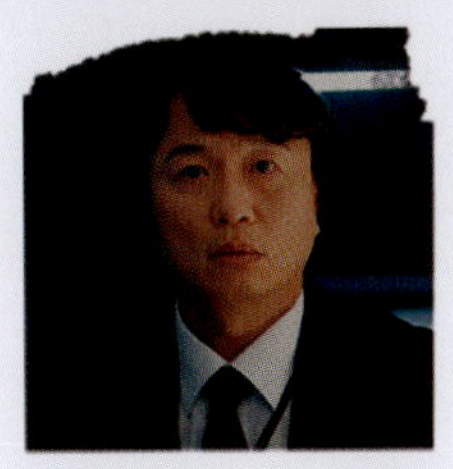

안 팀장 *cast* 전배수

**이름 안석호. 국정원 국내4팀의 팀장이자
해성에겐 제2의 가족, 아버지 같은 존재**

따뜻하고 인간적이다. 소탈하고 소박하다. 주책맞고 오
지랖도 넓다면 넓은, 흔하디흔한 옆집 삼촌 같은 사람.
과거엔 해성의 아버지 '정재현 요원'의 절친한 후배였
다. 갑자기 사라진 선배를 대신해 아내 장 여사와 함께
어린 해성을 거두어 키웠다.
친한 선배의 아들, 조카인 줄 알았던 해성은 어느새 안
팀장에게 아들이 되었다.
장성한 해성에게 직접 국정원 신분증을 건네준 그날,
안 팀장은 다짐했다.
목숨을 걸고서라도 이 녀석만큼은 반드시 지키겠다고.
22년 전 사라진 정 선배를 다시 만날 때까지.

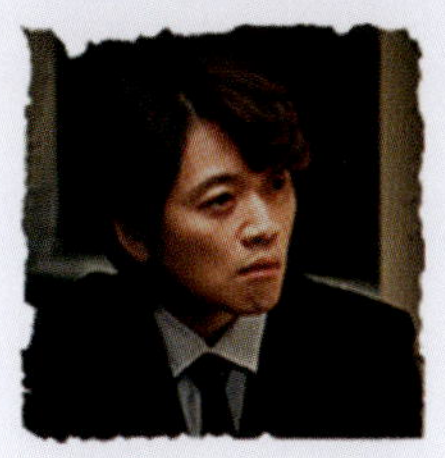

고 영 훈 *cast* 조복래

해성의 국정원 후배 요원

매사에 몸과 마음은 물론 열이란 열은 죄다 갖다 바치는
필요 이상으로 뜨거운 남자. 해성을 마음 깊이 존경하며
따르고 있다. 틈만 나면 "싸나이 브로맨스!"를 외치지만
정작 해성은 심하게 부담스러워한다는 게 함정이라면 함
정. 어디를 가나 공경을 받는 최강 노안의 소유자.

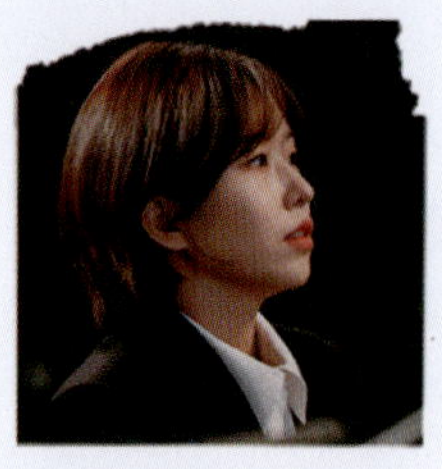

박 미 정 *cast 윤가이*

해성의 국정원 후배 요원

각종 정보 수집 및 분석, 해성의 잠입 작전에 필요한 서류 위조와 해킹까지 담당하고 있는 팀에 절대 없어서는 안 될 인물. 언제 어느 때건 자기 할 말은 꼭 하고 마는 시크한 팩트 폭격기.

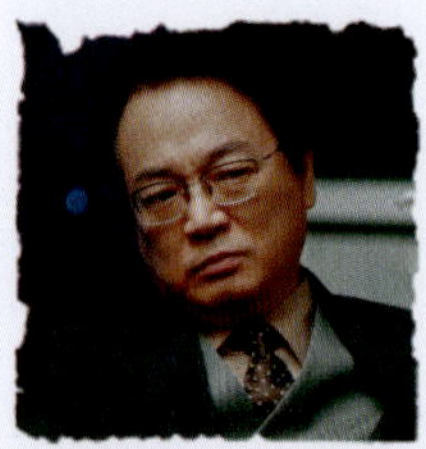

김 국장 *cast 이서환*

이름 김형배. 국정원 국내파트 국장

호탕하고 호방하다. 그만큼 다혈질이고 괴팍해 화가 나면 서류부터 던지고 본다.
'언더커버 하이스쿨' 작전의 총책임자. 해성의 마음을 후벼 파는 말들도 서슴없이 하지만, 가만히 지켜보면 누구보다 해성에게 관심이 많은 인물.

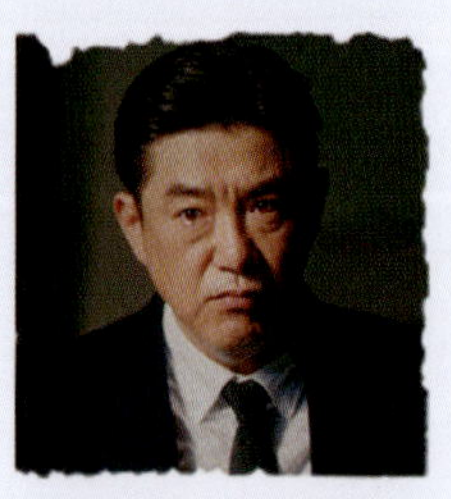

공 팀장 *cast 임철형*

이름 공진상. 안 팀장의 동기이자 국가정보원 국내1팀 팀장

김 국장의 오른팔이자 비공식 비서 역할을 하고 있다. 이런 노력으로 안 팀장보다 진급은 빨랐다. 안 팀장이 이끄는 국내4팀을 바보4팀으로 생각하며 어떻게든 국내4팀을 끌어내리고 흠집 내려고 한다.

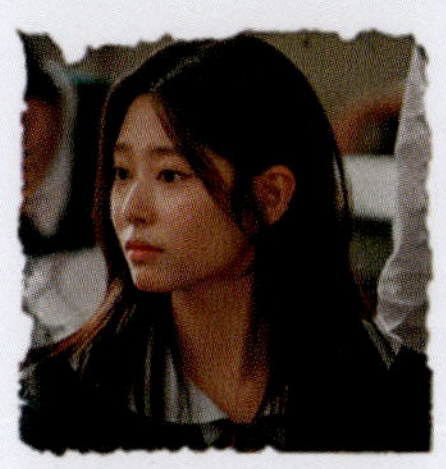

이 예 나 *cast* 김민주

병문고 학생회 학생회장. 병문고 이사장 명주의 외동딸

도도하고 깍쟁이에 대접받기 좋아한다. 철없고 제멋대로에 자존심의 콧대는 하늘을 찌르는, 쉬운 말로 '네가지'가 없는 병문고의 여왕. 성적, 체육실기, 각종 경시대회와 콩쿨 심지어 인기투표까지 단 한 번도 1등을 놓쳐본 적 없다. 어디를 가든 학생들의 부러움을 한 몸에 받고 기꺼이 이를 즐길 줄도 안다.

다만 학생들은 꿈에도 모르고 있었다.

예나가 이 모든 1등을 차지하기 위해 학대 수준의 노력을 하고 있단 것을.

예나는 간과하고 있었다. 자신이 아무리 노력해봤자 자신이 일궈내고 가진 모든 것은 어머니 서명주의 그늘 아래 누린 특권이었단 것을.

행복한 모녀인 척, 아무 걱정도 없는 척 계속 연기를 해나가던 그녀 앞에 나타난 전학생 해성. 대놓고 자기를 무시하는 해성을 보며 예나는 적잖은 충격을 받았다.

감히 나를 무시해? 전학생 주제에?

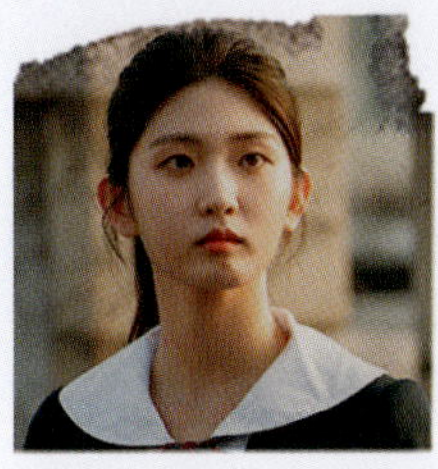

안 유 정 *cast* 박세현

병문고 학생회 멤버. 안 팀장의 딸이자 해성의 여동생

학교에서 유일하게 해성의 정체를 알고 있는, 야무지고 똘똘한 해성의 지원자.

학생들한테나 대외적으론 아버지 안 팀장을 공무원이라 소개하고 있다.

전체 재학생 중 0.1프로 최상위 계급만 들어갈 수 있다는 병문고 학생회. 그곳 회장인 예나의 추천을 받아 학생회 멤버가 된 특별케이스.

겉으론 늘 밝게 웃지만 속으론 깊은 고민을 간직하고 있다.

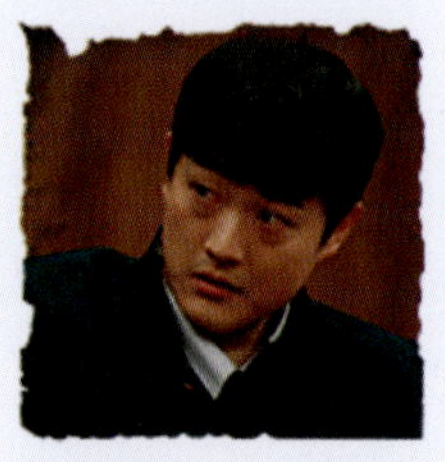

박 태 수 *cast 장성범*

병문고 학생회 멤버. 여의도 삼선 국회의원의 아들

강력한 배경을 믿고 안하무인으로 행동한다. 남을 깔아 뭉개길 좋아하며 거기서 우월감을 느낀다. 해성이 전학을 오기 전까지 단지 재밌단 이유로 동민을 괴롭혀 온 일진이자 악명 높은 학폭 가해자.

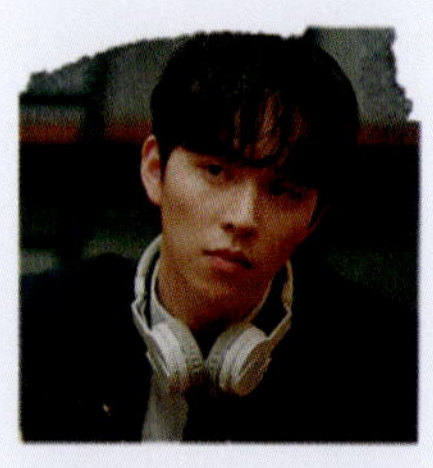

한 승 재 *cast 이현소*

2-2반. 병문고 학생회 멤버. 굴지의 대한민국 1위, 한영로펌 대표의 아들

누구한테든 얄미운 말만 골라 한다. 상대방의 호의도 악의로 받아치는 밉상.

학생회장인 예나에게 열등감과 자격지심을 갖고 있다. 이를 숨기기 위해 항상 쿨하고 시니컬한 척, 자신보다 급이 낮다 여겨지는 학생에겐 갑질과 돈자랑을 일삼는 내로남불의 끝판왕.

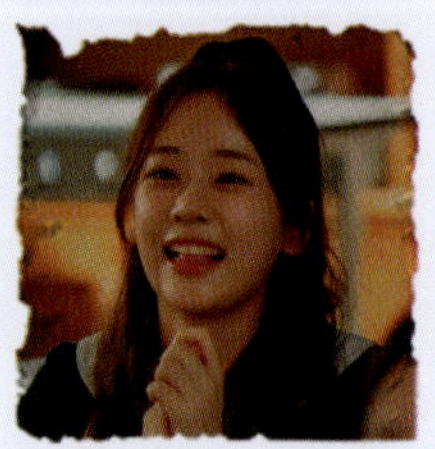

윤 채 린 *cast 윤채빈*

2-1반. 병문고 학생회 멤버이자 아이돌 연습생

천진난만 밝은 매력의 소유자. 의도하지 않은 해맑음과 눈치 없음이 특징.

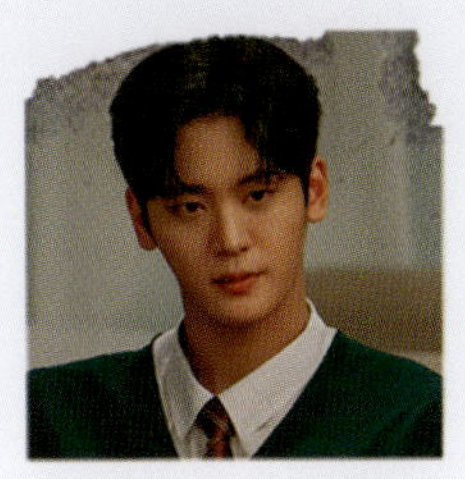

2-2반. 병문고 학생회 부학생회장

의젓한 행동과 품격 있는 어투, 심지어 운동까지 잘하는 병문고의 자랑.

갑자기 나타난 전학생 해성을 별로 탐탁지 않게 생각한다.

지 현 준 *cast 김선민*

병문고등학교 학생

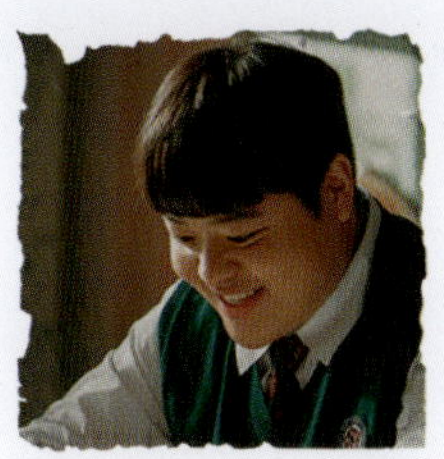

병문고 사회적배려자 전형 입학생

별명은 기생수(기초생활수급자의 줄임말). 할머니와 함께 생활하며 알바로 생계를 연명하고 있다. 미스터리 웹소설 작가가 꿈. 학교 괴담이나 전설, 불가사의 등에 관심이 많다. 학교폭력을 당하던 중 해성이 도와준 걸 계기로 그와 연을 맺는다.

이 동 민 *cast 신준항*

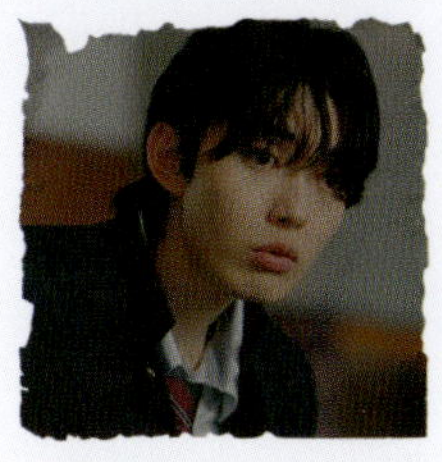

태수와 함께 일진무리를 형성하고 있는 학생

겉으론 위압적이고 거칠지만, 주먹보다는 입으로 싸우는 스타일.

임 윤 철 *cast 정수현*

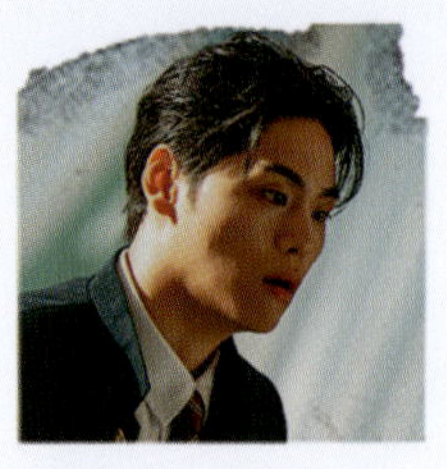

태수와 함께 일진무리를 형성하고 있는 학생

눈치 만렙, 강한 자에게 약하고 약한 자에게 강한 전형
적인 스타일.

손 범 식 *cast 강필준*

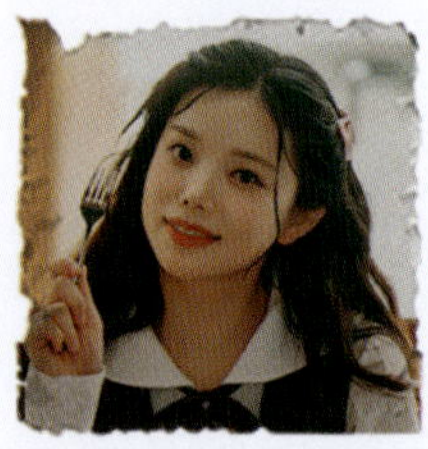

SNS와 유행에 누구보다 빠르고 민감한 학생

활발하고 사교적이나 호기심이 지나쳐 상대를 당황하
게 만드는 타입.

최 수 진 *cast 신가은*

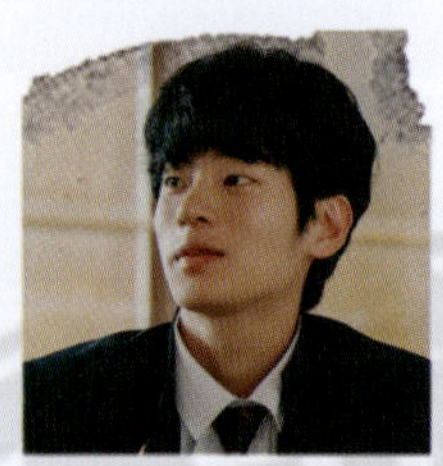

인터넷 방송과 콘텐츠 제작에 진심인 학교 내 정보통

교실 안팎에서 카메라를 손에 달고 다니는 열정파.

김 호 진 *cast 김승범*

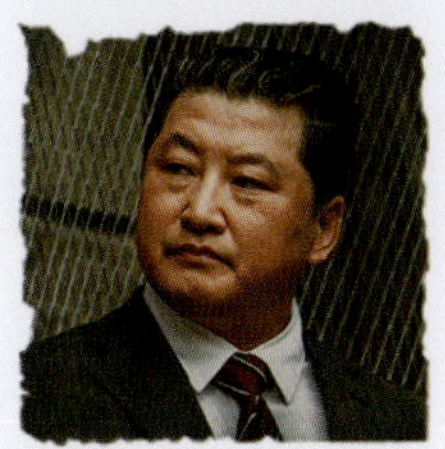

병문고 교장 선생님이자 이사장 명주의 심복

항상 명주 곁에서 그녀의 말이라면 모든 걸 이행하는 인물. 그가 어떻게 병문고 교장 선생님이 되어 명주 곁에 있게 되었는지, 그들의 과거를 아는 이는 아무도 없다. 무표정함과 과묵함 뒤에는 냉혹함과 막강한 힘이 숨어있다.

박 재 문 *cast 박진우*

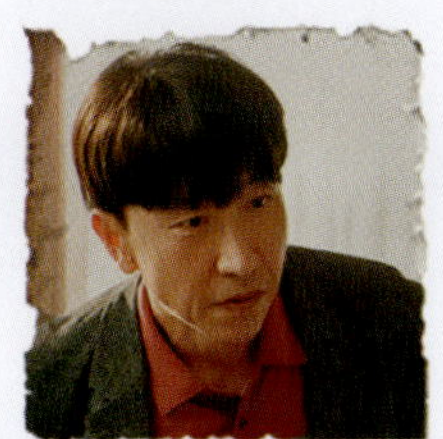

병문고 교감 선생님

하루가 다르게 숭숭 빠져 나가는 머리 때문에 고민이 말도 아닌 이 땅의 꼰대.

뭐가 됐든 문제가 터지는 걸 극혐한다. 해서 무슨 일이든 났다 하면 일단은 덮고 본다. 해성이 전학을 오고 나서부터 하루도 사고가 안 터지는 날이 없다.

하루 24시간 해성과 수아 때문에 뒷목에서 손을 놓지 못하는, 나쁘지만 결코 미워할 순 없는 중년의 소시민.

백 광 두 *cast 오용*

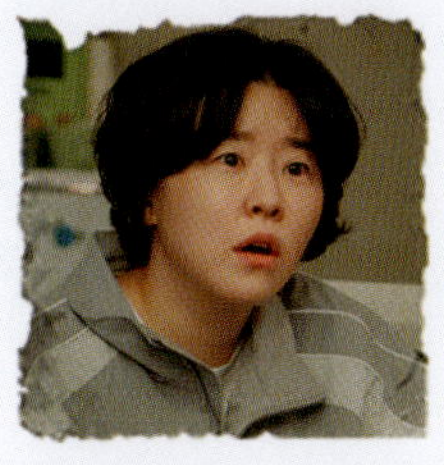

수아의 동료 선생님이자 영혼의 파트너. 담당 과목은 체육

'놀 때 놀고 일할 때 일한다'를 인생 모토로 삼고 있는 화끈한 자유부인. 남자는 능력이고 나발이고 다 필요 없고 얼굴이 최고라는 소문난 얼빠. 의외로 어른스러운 구석 또한 갖고 있어 수아의 듬직한 버팀목이 되어주기도 하는, 수아에겐 최고로 든든한 아군.

김 리 안 *cast 이민지*

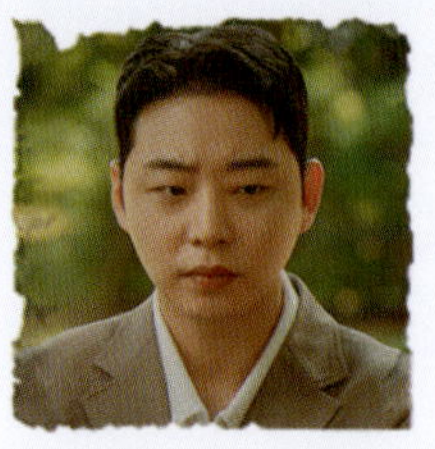

수아의 동료 선생님. 담당 과목은 수학

남몰래 수아를 짝사랑하고 있다. 자신은 숨긴다고 숨겼는데 정작 남들은 다 알고 있다. 유일하게 수아 본인만 빼고.

이 준 호 *cast* **노종현**

그리고…

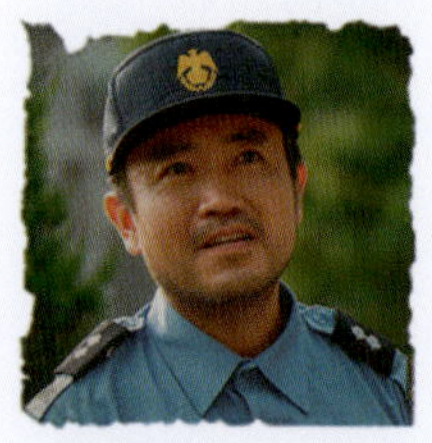

이름 김현호. 병문고 경비원

뭔가 의뭉스러운 구석이 있다.

김 씨 *cast* **구민혁**

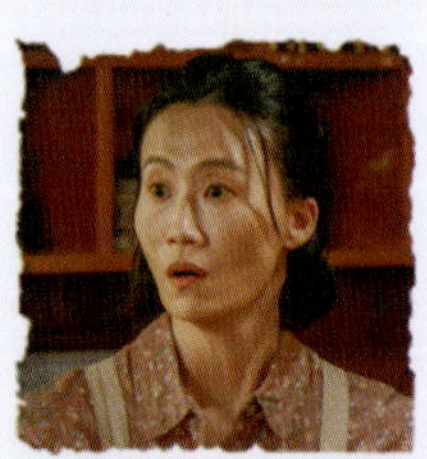

**이름 임청하. 수아의 엄마이자
10년 넘게 '한잔했-수아' 운영 중**

일찍 남편과 사별 후 수아를 혼자 키워 억척스럽지만 속내는 애정이 깊고, 수아에겐 언니 같은 엄마다. 딸 수아는 그녀의 전부다. 서른 넘은 딸이 시집을 못 갈까 봐 전전긍긍한다. 가게에 오는 수많은 총각 중 수아의 짝이 될 사람이 있는지 항시 레이더를 켜고 있으며, 그중 잘생긴 총각 해성을 점찍어 두고 있다.

수아 모 *cast* **김영아**

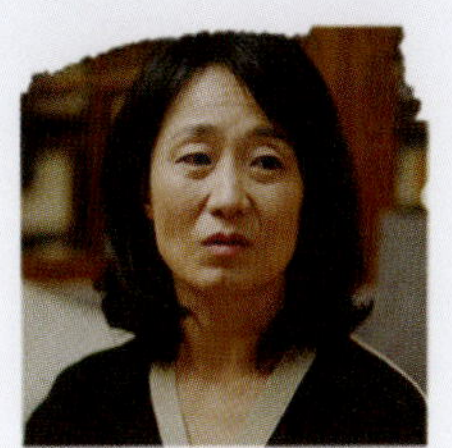

장 여사 *cast* 김수진

**이름 장만옥. 안 팀장의 아내이자 유정의 엄마,
해성에겐 어머니와도 같은 사람**

정도 많고 웃음도 많고 화도 많다. 평소엔 주변에서 흔히 볼 수 있는 대한민국 아줌마 같다가도, 한번 각 잡고 화내면 누구도 말리지 못한다. 국정원 남편이고 아들이고 할 거 없이 죄다 한 손으로 휘어잡는, 명실상부 가족 내 서열 1위 주부 9단.

세상 무엇보다 가족을 우선시하고 사랑한다. 남편 안 팀장과 아들 해성, 딸 유정이를 위해서라면 무슨 짓이든 할 각오가 되어 있고, 각오를 지킬 능력 또한 갖고 있다.

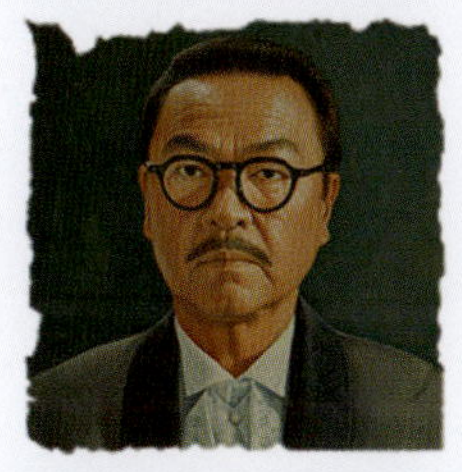

서 병 문 *cast* 김의성

**역사에 기록되지 않은 민족의 반역자,
고종 황제의 비밀금고지기**

수수께끼와 보물찾기, 각종 설화와 괴담을 사랑한, 그 당시 둘째가라면 서러운 괴짜 중의 괴짜. 금괴를 숨겨놓은 인물이다.

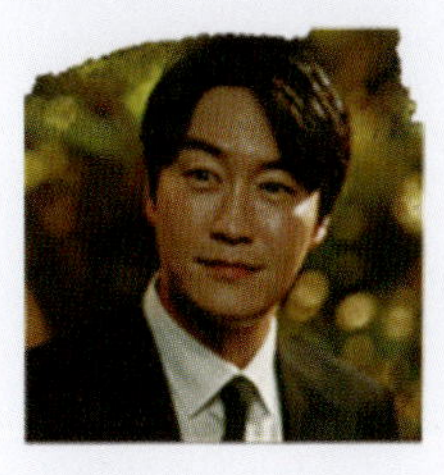

정 재 현 *cast* 오의식

해성의 아빠이자 국정원 요원

22년 전 어느 날, 연기처럼 갑자기 실종되었다.

일러두기

1 이 책의 편집은 임영빈 작가의 집필 방식을 따랐습니다.

2 드라마 대사는 글말이 아닌 입말임을 감안해, 한글맞춤법과 다르다 해도 그 표현을 살렸습니다.

   지문의 경우 한글맞춤법을 최대한 따르되, 어감을 살리기 위해 그대로 둔 표현도 있습니다.

3 물음표, 마침표, 쉼표 등 문장 기호의 표기는 작가의 의도를 따랐습니다.

4 미방영 내용이 포함되어 있으며, 방송된 부분과 다를 수 있습니다.

용어정리

플래시백 과거 회상을 나타낼 때 사용한다. 일어나고 있는 사건의 인과를 설명할 때나 인물의 성격을 설명하기 위해 쓰이기도 한다.

인서트 화면의 특정 동작이나 상황을 강조하기 위해 삽입한 화면을 뜻한다.

(E) 등장인물은 화면에 나오지 않고 대사만 들리는 경우에 사용한다.

몽타주 따로따로 편집된 장면들을 적절하게 떼어서 붙여 하나의 긴밀하고 새로운 장면을 만드는 것을 뜻한다.

Contents

“학교가 줄 수 있는 최고의 미덕은 우정을 쌓아갈 만남의 기회인 것을.”

- 박노해 시인.

대한민국에서 둘째가라면 서러운 명문 사립 병문고등학교.
부모의 재산과 배경에 따라 급이 나뉘고,
누구도 약자에게는 눈길 한번 주지 않으며,
이익과 결과만을 최우선 가치로 여기며 온갖 부패와 비리를 자행하는
현(現) 사회의 축소판 같은 이곳에, 한 학생이 전학을 온다.
그 이름, 정해성.
국정원 요원이란 신분을 숨긴 채 고등학생으로 위장잠입을 한 남자.

해성이 본 학교라는 세계는 겉으로만 멀쩡해 보일 뿐, 속으론 학부모와
학생, 교직원들의 욕망과 욕심이 섞여 날뛰는 아수라장이었다.
숨겨진 고종 황제의 금괴를 찾기 위해 학교에 잠입한 해성이었지만
자꾸 우연찮게 학생들과 엮이고, 또 학교와 얽히기 시작한다.
과거 자신과 비슷한 처지였던 옆자리 친구.
마냥 밝은 줄 알았는데 속으론 깊은 고민을 안고 있던 여동생.
오래전 친구이자 첫사랑이었던 선생님.

이 드라마는,
숨겨진 보물을 찾는 이야기가 아니다.
어느 날 혜성처럼 나타난 정체불명의 학생이 친구를 사귀고,
그들과 연대하고 공감하며 성장해 나가는,
학교로 대변되는 이 나쁜 사회에 분노의 발차기를 먹이는 이야기다.
유쾌하고 통쾌하게, 때로는 진하고 짠하게.
〈언더커버 하이스쿨〉 작전, 시작합니다.

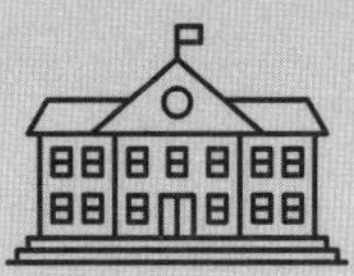

7화
너 오늘 이상해, 정신차려

#1. 수아모의 가게 앞 거리 (밤)

갑자기 후두둑 후두둑 하늘에서 쏟아지기 시작하는 소나기.

수아　　　어? 비 온다.
수아모　　(가게 밖으로 나와) 오봉자! 우산!
해성　　　!!
수아　　　(우이씨!) 저 아줌마 본명 부르지 말라니깐. (해성에게) 잠시만요.

도도도 수아모에게 달려가는 수아. 그런 수아를 놀란 얼굴로 바라보는 해성.

수아　　　우산이 왜 한 개야?
수아모　　엄마 센스. 기다리겠다, 빨리 가.

어느새 세차게 내리기 시작하는 소나기. 다시 해성에게 달려와 우산을 씌워주는 수아.

수아	죄송해요, 우산이 하나밖에 없어서.
해성	(놀란 채 수아 보는)
수아	가실까요? 집이 어디세요?

그때, 부아앙 달려와 물웅덩이를 밟고 지나가는 오토바이 한 대.
자신의 몸을 돌려 수아를 당겨 안곤, 등으로 물세례를 막아주는 해성.
우산이 바닥에 떨어지고... 쏟아지는 비를 맞으며 서로를 안은 채 바라보는 두 사람.
놀라 두근두근한 표정의 수아. 그런 수아를 보다가... 반가운 웃음 짓는 해성.

수아	(화들짝 놀라 떨어지는) 미쳤어요?!
해성	(반가운 마음에) 이름이 봉자예요? 오봉자?
수아	예, 원래 제 이름. 근데 남의 이름 갖고 왜 웃으세요?
해성	그게 아니라 오해하지 마시고... (하는데)
수아	제 이름이 엔틱하긴 해도 면전에서 웃는 건 실례죠. 됐고! 데려다줄려 했는데 안 되겠어. 혼자 가세요.

우산 팍 건네주곤 후다닥 가게 안으로 들어가는 수아.
그런 수아를 당황스레 보다가... 픽 웃음 짓는 해성.

#2. 수아모의 가게 (밤)

테이블을 치우고 있던 수아모. 안으로 들어오는 수아 보곤,

| 수아모 | 왜 그냥 들어와? 잘생긴 총각은. |

말없이 성큼성큼 냉장고로 향하는 수아. 물통에 물을 벌컥벌컥 입 대

고 마신다.

"크아~!" 숨 몰아쉬며 애써 뛰는 가슴 진정시키는 수아.

#3. 해성의 집 거실 (밤)

소파에 앉아 사진 앨범을 보고 있는 해성. 앨범 속 사진 한 장, 초등학교 교실에서 어린수아와 어린해성이 함께 찍은 사진이다. 사진 보며 미소 짓는 해성.

#4. 회상, 초등학교 교실 (낮)

마주 서 있는 어린해성과 어린수아.

어린수아 (다이아몬드 사탕 반지 건네며) 우리 결혼해.
어린해성 (당황스레 어린수아 바라보고)
어린수아 너 나 좋아하잖아. 나도 너 좋아하니까 결혼하자고.

당당한 어린수아. 그런 수아를 당황스레 바라보는 어린해성.

#5. 해성의 집 거실 (밤)

떠오르는 봉자 생각에 미소 짓다가, 문득 든 생각에 표정 멈칫하는 해성.

플래시백 3화 38씬

수아 (피식) 닮았다. 그때 걔랑.
해성 누구를요?

수아　　　있어. 인생의 원수 같은 놈.

해성　　　설마 그거, 내 얘기였어?

#6. 명주의 집 거실 (밤)

테이블 의자에 앉아있는 명주. 옆에는 재문이 서 있고.

재문　　　(명주의 앞에 서류철 놔주는) 병문인의 밤 행사 초대 리스틉니다. 게스트 분들 전원 참석 확답 받았습니다. 그리고...

명주　　　(서류철을 열면)

초대 손님들의 이름과 나이, 직업 등이 적혀 있는 리스트. 그중 승재부와 현준모, 몇몇 학부모들은 형광펜으로 강조가 되어 있고.

재문　　　내신관리 프로그램에 참석하는 학부모님들입니다.

그때 거실 안으로 들어오는 예나. 앉아있는 명주 발견하곤 웃으며, "엄마."

명주　　　(반갑게 손 흔들며) 행사 중 모시고 차담회 갖는 걸로. (서류철 건네주는) 말씀 전해주세요.

재문　　　학부모님들께 전달하겠습니다. (걸음 옮기며, 예나에게) 맛있게 먹어.

재문에게 꾸벅 인사하곤 명주의 맞은편에 앉는 예나. 긴장한 채 명주 바라보고.

(경과)

스테이크를 먹고 있는 예나와 명주.

예나	(힐끔힐끔 명주 눈치 보고 있으면)
명주	낮에 학교에서 일 있었다며.
예나	(칼질 멈칫, 긴장해 명주 보면)
명주	엄마한텐 언제 말할 셈이었어? (미소로 예나의 왼손 손목 가리키는)
예나	...!!
명주	넌 학교의 얼굴이 되어야 할 아이야, 예나야. 그런 애가 자기 몸에 칼질했다는 게 소문이라도 나면... 엄마가 많이 창피할 거 같애.
예나	(두려움에 눈물 섞인 눈으로 명주 보는) 죄송해요, 엄마.
명주	이 엄만 우리 예나가... 강한 사람이었으면 좋겠어. (예나의 손목의 흉터 만지는) 이렇게 자해를 해도 바뀌는 건 아무것도 없다 알 만큼.
예나	(명주 보는, 표정)
명주	중요한 행사 앞뒀잖아. 다 긋고 다 울었으면 이제 웃자. 우리 예나 누구 딸?
예나	(일부러 활짝 웃는) 엄마 딸이요.

미소로 스테이크 다시 먹기 시작하는 명주.
예나, 떨리는 눈으로 손에 쥐고 있는 나이프 바라보고.

#7. 병문고 복도 (아침)

아무도 등교하지 않은 조용한 학교. 잠을 설친 듯 하품하며 복도를 걷고 있는 해성.
그때 교무실 안에서 들려오는 수아의 콧노래 소리.
해성, 고개 갸웃 교무실 앞을 가보면, 교무실 안, 무선 헤드폰으로 음악 들으며 청소하고 있는 수아가 보인다.
콧노래 부르며 귀엽게 리듬을 타는 수아. 그 모습 귀엽다는 듯 웃음 짓는 해성인데, 어느 순간 수아, 문가에 서 있는 해성을 본다. 한없는 민망함에 표정 얼어붙는다.

수아   (헤드폰 벗곤) …언제 왔어요?

해성   (살짝 미안한) 아까부터요. 방해할 생각은 아니었고.

수아   왔으면 인기척을 하시지, 좀. (다시 청소 시작하며) 원래 이렇게 일찍 학교 오세요?

해성   잠을 좀 설쳐서요. 일찍 일어난 김에 그냥.

수아   (주변 살피곤, 은밀히) 혹시 임무에 차질이라도…?

해성   그런 건 아니고, 그 저번에 말씀하신 인생의 원수 같은 놈 있잖아요.

수아   걔는 왜요?

해성   (수아 보다가, 옅게 미소 짓는) 아니에요. 선생님은 아침부터 웬 청소? 아주머니들이 해주시잖아요.

수아   다 저를 위한 투자 아니겠습니까. 혹시 알아요? 저의 이 학교사랑을 누가 사진 찍어 게시판에 올려줄지도. 그럼 그게 다 정교사 추천 때 플러스 되는 거거든~.

해성   (미소) 열심히 사시네요.

수아   그죠. 저 되게 열심히 살죠.

해성   그래서 멋있고요.

수아   (보는)

해성   정교사 꼭 되실 겁니다. 응원할게요. (밖으로 나가는)

수아   (해성 보다가) 자꾸 예고도 없이 훅 들어와.

#8. 병문고 전경 (낮)

#9. 병문고 교무실 (낮)

심각한 얼굴로 생각에 잠긴 채 자리에 앉아있는 수아.
잠시 후 리안, 수아의 옆자리에 앉으며,

리안 집에 우환 있어? 왜 그렇게 심각해?

수아 리안샘, 이건 제 친구 얘긴데요.

준호 (맞은편에서 고개 내밀고)

수아 비 오는 날 어떤 남자가 제 친구를 확 끌어안았대요. 웅덩이에서 물 튀는 거 막아주려고.

리안 친구 이름이 오수아는 아니지?

준호 (안 돼...!)

수아 아이, 아니야, 들어봐, 들어봐. 그러더니 이번엔 또 막 격려의 말을 쏟아내. 열심히 산다, 멋있다 그런 식으로. 이거 뭐예요? 그린라이트 그런 건가?

리안 (진지한) 그 친구랑 그 남자 관계는 뭔데.

수아 뭐 그냥... 아는 사이? 사건사고 많긴 했지만.

리안 썸도 아니고 그냥 아는 사이... (생각하다가, 정리 끝!) 별거 아냐.

준호 (주먹 불끈!)

리안 수아샘, 아니 그 친구처럼 연애 한 번 못 해본 사람들이 꼭 명심해야 될 말이 있어. 호의와 호감을 헷갈리지 마라.

수아 (표정)

리안 이거 착각해서 우는 사람 많이 봤다. 그 친구한테 조심하라 전해줘.

수아 (그렇구나... 깨달음 얻은 얼굴로 고개 끄덕이는데)

광두 (안으로 들어오며) 선생님들 모여 봐요!

(경과)
회의 테이블에 모여 앉아있는 수아와 리안, 준호, 선생님들.
테이블 위엔 해성과 현준, 예나 등등 각 학생별로 홍보 모델 촬영 때 찍은 사진들이 놓여있고.

광두	이제 우리 학교 홍보 모델을 뽑아야 하는데... 각자 프로필 사진들 보고 부담 없이 의견 내봐요. 여학생부터.

선생님들, 사진들 골라보다가 문득 보면, 광두, 보란 듯 예나의 사진 들고 있고...

광두	난 예나가 괜찮은 거 같은데. 님들은 어때요?

"맞아요.", "예나가 제일 낫네." 등등. 광두의 눈치 보며 동의하는 선생님들.

광두	그럼 여학생은 됐고. 남학생 골라 봅시다.

하며 선생님들 보란 듯, 현준의 사진을 들어 보이는 광두.
안 되는데? 표정 놀라는 수아.

리안	(준호에게, 작게) 예나야 이사장님 딸이니까 그렇다 쳐도 현준인 왜?
준호	현준이 어머님 이번에 국토위원장 되셨잖아요.
광두	(사진 보면) 아유, 뉘 집 아들인지 잘생겼다. 샘들은 어때요?
선생님들	(광두의 눈치 보며 고개 끄덕끄덕)
수아	(큰일 났다 싶고)
광두	이의 있는 사람 없지요? 그럼 남학생은 현준이로... (하는데)
수아	(벌떡 일어나) 투표! 투표로 결정하시죠!
광두	(짜증...) 저기 오 선생, 굳이 투표까지 할 필요가 있을까?
수아	민주주의 꽃은 투표라는 말이 있습니다. 그 꽃을 지키는 것이 이 땅의 민주투사들에 대한 예우이자, 우리 후손들의 의무 아닐까요?
광두	(벙찐) 모델 하나 뽑겠단 건데 뭐가 그리 거창해?
수아	작은 방심이 우리 사회를 다시 독재로 돌릴 수 있습니다. 역사에서 현재를 배워야 한다 가르치는 한국사 교사로서, 저는 이번 사태가 매우

심히 우려스러운 바... (하는데)

광두 알았어요, 알았어. 투표해, 투표해.

(경과)

한 곳에 놓여있는 투표함. 그 앞에 서서 투표용지를 바라보고 있는 수아.

수아, 해성의 이름 칸에 기표하려 하는 그때,

광두 (심기 불편) 뭐가 그렇게 오래 걸려, 빨리빨리 합시다!

수아 (광두 보며 무심코 기표하는) 했습니다!

수아, 투표용지 접으려다 멈칫, 자세히 보면, 현준에게 기표가 되어 있다...!

!! 히익 표정 놀라는 수아.

(경과)

화이트보드에 적혀있는 해성과 현준, 그 외 몇몇 남학생들의 이름.

투표함에서 한 장씩 투표용지를 꺼내 이름을 부르는 준호. "정해성."

바싹 긴장한 얼굴로 해성과 현준의 이름 밑에 한 획씩 '正'을 만들어나

가는 수아.

준호, "정해성", "지현준", "정해성" 한 장씩 개표해 나가다가,

준호 (투표용지 꺼내는) 마지막입니다.

화이트보드 선거현황판 속 해성과 현준은 정확히 동률.

눈 질끈 감고 작게 "제발, 제발, 제발, 제발" 중얼거리는 수아.

이윽고 준호, 투표용지 펴는 순간!

#10. 병문고 해성의 반 (낮)

초조하고 진지한 얼굴로 자리에 앉아있는 해성과 동민.
근처에 윤철과 범식 또한 초조한 듯 다리 달달달 떨며 서 있고.

윤철   지금쯤이면 투표 결과 나왔을 건데...
범식   체육대회 승부차기보다 더 떨리네. 해성이가 이기겠지?
동민   어제 꿈 좋았어. 해성이가 반드시 이겨.
호진   (다급히 들어와, 교탁에 서서) 병문고 학생 홍보 모델 선발, 결과 떴다.
해성   !! (긴장해 호진 보는)

#11. 병문고 복도 (낮)

걸음 옮기고 있는 현준을 붙잡는 승재.

승재   얘기 들었냐? 우리 학교 홍보 모델.

그때, 2학년 1반에서 들려오는 "으아아~!" 함성 소리. 허! 기가 찬 표
정의 현준.

#12. 병문고 교무실 (낮)

수아   어우, 다행이다. 어우, 아부지, 감사합니다.

#13. 병문고 해성의 반 (낮)

교실 뒤편, 윤철과 범식, 동민 세 사람과 승리의 세리머니 펼치는 해성!

해성   내가 매점 쏜다!!

#14. 병문고 복도 (낮)

윤철과 범식, 동민 세 사람과 함께 웃으며 걸음 옮기는 해성.
해성, 문득 복도 저쪽 보면, 사물함에서 책을 꺼내고 있는 유정이 보이고.

해성   야, 미안. 매점은 나중에 가자.
범식   뭐야, 니가 쏜다며.
해성   다음에 내가 진짜 쏠게. 간다, 미안. (유정을 향해 걸음 옮기는)

사물함, 낑낑대며 한가득 책을 안는 유정인데, 다가와 유정의 책 몽땅
들어주는 해성.

해성   어디까지 가면 돼?

#15. 병문고 도서관 (낮)

도서관 데스크에 책을 반납하는 해성. 옆에는 유정이 서 있고.

유정   (오빠랑 어색한) 여기까지 고마워.
해성   어려운 책 많이 보네? 역시 전교 1등. (엄지척!)
유정   다 고등학생 필독서거든? 책 좀 읽어라. (먼저 걸음 옮기는)
해성   (괜히 사서에게 민망한) 라떼는 아니었는데.

유정을 따라 밖으로 나가는 해성.

#16. 병문고 교정 (낮)

걸음 옮기다가 휙 뒤돌아보는 유정. 보면, 괜히 딴청 피우고 있는 오빠 보이고...

유정   왜 자꾸 따라오냐?

해성   너 따라가는 거 아닌데? 나도 이 길... (가는 거다)

유정   (쯧쯧쯧) 초딩도 이런 초딩이 없어요. (근처 벤치에 앉곤) 5분. 이동 수업 때문에 더는 안 돼.

해성   (신나서 유정의 옆에 앉곤, 헛기침, 이내 진지한) ...일단 너한테 사과부터 할게.

유정   (해성 보는)

해성   니 마음, 니 상황... 아무것도 모르면서 참견했어. 미안해.

유정   (바라보고)

해성   (괜히 겸연쩍은) 오빠 마음은 그렇다고. 유정이 니가 알아줬으면 좋겠고 무엇보다... (유정 보는) 기다릴게. 나한테 말해줄 때까지.

유정   (표정)

해성   말하고 싶을 때나 오빠 도움 필요할 때, 그때 얘기해줘. 오빠가 바로 달려갈게.

유정   (피식 웃는) 멋있는데 느끼해서 탈락.

해성   (웃음 짓는)

유정   ...오빠가 생각하는 것만큼 예나, 그렇게 나쁜 애 아니야.

해성   (보는)

유정   걔가 힘들어서 그래. 너무 힘든데 받아줄 사람은 나밖에 없으니까... (해성 보는) 나한테 투정부리는 거니까 미워하지 말아주라.

해성   (미소로) 그럴게.

유정   (웃으며 벤치에서 일어서는) 5분 끝! 먼저 간다. (걸음 옮기는)

벤치에 앉은 채 생각에 잠기는 해성. 그때 진동 울리는 핸드폰. 영훈이다.

| 해성 | (받는) 어.
| 영훈(E) | 김현호 씨 담당형사 조사 끝냈습니다. 근데 만나서 얘길 드려야 될 거 같은데.
| 해성 | (표정 날카로워지는)

#17. 병문고 복도 (낮)

교과서와 출석부 든 채 걸음 옮기고 있는 수아.

수아   (학생들에게) 수업 종 쳤다. 교실 들어가자.

그때 울리는 핸드폰 문자 알림 진동. 수아 보면, 해성에게 문자가 와 있고.
'조퇴. 협조 부탁'

수아   (핸드폰 보다가) 얘 진짜 몇 살이야?

#18. 샌드위치 가게 (밤)

한자리에 모여 있는 해성과 국정원 사람들.
테이블엔 형사의 계좌내역, 부동산 내역 등이 적혀있는 서류들 놓여 있고.

영훈   계좌부터 부동산까지 싹 털어봤는데 티끌 하나 안 나오더라고요?
해성   그럼 뭐가 이상하다는 거야?

| 미정 | (형사의 의료내역서 지목하는) 담당형사한테 딸이 하나 있습니다. 신장 때문에 입원치료 받고 있는데 병원이 병문재단 소속이에요. |

미정	(형사의 의료내역서 지목하는) 담당형사한테 딸이 하나 있습니다. 신장 때문에 입원치료 받고 있는데 병원이 병문재단 소속이에요.
영훈	병원비는 재단에서 직접 지원해주고 있고요.
해성	(서류 보며) 추천인 박재문. 병문고 교장.
미정	문제는 교장이 왜 일면식도 없는 형사 딸을 입원시켜줬냐는 거예요. 김현호 씨 사건을 자살로 마무리 지어달라고?
안팀장	만약 그렇다면 둘 중 하나겠지. 학교의 이미지를 위해서거나,
해성	자신이 범인인 걸 감추기 위해서거나.
사람들	(해성 바라보고)
해성	구관 지하에 있던 자료실, 서명주가 아니라 아버지의 방이었어요.
안팀장	...!!
해성	해서 처음엔 이사장도 금괴를 찾고 있다는 게 맞을까.

플래시백 2화 70씬

| 해성 | 제 생각엔 이사장도... 금괴를 찾고 있는 거 같아요. |

해성	혹시라도 이미 찾은 것 아닐까. 계속 의문 들었는데 만약 수첩을 뺏으려 한 괴한이 박재문이라면, 서명주도 금괴를 찾고 있다. 이것 또한 확신해도 될 거 같습니다.
영훈	그... 이것도 만약인데요 선배, 아버님 실종도 서명주랑 관련이...
해성	(표정 서늘해지는) 조만간 알게 되겠지.

#19. 병문고 이사장실 (밤)

의미심장한 얼굴로 저쪽 그랜드 피아노를 바라보고 있는 명주.

#20. 샌드위치 가게 (밤)

안팀장 일단 우린 세 번째 괴담에 집중하자. 미정이.

사람들에게 노트북을 보여주는 미정.
화면엔 일반 병문고 교가와 해성이 녹음한 교가, 2가지 각기 다른 파형이 떠 있고.

미정 기존 병문고 교가와 해성 선배가 녹음해 온 교가를 비교해 봤습니다. 보시다시피 같은 곡임에도 파형이 달라요. 건반 범위와 개수가 훨씬 많은 걸 봤을 때 선배가 녹음해 온 곡은, 알려진 교가와 달리 포핸즈 합주로 연주된 거 같습니다.

해성 포핸즈 합주. 두 명이 함께 교가를 연주해라.

안팀장 아마 연주를 끝내면 마지막 괴담 단서가 나올 거고. (세 사람 보는) 피아노 칠 줄 아는 사람.

일동 조용... 아무 말 못 하고 서로 눈치만 보는 해성과 영훈, 미정.

안팀장 어쩐지 대화가 매끄럽다 했다. 이건 뭐 이사장실 들어가도 문제였네, 이 사태 어떻게 할 거야?!

수아(E) 제가 하겠습니다.

해성과 사람들 돌아보면, 당당하게 안으로 들어오는 한 사람. 수아다!

해성 (이 사람이 왜 여기?, 당황스레 수아 보면)

영훈 저번부터 자꾸 선언을 하고 들어오시는...?

수아 그게 멋있잖아요. (떡 하니 테이블 앞에 서서) 밖에서 얘기 들었습니다. (사람들 한 명 한 명 지목하며) 이사장실, 교가, 포핸즈 합주. (해성 지목) 피아노 칠 줄 아는 사람.

탁! 보란 듯 테이블 위에 들고 있던 책 몇 권을 내려놓는 수아.

사람들 보면, 체르니 교재들이다!

영훈	바이엘 다음이라는 체르니.

영훈   바이엘 다음이라는 체르니.

수아   저희 학교의 교가 자체가 그렇게 어려운 곡이 아닙니다. (해성 보는) 아무리 똥손이라도 몇 시간 훈련받으면 치는 덴 문제없을 겁니다.

해성   잠시만요, 무슨 애들 장난도 아니고. (수아 보는) 이사장실 들어갔다 걸리잖아요? 선생님 학교 잘릴 수도 있어.

수아   그래요? 그럼 안 할래. (교재 챙기는)

영훈   갑자기 반전.

해성   잘 생각하셨어요. 그럼 저흰 계속 이어서 회의... (하는데)

안팀장   잠깐, 잠깐. ...수아샘이 하자.

해성   예?!

영훈   반전에 반전.

안팀장   어차피 비밀작전이라 다른 데서 협조도 못 구해. 지금으로선 선생님이 최선이야.

수아   죄송한데 저 하기 싫은데?

안팀장   (비장한) 아뇨. 선생님은 할 수 있습니다. 선생님은 여기 국정원 에이스 요원 정해성의 둘도 없는 파트너이자, 저희 국내4팀의 명예현장요원이니까요.

수아   (뽐뿌질 왔고) 명예현장요원이요.

해성   아니 지금 뭣들 하시는... 무슨 말씀이세요.

수아   하겠습니다. 국정원 명예현장요원.

해성   ...!!

안팀장   (박수 치며) 역시 오수아 선생님! 우리 팀의 와일드카드!

영훈,미정 (눈치 보다가, 와~ 박수와 환호)

해성   (대체 이게 무슨... 할 말 잃은 채 있는데)

수아   대신! 우리 한 가지 약속만.

(경과)

테이블 위 놓여있는 안 팀장의 친필각서.

**'국정원 국내4팀 팀장 안석호는 본 언더커버 하이스쿨 작전 성공시,
오수아 선생이 정교사가 될 수 있도록 국가기관 차원(별표로 강조)의
지원을 아끼지 않겠습니다'**

떨떠름한 얼굴로 엄지 꾹 지장을 찍는 안 팀장.

해성, 걱정스레 수아 바라보고.

#21. 샌드위치 가게 밖 (밤)

밖으로 나오는 해성. 잠시 후 해성을 뒤따라 나오는 수아.

해성   두 번 말 안 합니다. 하지 마세요.

수아   (표정 뚱-) 제가 왜요?

해성   그걸 지금 저한테 물어보시는 게 지금, (말을 말자 싶은) 어쨌든 말했습니다. 선생님 안 돼요.

수아   저 어차피 학생회 지도교사라 행사 참석해야 되거든요? 그리고 아무리 걱정스러워도 님이 저한테 이럼 안 되지. 교감탱이가 현준이로 가자는 거 내가 겨우 투표하자 해서 뽑히게 한 건데.

해성   저 찍었어요?

수아   (해성 보다가, 슬며시 눈동자 굴리는)

해성   (헐...) 현준이 찍었어요?

수아   약간의 실수.

해성   실수할 게 따로 있지 이런 걸. 기권도 아니고 현준이를 찍었다고.

수아   결과가 좋았으니 패스! 지금부턴 작전만 생각하자고요.

해성   왜 그렇게 정교사가 되고 싶어 하는 거예요?

수아   (표정 멈칫)

해성   (수아 바라보고)

수아   (얼버무리는) 이유가 있나요? 직장인이 정직원 되고 싶어 하는 건 당

연하지.

해성   겨우 그런 이유 때문에 이렇게까지. 솔직히 말해 봐요.

수아   (주저하다가, 결국) 보여주고 싶은 사람이 있어서 그래요.

해성   (보는)

인서트

낮. 어느 고등학교 교정. 벤치에 앉아 핑크색 이어폰 나눠 끼고 있는 수아와 민지.
두 사람 서로를 보며 웃음 짓고.

수아   저 선생님 되고 첫 제자였는데... 약속했거든요. 반드시 꼭 정교사 되
         겠다고.

해성   (무슨 일이 있구나 싶은, 표정)

수아   웃으면서 당당하게 걔 앞에 서고 싶어 그래요. '민지야 봐봐, 선생님
         약속 지켰어.' 이런 거 있잖아.

해성   (바라보고)

수아   괜히 분위기 이상해지고 별로다. 아무튼! 저 정교사 돼야 되고 되기
         위해 뭐든 바칠 각오 돼 있으니까 말리지 마세요. (능글맞게 해성의
         팔 툭 때리는) 리스크 없으면 인생 아니잖아~.

해성   (작게 한숨 내쉬며 고민하다가, 결국) 옆에 꼭 계세요.

슥 주먹을 내미는 수아. 옅게 웃음 지으며 주먹 터치를 하는 해성.

#22. 병문고 옥상 (낮)

난간에 기댄 채 생각에 잠겨 있는 해성.

해성   (잠시 생각하다가) 에이, 아니다. 신경 쓰지 말자.

해성, 옥상문을 향해 걸음 옮기다가, 불현듯 떠오른 생각에 걸음 멈칫.

플래시백 2화 42씬

해성   눈치가 없는 건지, 모르는 척하는 건지. 반에 관심 있긴 하세요?

해성   아, 미안하게 그때 정색은 왜 해가지고, 또. (잠시 생각하다가) 아니다,
       정신 차려. 신경 쓰지 말자.

       그때 진동 울리는 해성의 핸드폰. 해성 보면, 수아에게 온 전화다.

해성   (목소리 중후하게 깔곤 전화 받는) 정해성입니다.
수아(E) 목소린 갑자기 왜 깔아요?
해성   (듣고 보니 이상한, 아무렇지 않게 원래 목소리로) 무슨 일이세요?
수아(E) 교장샘 떴어요. 여기 학교 도서관.
해성   (표정)

#23. 몽타주

/ 병문고 도서관 (낮)

책장 앞에 서서 책을 보고 있는 재문.
그리고 도서관 일각, 몰래 숨어 그런 재문을 지켜보고 있는 수아. 그
위로

해성(E) 이사장실 보안 시스템을 해제시킬 수 있는 사람은 두 명. 이사장 서명
       주와 교장 박재문. 그 두 사람 지문으로만 문을 열 수 있습니다.

       책을 들고 대출 데스크를 향해 걸음 옮기는 재문. 그때 수아, 재문의
       앞에 나타나,

수아	어? 교장 선생님 안녕하세요.
재문	안녕하세요.
수아	(재문이 들고 있는 책 보곤, 놀란 척) 교장샘 이 책 빌리시나 봐요.

(히잉) 나도 이거 빌리러 온 건데... 클났네, 어떡하지? 나 이거 꼭 오늘 보고 싶은데...

| 재문 | 선생님 먼저 빌려가세요. (수아에게 책 건네주는) |
| 수아 | 정말요? 감사합니다! |

/ 병문고 학생상담실 (낮)

책에 검정 분말가루 묻힌 붓을 살살 문지르는 해성. 맞은편엔 수아가 앉아있다.

해성, 가루들을 털어내면, 이윽고 선명히 드러나는 재문의 엄지손가락 지문.

지문전사판을 재문의 지문에 갖다 붙이는 해성. 문득 맞은편에 수아 보면,

어느새 매우 가까이 와 있는 수아의 얼굴. 그런 수아를 보는 해성인데,

| 수아 | (시선 느끼곤) 왜 그러세요? |
| 해성 | 아니에요. (다시 작업에 집중하는) |

/ 서점 (밤)

'나도 모르는 나의 마음', '내가 왜 이럴까 몰라', '내 마음의 심리' 등, 심리 관련 책들을 고르는 해성.

/ 병문고 음악실 (낮)

병문고 교가 포핸즈 악보를 앞에 둔 채,

현대식 피아노에 앉아 합주 연습 중인 해성과 수아.

살짝살짝 닿는 두 사람의 손. 그 손과 옆에 앉아있는 수아를 의식하다가... 그만 건반을 잘못 치고 마는 해성.

수아   님 혹시 바보세요? 도레미파솔라시도 이게 안 외워지나?
해성   죄송합니다.

/ 해성의 집 거실 (밤)

노트북 키보드를 두드리고 있는 해성. 화면엔 인터넷 초록창 지식인
이 떠 있고.

'이건 제 친구 이야기입니다. 제 친구가 요즘 이상한데 왜 이러는 걸까요?'

/ 공원 (낮)

추리닝 차림으로 마주 서 있는 해성과 수아.

해성   준비는 해놓겠지만 막상 안에 들어가면 무슨 일이 일어날지 몰라요.
         제가 선생님을 도와줄 수 없을 때, 그땐 적어도 선생님이 스스로를 지
         켜야 돼요.
수아   저 엎어치기 할 줄 아는데? 가스총도 있고.
해성   행사장은 무기반입 금집니다. 지금부터 알려드릴 테니까 잘 보세요.
         (자신의 어깨에 수아의 손 올리곤) 이렇게 상대가 내 어깨를 잡았을
         땐, 양손으로 상대의 팔목을 잡고, 꺾는다.

두 손으로 수아의 팔목 잡곤, 살살 몸 비틀어 수아의 팔을 꺾는 해성.

해성   보셨죠. 이제 선생님 차례. (수아의 어깨에 손 올리면)
수아   (해성의 팔목 양손으로 잡곤) 이렇게 잡고, 꺾는다. (팔 꺾는)
해성   (수아의 팔에 탭 치는) 아, 아! 아퍼, 아퍼!
수아   오~ 진짜 되네. (신난) 다른 거, 다른 것도.
해성   (팔 주무르며) 이번엔 응용. (어깨에 수아의 손 올리곤) 상대가 내 어
         깨를 잡았다. (수아의 팔을 옆구리에 끼우는) 팔을 끼우고, 몸 전체를
         돌리면서 상대를 제압한다.

해성, 수아의 팔 감싸 안곤 몸째 돌리는데,
순간 수아, 해성의 등 뒤에 백허그 자세로 달라붙게 되고.

해성　(멈칫)

수아　(??) 이게 끝?

해성　(심쿵한 나머지 아무 말 못 하는, 표정)

수아　여기서 뭐 더 하는 거예요? (더 꽉 달라붙어 더 꽉 안는) 해보세요. 어디 한번 풀어보시지!

해성　(잠시 있다가, 슬며시 수아의 손 푸는) 오늘 수업 여기까지.

수아　!! 벌써요?

해성　묻지 마시고 오늘은 제가 좀, 여튼 제가 복잡해요. 먼저 갑니다.

도망치듯 빠르게 걸음 옮기는 해성. 수아, 그런 해성을 벙찐 얼굴로 바라보다가,

수아　왜 저래?

해성　(빠르게 걸음 옮기며) 정신 차려 정해성 너 이상해 정신 차려.

/ 목욕탕 (낮)

합장을 한 채 냉수 폭포를 맞고 있는 해성.

해성　정신차려어어!!

#24. 국정원 국내4팀 (밤)

회의 테이블에 모여 앉아있는 해성과 수아, 안 팀장, 영훈과 미정.
수아는 목에 방문증 목걸이를 차고 있고.

수아	(주위 두리번두리번) 오, 완전 신기하다. 그니까 여기가 국정원인 거죠?
안팀장	명예현장요원이니만큼 특별히 사무실로 모셨습니다. (해성에게) 가게
	정리했다.
해성	갑자기요?
미정	주인분들 미국에서 부부싸움 하셨대요. 일찍 오셨더라고.
해성	(기가 찬) 뭐가 이렇게 진행이 다 갑작스럽게... (푸에춰 재채기하면)
영훈	감기 걸렸어요?
해성	(힐끔 수아 보는) 묻지 마라, 심란하다.

#25. 국정원 복도 (밤)

공 팀장, 창문으로 안쪽의 국내4팀 사무실을 엿보고 있으면,

김국장	(공 팀장에게 다가와) 뭐 하나?
공팀장	아, 국장님. (가까이 다가가 은밀히) 석호네 사무실에 민간인이 있습
	니다. 혼내야 하지 않을까요?
김국장	(덩달아 은밀히) 석호가 너한텐 얘기 안 했냐? 작전 참고인이라고 나
	한텐 보고했는데.
공팀장	(헐...) 제가 상산데 저 건너뛰고요.
김국장	(숙연히 공 팀장의 어깨 두들겨주곤 걸음 옮기는)

우이씨...! 괜히 국내4팀 째려보는 공 팀장. 그러다가 "안 오고 뭐 해." 김 국장의 목소리에 황급히 걸음 옮기고.

#26. 국정원 국내4팀 (밤)

안 팀장, 리모컨 누르면, 벽면 스크린, 병문고 별관 구조도가 나오고.

안팀장　(1층 가리키는) 병문인의 밤 행사가 열리는 곳은 1층 연회장. 우리가 들어가서 세 번째 괴담을 풀어야 할 이사장실은, (3층 가리키는) 이곳 별관 3층에 있다.

사람들　(벽면 스크린 바라보고)

안팀장　(CCTV 위치 가리키는) 작전 중 가장 조심해야 할 건 별관 전체를 감시하고 있는 CCTV.

인서트

병문고 별관 보안실. 별관 곳곳을 찍고 있는 CCTV 모니터들.

안팀장　곳곳에 배치되어 있는 보안요원들.

인서트

병문고 별관 2층. 서 있는 보안2, 3의 모습.

안팀장　매년 행사 중간, 이사장은 응접실에서 학부모들과 차담회를 가진다 한다. 그때가 우리에겐 둘도 없는 기회니 놓치지 말도록. (해성 보는) 작전 후 서명주 컴퓨터에서 출입기록 지우는 거 잊지 말고.

해성　알겠습니다.

미정　(해성에게 엄지 골무 건네주는) 어떤 지문이라도 100프로 일치하게 만들긴 어려워요. 그래도 최소 오차 범위 내로 만들었습니다.

수아　(오... 골무 보며 내심 놀라는 표정)

안팀장　작전 시작은 내일 20시 행사 시작부터. 실수 없이 잘해보자.

각자 결연한 얼굴로 벽면 스크린 바라보는 해성과 수아, 국정원 사람들.

#27. 병문고 별관 전경 (다음 날 밤)

커다란 '**병문인의 밤**' 현수막이 붙어있는 별관 건물.

#28. 병문고 별관 1층 연회장 (밤)

정장과 드레스를 차려입은 학부모들과 학생들.
한쪽 스텐딩 테이블에 서 있는 예나와 유정, 승재와 채린, 현준.
다른 테이블엔 광두와 준호, 리안. 몇몇 선생님들이 서 있다.
뿔테안경과 콧수염 분장을 한 영훈은 종업원 차림으로 연회장을 돌아
다니고 있고.

영훈   (학부모1에게 다가가 샴페인 권하는) 샴페인 하시겠습니까?
학부모1   고마워요. (잔 드는)

뒤돌아 걸음 옮기는 영훈. 안경 속 캠코더는 연회장 내부를 찍고 있고.

#29. 병문고 별관 밖 주차장 (밤)

일각에 멈춰 서있는 낡아빠진 승합차.
낡고 오래된 승합차 내부, 운전석엔 안 팀장, 뒷좌석엔 미정이 앉아있다.
노트북을 보고 있는 미정. 노트북엔 영훈이 찍고 있는 연회장 내부가
나오고 있고.

미정   근데 꼭 짜치게 이런 데서 작전지휘 해야 돼요? 다른 팀은 탑차에 본
         부 꾸며 다니던데 여긴 뭐 쥐 나오겠네, 쥐 나오겠어.
안팀장   (착잡함에 눈 감은 채) 국장님이 그러더라. 실적 없이 세금 축내는 것
         들 봉고라도 감사히 여기라고.

안 팀장, 수동으로 운전석 시트 뒤로 젖히면, 끼이이익 낡아빠진 소리
나고.

미정   (숙연한) 저희가 잘할게요.

#30. 병문고 별관 1층 연회장 (밤)

채린   (하품 쩍) 어우, 지루해. (샴페인 잔 들고 있는 어른들 보는, 히잉) 술
         도 못 마시고 재미없다.
승재   나 몰래 술 갖고 왔는데 먹을래?
채린   (솔깃) 진짜?
승재   구라지~.
채린   (현준에게) 쟤 좀 때려주면 안 돼?
현준   둘이 잘 어울리는 거 알지.
승재,채린 (극혐하는 얼굴로 서로 바라보고)

현준, 문득 유정과 예나 보면, 어색하게 서로 말 한마디 없는 두 사람.

현준   둘은 아까부터 왜 그래?
예나   아무 일도. 신경 꺼.
유정   (예나 보는)
채린   근데 해성이는? 왜 아직도 안 와?
해성(E)   기다렸어?

학생들 돌아보면, 멋진 턱시도 차림으로 다가오는 한 사람. 해성이다.
각각의 표정으로 해성을 보는 승재와 현준, 예나와 유정.
입안의 오렌지 주스 유리컵 안에 주르륵 뱉는 채린.

유정   (작게) 오늘 좀 멋있다?

해성   (거만한) 미용실 좀 갔다 왔지. 선생님은?

미정(E)   오수아 선생님 들어가십니다.

잠시 후, 해성과 학생들에게 다가오는 누군가.
지금까지와는 전혀 다른 모습의 수아다.
놀란 표정의 유정과 예나, 학생회 사람들. 지나가던 영훈 또한 마찬가지.
한눈에 반한 듯 멍하니 수아를 바라보는 해성.

#31. 회상, 초등학교 교실 (낮)

7화 4씬 연결

어린해성에게 사탕 반지 내밀고 있는 어린수아.

어린해성   근데 결혼하자는 건 남자가 하는 거 아냐?

어린수아   그런가? (어린해성의 손에 사탕 반지 쥐여주는) 그럼 지금은 약혼. 나
          중에 니가 제대로 해줘.

어린해성, 앞을 보면, 어느새 어린수아, 현재의 수아로 바뀌어 있고.

수아   나중에 나 진짜 예쁜 드레스 입었을 때.

#32. 병문고 1층 연회장 (밤)

너무나도 예쁜 모습의 수아를 바라보는 해성.

채린   (조심스레) 샘, 저희가 아는 오수아 샘 맞죠.

유정   너무 예뻐요, 선생님.

수아   예쁘긴 니들이 더 예쁘거든? 고삐리를 어떻게 이기라고.

해성   (수아 보고 있으면)

수아   (학생들 몰래) 어때요? 괜찮아요?

해성   나쁘진 않네요. 보통 정도.

수아   (쳇! 입 비죽이는)

그때, 일각에서 들려오는 박수와 인사 소리.
해성 보면, 명주가 사람들의 인사를 받으며 계단에서 내려오고 있다.
명주의 뒤엔 재문이 따르고 있고.

(경과)
연단에 서서 건배사 중인 명주.

명주   ...마지막으로 병문인의 밤을 위해 귀한 발걸음해주신 학부모, 학생,
         그리고 동문 여러분께 진심으로 감사의 말씀을 드립니다. (샴페인 잔
         드는) 그럼 다 같이 건배할까요? 자랑스런 우리 병문인들과, 아이들의
         미래를 위해.

사람들   위하여!

명주   (샴페인 마시며 힐끔... 저쪽에 해성 바라보고)

본격적으로 행사가 시작되는 분위기 속,
케이터링에서 각종 음식들 접시에 담는 사람들, 리안과 준호.
그 와중에 영훈은 몰래몰래 과일 하나씩 빼먹고 다니고...

#33. 승합차 안 (밤)

뒷좌석에서 함께 노트북 보고 있는 안 팀장과 미정.

안팀장   아, 자식, 뭘 저렇게 주워 먹고 있어.

안 팀장, 문득 옆을 보면, 미정, 접시에 담긴 음식들 먹고 있고...

안팀장   언제 갖고 왔냐?
미정   아까 몰래. 드실래요? (접시 내미는)
안팀장   (엄한) 너는 일하러 와서 무슨 짓이야?
미정   싫음 말고. (접시 물리는데)
안팀장   (슬쩍 접시 잡는) 한 숟갈만 줘봐.

#34. 병문고 별관 1층 연회장 (밤)

승재와 현준. 그들의 부모님들과 함께 웃으며 대화 나누고 있는 명주.
잠시 후 예나, 웃으며 그들에게 다가와,

예나   오셨어요.
승재부   어, 예나. 오랜만에 보네?
현준모   예나는 볼 때마다 더 예뻐지는 것 같다?
예나   감사합니다.
승재부   이사장님은 든든하시겠습니다. 공부면 공부, 미모면 미모, 거기에 성
         품까지. 뭐 하나 빠지는 게 없는 자녀를 두셨어요.
명주   (미소로 승재와 현준 보며) 우리 승재 학생과 현준 학생도 모든 면에
         서 훌륭하죠. 그래서 제가 특별히 더 아끼는 거고요.
현준모   저희 나이엔 항상 자식 걱정이 우선인데, 이사장님 계셔서 늘 평안해요.
명주   믿고 맡겨주신 덕분이죠.

하하하 즐겁게 웃음 지으며 이야기 나누는 명주와 사람들.

연회장 일각, 스텐딩 테이블 근처에 서 있는 수아와 해성.

안팀장(E) 자, 다시 한번 말할게.

#35. 승합차 안 (밤)

안팀장   (입가에 밥풀 묻힌 채) 서명주 이사장이 차담회를 갖기 위해 자리 비
         우는 순간, 우리 작전도 같이 시작된다.

#36. 병문고 별관 1층 연회장 (밤)

서 있는 해성과 수아. 일각에서 서빙 중인 영훈의 모습.

안팀장(E) 정전으로 카메라가 멈췄을 때 둘은 이사장실을 올라가. 관계자가 배
         전실에 가서 정전 복구시키는 데까진 동선거리 약 3분 내외. 그 안엔
         무조건 진입 성공해야 돼.
수아   (긴장한 얼굴로 심호흡)
해성   (그런 수아 바라보고)
안팀장(E) 장내에 불이 들어오면 중단됐던 동아리 공연도 다시 시작할 거야. 그
         틈을 타 우린 괴담을 풀기 위한 피아노 연주를 시작한다. 플랜비 따윈
         없으니까 한 번에 끝내보자.
해성   (수아에게) 긴장돼요?
수아   많이는 아니고 조금?

품에서 작은 케이스를 꺼내는 해성. 케이스 열면, 주사기 한 개가 들
어있고.

해성	마취주사기예요. (수아에게 건네주는) 쓸 일은 최대한 없게 하겠지만 혹시 모르니까.
수아	저 잘할 수 있겠죠?
해성	뒤돌아봐요.

수아 뒤돌면, 해성, 수아의 등에 손을 갖다 대고.

수아	...!!
해성	긴장 풀고 천천히, 저랑 같이 호흡해 봐요. (천천히 숨 내쉬는)
수아	(해성의 호흡에 맞춰 숨 내쉬고)
해성	저번에 제가 한 약속 기억해요?

플래시백 6화 41씬

해성	제가 지켜드리겠습니다.

해성	선생님은 저한테... 국정원 요원 되고 처음 생긴 파트너예요. 아무 일 없게 할 거니까 걱정하지 마세요.
수아	(설레이고 두근거리고)
해성	그리고 미안해요. 거짓말했어요.
수아	뭐를요?
해성	오늘 예쁩니다.
수아	(슬며시 미소 짓고)

그렇게 잠시... 같은 공간과 같은 시간, 같은 호흡을 나누는 해성과 수아.
그리고 일각... 저 분위기 뭐야? 두 사람을 바라보는 영훈의 표정.

#37. 승합차 안 (밤)

안팀장   쟤들 뭐 하는 거냐?
미정   (흐뭇한) 청춘이네요.

#38. 병문고 별관 1층 연회장 (밤)

안으로 들어와 무대에 서기 시작하는 아카펠라 동아리 학생들, 윤철
과 범식, 동민.

명주   저희도 이제 올라가실까요?
승재부   그럴까요? 이사장님께서 아끼신다는 술 기대하겠습니다.

하하하 웃음 터뜨리며 함께 계단을 올라가는 명주와 승재부, 현준모,
학부모들.

연회장 일각, 스텐딩 테이블에 모여 있는 예나와 채린, 승재와 현준.
예나, 힐을 신은 발뒤꿈치가 아픈 듯 인상 찡그리다가,

예나   (현준에게) 나 잠깐만. (애써 아픔 참으며 밖으로 걸음 옮기는)
유정   (멀리서 그런 예나 바라보고)

#39. 병문고 교정 (밤)

벤치에 앉아있는 예나. 자신의 힐을 벗는다. 뒤꿈치가 까져 있다.
예나, 쓰라린 듯 인상 찡그리는데, 그때 예나에게 밴드를 건네는 누군
가. 유정이다.

유정   붙이면 좀 나을 거야.

예나   (힐 도로 신는) 상관 말고 가.

유정   그렇게 계속 걸으면 상처 생겨.

예나   (무시하고 일어서는, 유정 스쳐 가는데)

유정   (예나의 왼팔 잡는) 예나야, 이러지 말고 우리 얘기 좀...

하다가 멈칫, 예나의 드레스 소매 사이, 붕대 감겨 있는 손목을 보는
유정.

유정   너 또 그랬구나.

예나   ...!!

유정   너 정말...! 내가 그렇게 하지 말라고 몇 번이나...! (하는데)

예나   (팔 뿌리치며) 니가 뭔 상관인데.

유정   이예나.

예나   상관하지 말고 꺼져. 제발 주제 좀 넘지 마.

유정   (보는)

예나   역시 엄마 말이 맞았네. 키우던 개가 이제 사람 행세를 해.

유정   ...!!

예나   너 내 시녀야, 유정아. 근데 니가 나한테 이러면... (하는데)

유정   (서늘한) 너 진짜 불쌍하다.

예나   ...!!

유정   진심으로 너무 불쌍해.

예나   다시 말해 봐.

유정   몇 번이고 말해줄게. 학교에선 회장이랍시고 콧대 높이고 온갖 도도
      한 척 다하는 니가, 사실 알고 보면 그 사람한테... (하는데)

짝! 유정의 뺨을 때리는 예나. 이제 질세라 유정, 똑같이 예나의 뺨을
날린다. 짝-!
놀란 얼굴로 유정을 보는 예나. 그런 예나를 이 악물고 바라보는 유정.
예나, 충격으로 유정을 바라보다가, 먼저 뒤돌아 걸음 옮긴다.

혼자 남은 유정, 벌겋게 달아오른 자신의 뺨을 만지고.

#40. 병문고 별관 화장실 (밤)

세면대에서 얼굴을 씻는 유정. 거울 속 벌겋게 달아오른 자신의 뺨 바라보며,

유정   (자책 어린) 이게 아닌데...

#41. 병문고 별관 응접실 (밤)

각자 양주잔을 든 채 서 있는 명주와 학부모들.
소파 상석에는 명주, 양옆으론 승재부와 현준모가 앉아있다.
재문이 따라주는 술을 받는 승재부.

승재부   (양주 향 맡으며) 향이 좋은데요?
현준모   이사장님 기품과 어울리는 맛이에요.
명주   귀한 분들을 모셨으니 그에 맞는 술을 대접해야죠. 하지만 사실... 오
           늘 이 술은 제가 가장 아끼는 술이 아닙니다.
승재부   (명주 보는)
명주   (재문에게 눈짓하면)

진열장에서 오래된 술 케이스를 갖고 와 테이블 위에 올려놓는 재문.
학부모들, 재문이 케이스 안에서 꺼내는 술병을 보면, 서병문의 직인
이 찍혀있고.

명주   초대 이사장님께서 특별한 날을 기념하기 위해 직접 담그셨다는 술이

에요. 교육시티가 완성되고 새로운 시대가 열리는 날, 그때 여러분과
이 술로 축배를 들 생각입니다.

승재부 영광스러운 날이 되겠네요. 저희에게도 우리 아이들에게도.

명주 전 아이들의 가능성이 태어날 때부터 정해져 있다 생각해요. 시장에
서 개 한 마리를 사도 건강한 놈을 고르는데, 하물며 사람이야. (양주
마시곤, 내려놓으며) 애초에 희망이 없는 아이들은 빠르게 포기시키
는 게 나아요.

인서트

병문고 별관 1층 연회장. 무대에 서 있는 윤철과 범식, 동민.

연회장 안으로 들어오는 유정.

명주(E) 그런 애들까지 억지로 교육시켜 기회와 과정, 결과의 평등을 실천한다?

명주 (피식 냉소) 가뜩이나 세수 부족한 나란데 건 너무 낭비잖아.

학부모들 (웃음 짓고)

명주 한 명의 천재가 수십만 명을 먹여 살린다. 세상을 이끌어 가는 건 1프
로의 엘리트고 저는 그 1프로 전부를, 저희 병문인들로 채울 생각이에요.

인서트

병문고 이사장실. 교육시티 모형도.

명주(E) 지금보다 더 강하고 영향력 있는 병문.

명주 새 시대에 걸맞는 더 큰 병문인들로요.

승재부 뜻하신 바 이룰 수 있게 저희도 최선을 다하겠습니다, 이사장님.

현준모 그럼요, 그걸 말이라고. 교육시티 미리 축하드려요, 이사장님.

명주 (야망 어린 눈빛으로 양주 마시는)

승재부 (크흠 헛기침, 슬며시) 그럼 이제 슬슬… 아이들 프로그램 얘기를…

명주   교장 선생님?

학부모들에게 검은색 명함지를 한 장씩 건네주는 재문.
승재부, 명함지를 보면, 금빛 글씨체로 디스코드 서버 초대 링크가 새
겨져 있고.

명주   프로그램 관련해선 일전에 요청하신 대로 정리했습니다. 아이들에게
코드 안 내용 미리 숙지하라 전해주세요.

#42. 병문고 별관 1층 연회장 (밤)

아카펠라 공연을 시작하는 학생들과 윤철, 범식, 동민.
연회장 일각, 아카펠라 공연을 보고 있는 해성과 수아. 그 위로

안팀장(E) 준비됐으면 시작하자. 영훈이.

#43. 병문고 이사장실 건물 배전실 (밤)

조심스레 안으로 들어와 주위를 살피는 영훈.

영훈   배전실 도착했습니다.

#44. 승합차 안 (밤)

안팀장   해성이랑 오수아 선생님은?
해성(E)   준비됐습니다.

안팀장   (후우... 심호흡 후) 좋아, 가보자.
미정   전원 차단 셋.

#45. 병문고 별관 1층 연회장 (밤)

아카펠라 공연을 보고 있는 해성과 수아. 그 위로

미정(E)   둘, 하나.

인서트
병문고 이사장실 건물 배전실. 전기차단기를 내리는 영훈.

순간 정전으로 암흑이 되는 1층 연회장. 우왕좌왕 웅성대는 사람들.
이사장실로 향하는 계단을 향해 걸음 옮기는 해성과 수아.

#46. 병문고 별관 응접실 (밤)

순간 암흑이 되는 응접실 안.
무슨 일인가 싶어 당황스러워하는 승재부와 현준모, 학부모들.

명주   (재문에게) 어떻게 된 건지 알아봐요.
재문   (밖으로 나가는)
명주   일시적인 정전일 거예요. 일단 자리부터 옮기시죠.

#47. 병문고 별관 보안실 (밤)

전원이 나가 모두 꺼진 CCTV 모니터들.

먹통이 된 키보드 두드리며, 재문과 핸드폰 통화 중인 보안1. 옆엔 보안2가 앉아있고.

보안1   예, 교장 선생님. 기술 문제는 아니고 단순 전기 오류입니다. 배전실 쪽에 문제가 있는 거 같습니다.

#48. 병문고 별관 복도 (밤)

플래시라이트 켠 채 성큼성큼 걸음 옮기는 재문.

재문   (핸드폰 통화 중인) 그쪽은 제가 가죠. 보안들은 이사장실 확인부터.

#49. 병문고 별관 2층 복도 (밤)

계단을 올라오다 멈칫하는 해성과 수아. 두 사람 모퉁이 너머 복도 보면, 플래시라이트 켠 채 다가오고 있는 보안3, 4가 보이고.
어쩌지 싶어 해성을 보는 수아. 그런 수아에게 쉿 사인을 보내는 해성.

#50. 병문고 별관 간이 창고 (밤)

축 처진 채 널브러져 있는 보안3. 그 옆에 기절한 보안4를 내려놓는 해성.

수아   역시 국정원. 보이지도 않았어.
해성   시간이 없어서.

#51. 병문고 별관 2층 복도 (밤)

간이 창고에서 복도로 나오는 해성과 수아.

해성   (안 팀장에게) 이사장실 있는 3층 올라갑니다.

그때, 갑자기 불이 들어오며 환하게 밝아지는 건물 내부.
복도에 있던 CCTV 카메라도 다시 불이 들어온다.
수아를 데리고 황급히 CCTV가 못 잡는 사각으로 몸을 숨기는 해성.

수아   전기가 왜 벌써 들어와요?
해성   (난감한 표정)

#52. 병문고 별관 1층 연회장 (밤)

불이 들어오며 환해지는 연회장. 그제야 안심하는 사람들.
계단에선 승재부와 현준모, 학부모들이 내려오고.

#53. 병문고 별관 배전실 (밤)

재문   (전기차단기 올린 채, 핸드폰 통화 중인) 전원 복구 완료했습니다. 이사
         장실에도 체크 인력 보냈고요.
영훈   (숨어서 재문 지켜보는, 큰일 났다 싶고)

#54. 승합차 안 (밤)

노트북 속 재문의 모습을 보고 있는 안 팀장과 미정.

안팀장 (미정에게) 어떻게 된 거야? 배전실까지 동선거리 3분이라며.
미정 아니 뭐 걸음걸이가 이렇게 빠를 줄 알았나...
안팀장 (아이고야... 마른세수하는데)
미정 걱정 마십시오, 팀장님. 이럴 땔 대비한 히든카드가 남아있습니다.

#55. 병문고 별관 보안실 (밤)

CCTV 모니터 앞에 앉아있는 보안요원1, 2.
그때 쾅! 문을 박차고 안으로 들어오는 한 사람. 정장을 차려입은 영훈이다!

영훈 여기 책임자 누구야!

당황한 표정으로 모니터를 등진 채, 자리에서 일어나 영훈 보는 보안1, 2.

보안1 실례지만 누구신지...?
영훈 나 저기 누구야, 어쨌든 학생 아빠. 아니 이렇게 큰 행사에서 말야, 어? 정전이 뭐야, 정전이?! 내가 계단에서 굴러가지고 몸이 성한 곳이 없어!
보안1 보기엔 멀쩡하신 거 같은데...
영훈 (가만히 있다가, 대뜸 허리 잡고 아픈 척) 아이고, 내 허리! 요추 4번, 요추 4번!

미친 듯이 엄살을 떨며 보안들의 시선을 잡아끄는 영훈. 그러면서 힐끔 보안들의 뒤편 모니터 보면, 3층으로 향하는 계단을 오르고 있는 해성과 수아가 보이고.

#56. 병문고 이사장실 앞 (밤)

이사장실 문 앞에 다다르는 해성과 수아.
엄지에 골무를 끼우는 해성. 지문인식기에 갖다 대는데, 안 열린다?

수아   안 돼요?

다시 시도를 해봐도 마찬가지. 당황스러운 해성과 수아.

해성   영훈아 시간 더 필요하다.

#57. 병문고 별관 보안실 (밤)

영훈, 힐끔 모니터 보면, 이사장실 앞에 서 있는 해성과 수아의 모습
보이고.

보안1   여기서 이러실 게 아니라 병원을 가시든지 하시죠.
영훈   이 자식이 내가 누군지 알고. 내가 마, 어?! 느그 서장, 아니 느그 사장
이랑 밥도 먹고 사우나도 하고, 어? 다했어, 마!
보안2   자꾸 이러시면 밖으로 끌어냅니다.
영훈   (바닥에 드러눕곤) 못 가, 못 가. 보상해줄 때까지 못 나가!
보안1   (보안2에게) 안 되겠다. 끌어내.

보안2, 영훈 일으켜 밖으로 끌어내려 하면, 필사적으로 버티는 영훈.
이사장실 앞을 비추고 있는 CCTV 모니터엔 여전히 해성과 수아의 모
습 보이고.
보안1, 끌려 나가는 영훈을 한심하게 보다가, 모니터를 향해 고개 돌리
는데,

그 순간! 벌컥 문 열고 들어오는 한 사람. 미정이다!
성큼성큼 영훈에게 다가가 대뜸 뺨을 날리는 미정!

미정　　니가 어떻게 나한테 이럴 수 있어.

영훈,보안들　(둥!) ...!!

미정　　뱃속에 아기는 어떡하라고!

영훈,보안들　(둥!) !!

#58. 병문고 이사장실 앞 (밤)

초조한 얼굴 표정의 해성과 수아.
그때, 계단을 올라와 복도에 서는 보안5와 서너 명의 다른 보안들.

해성,수아 ...!!

보안5　　당신들 뭐야!

수아　　(긴장, 초조) 아무래도 한판 할 분위기죠?

해성　　옆에 붙어 계세요. 위험할 땐 제가 드린 거, 그거 쓸 생각하시고.

수아　　(가방에서 주사기 꺼내는) 설마 이걸 찔러 넣으라고요?

해성　　(자기 목에 핏줄 가리키는) 정확히 여기.

수아　　못해, 못해, 난 못해. 저 선량한 시민이에요.

해성　　그럼 전 악랄한 악당이에요? 유사시에 쓰라고, 유사시에.

수아　　아니 아무리 그래도 이게... 찔렀다 죽으면요?

해성　　그쪽 땜에 제가 더 죽겠거든요? 명예현장요원이라며, 그럼 해야지...!

수아　　(미치겠다 싶고)

해성　　더 이상 잔말 금지. 갑니다.

곧바로 이어지는 보안들과 해성의 격투.
수아를 보호하며 보안들을 제압해 나가는 해성!

#59. 병문고 별관 보안실 (밤)

미정   너한테 난 뭐였니. 그저 하룻밤 불장난 상대였니?
영훈   우리 키스밖에 안 했는데? (항변) 그리고 선배 저 싫다면서요.
보안1   (뒤돌아 모니터 보려 하는데)
미정   (안 돼!) 이 바보! 어쩜 이렇게 내 맘 모르니!

영훈의 멱살 붙잡아 당기면서! 그대로 확 뽀뽀를 날리는 미정...!
헉 놀라는 영훈과 보안들!

#60. 병문고 이사장실 앞 (밤)

마지막 보안마저 쓰러뜨리곤 숨을 고르는 해성.
그 순간 보안5, 갑자기 뒤에서 해성을 덮치는데,

수아   !! 조심해요!

들고 있던 주사기를 보안5의 목에 찌르는 수아!
그런데 보안5, 안 쓰러지고 계속 서 있다?
수아, 당황스레 주사기를 보면, 뚜껑이 닫혀있다! 깜빡하고 뚜껑을 안
뽑은 것...!

보안5   넌 또 뭐야! (하며 수아의 뺨 날리려 하는데)

그 순간 턱, 보안5의 손목을 붙잡는 해성. 이내 주먹을 날려 보안5를
쓰러뜨린다.

수아   죄송해요. 저도 잘해보려 했는데...

해성   (그런 수아 보다가, 위로해주는) 아니에요, 잘했어. 고마워요.

수아   (두근두근 해성 보는)

해성, 다시 골무를 지문인식기에 갖다 대면, 이윽고 철컥 열리는 이사
장실 문.
드디어 열렸다. 서로를 바라보는 해성과 수아.

해성   (안 팀장에게) 안으로 들어갑니다.

#61. 병문고 별관 보안실 (밤)

서로 입술을 맞대고 있는 영훈과 미정.

해성(E)   두 사람 여기 정리 좀 해줘.

미정   (보안들에게, 정중한) 소란 피워 죄송합니다. (밖으로 나가는)

보안1   괜찮으세요?

영훈   (진지한 얼굴로 입술 만지는) 니 마음 몰랐던 나란 남자. ...바보.

#62. 병문고 학생회실 (밤)

어두운 학생회실. 홀로 자리에 앉아 깍지 낀 손에 이마 묻고 있는 예나.

플래시백 7화 39씬

유정   (서늘한) 너 진짜 불쌍하다.

예나   ...!!

유정   진심으로 너무 불쌍해.

고개를 드는 예나. 왼손 소매를 걷는다. 손목의 자해자국을 본다.

예나, 그저 물끄러미 자해자국을 보는 그때, 갑자기 학생회실 밖에서

들려오는 승재부의 목소리.

승재부(E) 너 아빠가 진짜 노력했다. 이번 학기 내신 니 비중 엄청 커졌어.

예나   (무슨 소리지?)

#63. 병문고 학생회실 밖, 병문고 1층 교차 (밤)

조심스럽게 학생회실 문 열고 밖으로 나오는 예나.

예나 보면, 1층 으슥한 곳, 승재와 승재부가 서 있는 모습이 보이고.

승재   (엄지척!) 크으, 역시 아빠. 과학 에세이 대회는?

승재부   당연히 챙겼지, 마. 영채인가 3반 걔 엄마랑 싸워가지고 겨우 따냈다.

예나   (두 사람 바라보는)

승재부   에세이 말고도 수상 쪽에 니 이름 많이 올라갔어. (검은색 명함지 건

네주는) 신경 쓸 거 많을 거니까 확인해 봐. 보안유지 잊지 말고.

예나   (검은색 명함지 유심히 보는)

명함지를 주머니에 넣는 승재. 아버지와 함께 밖으로 나가다 멈칫, 휙

고개 돌려 예나가 있는 곳을 본다. 아무도 없다.

승재부   왜 그래?

승재   ...기분 탓인가? 가요, 아빠.

함께 밖으로 걸음 옮기는 승재와 승재부.

두 사람 밖으로 나가면, 그제야 숨어 있다가 다시 모습을 드러내는 예나.

예나   (당황스러운) 수상이라니? 무슨 말이야?

#64. 병문고 이사장실 (밤)

이사장실 안으로 들어오는 해성과 수아.

수아   요원님. (한쪽에 놓여있는 그랜드피아노 가리키는)

그랜드피아노 앞에 다다르는 해성과 수아. 함께 의자에 앉는 두 사람.

#65. 승합차 안 (밤)

노트북을 보고 있는 안 팀장.
영훈의 뿔테안경 카메라로 보이는 연회장 내부, 아카펠라 공연이 다
시 시작되고 있다.

안팀장   공연 재개됐다. 지금이 기회야.

#66. 병문고 이사장실 (밤)

수아   시작할까요?
해성   시작하죠.

함께 병문고 교가를 연주 시작하는 해성과 수아.
어느 순간 해성, 연주 중 건반 '**도**'를 치는데, 소리가 안 난다.
순간 깨지는 음정. 연주를 멈추는 해성과 수아.

| 수아 | 왜 그러세요? |
| 해성 | 건반이 소리가 안 나요. |

다시 한번 건반 '**도**'를 누르는 해성. 정말 소리가 안 난다.

| 수아 | 원래 고장 난 걸까요? 근데 이럼 연주하는 의미가 없잖아. |
| 해성 | (어떻게 된 거지 싶다가) 일단 끝까지 해보죠. 마지막엔 뭐가 나올지 모르는 거니까. |

다시 교가를 연주 시작하는 해성과 수아.
이윽고 연주를 끝내고 피아노 살피면, 무언가 바뀌거나 나오는 것 아 무것도 없고...

#67. 승합차 안 (밤)

| 미정 | 어떻게 하죠? |
| 안팀장 | (끄응...) 일단 나오자, 해성아. 계속 거기 있으면 위험해. |

#68. 병문고 이사장실 (밤)

당황스레 피아노를 바라보는 해성. 그 위로

| 안팀장(E) | 이사장실 출입기록 지우고 빨리 나와. |
| 해성 | (어쩔 수 없다 싶은) 철수하겠습니다. |

일어서 명주의 컴퓨터를 향해 걸음 옮기는 해성.
그사이 수아는 의자 원위치, 이후 문가에 서서 열린 문틈 사이로 바깥

을 살피고.

컴퓨터에 USB를 꽂는 해성. 빠르게 키보드 두드리면, 이내 풀리는 로그인 잠금.

마우스 클릭해가며 출입기록을 찾아 나서는 해성. 이윽고 클릭 멈칫, 찾았다.

가장 최근의 방문기록을 삭제, 이후 폴더들 닫으면서 바탕화면 원위치시키는데,

순간 해성의 눈에 띄는 무언가. 다름 아닌 **'정해성'** 폴더다…!

해성　　…!!

수아　　요원님? 아직 멀으신 거?

긴장한 얼굴로 '정해성' 폴더를 클릭하는 해성. 폴더 안, 문서 파일이 들어있다.

'언더커버 하이스쿨' 작전계획서다.

작전명과 개요, 자신의 국정원 인적서류 등이 포함되어 있는 국정원 기밀문서.

모니터 바라보는, 충격으로 얼어붙은 해성의 모습에서…!!

#69. 에필로그, 병문고 복도 (낮)

아무도 없는 복도. 병문고 교가 피아노 연주 소리가 나오고 있는 음악실.
그러다 어느 순간, 누군가 건반을 잘못 친 듯 땅- 음정 안 맞는 소리 나오고.

#70. 에필로그, 병문고 음악실 (낮)

수아 님 혹시 바보세요? 도레미파솔라시도 이게 안 외워지나?

해성 죄송합니다.

수아 한 번이라도 좋으니까 끝까지 좀 갑시다. 자, 다시! 시시시작.

다시 합주 연습을 시작하는 해성과 수아. 살짝살짝 닿는 두 사람의 손.
수아, 힐끔 해성 보면, 열심히 집중하고 있는 해성의 모습.
그런 해성을 보다가... 남몰래 설레는 얼굴로 미소 짓는 수아.

- 7화 끝 -

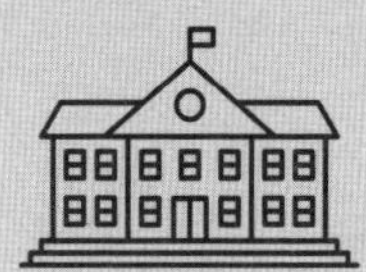

8화
어떻게든 막아야지

#1. 병문고 이사장실 (밤)

당황스레 피아노를 바라보는 해성. 그 위로

안팀장(E) 이사장실 출입기록 지우고 빨리 나와.
해성   (어쩔 수 없다 싶은) 철수하겠습니다.

일어서 명주의 컴퓨터를 향해 걸음 옮기는 해성.
그사이 수아는 의자 원위치, 이후 문가에 서서 열린 문틈 사이로 바깥을 살피고.
컴퓨터에 USB를 꽂는 해성. 빠르게 키보드 두드리면, 이내 풀리는 로그인 잠금.
마우스 클릭해가며 출입기록을 찾아 나서는 해성. 이윽고 클릭 멈칫, 찾았다.
가장 최근의 방문기록을 삭제, 이후 폴더들 닫으면서 바탕화면 원위치시키는데,
순간 해성의 눈에 띄는 무언가. 다름 아닌 **'정해성'** 폴더다…!

| 해성 | ...!! |
| 수아 | 요원님? 아직 멀으신 거? |

긴장한 얼굴로 **'정해성'** 폴더를 클릭하는 해성. 폴더 안, 문서 파일이
들어있다.
'언더커버 하이스쿨' 작전계획서다.
작전명과 개요, 자신의 국정원 인적서류 등이 포함되어 있는 국정원
기밀문서.
충격으로 표정 얼어붙는 해성. 멍하니 모니터 바라보고 있으면,

| 수아 | 요원님? 괜찮으세요? |

수아의 말에 그제야 정신 차리는 해성. 애써 침착하게 바탕화면 원위
치시켜놓고.

#2. 병문고 별관 1층 연회장 (밤)

행사가 끝난 분위기 속, 서로 인사 나누며 밖으로 나가는 학부모들과
학생들의 모습.
계단을 내려오는 해성, 그리고 수아.

수아	(무슨 일인가 싶은, 걱정스레 해성 살피는데)
리안	(수아에게 다가와) 수아샘, 우리 이제 마무리.
수아	금방 갈게요. (리안이 걸음 옮기면, 해성에게) 전 행사 뒷정리해야 돼
	서 먼저 가볼게요. 나중에 다시 얘기해요. (먼저 걸음 옮기는)

어떻게 국정원 자료가 서명주에게? 당황스러운 해성인데,
그때 해성의 눈에 띄는 한 사람. 연회장 일각에 서 있는 명주다.

학부모들과 이야기 나누던 명주, 문득 해성을 본다. 두 사람 눈이 마주친다.
명주, 미소로 해성에게 눈인사를 건넨다. 그런 명주 바라보는 해성의 모습에서.

#3. 승합차 안 (밤)

도로를 달리고 있는 승합차. 운전석엔 영훈, 조수석엔 미정. 뒷좌석엔 해성과 안 팀장이 앉아있다.

안팀장   딱 '도' 음만 안 울렸다. 왜 하필 것만?
해성   (안 팀장의 말 귀에 들어오지 않는)
영훈   오래돼서 고장 난 거 아닐까요?
미정   키워드, 멍충아, 키워드.
안팀장   소리 없이 움직이는 건반. (시트에 몸 기대는) 그럼 고장 난 게 아니라 그 자체가 단서라는 건데... (문득 해성 보면)
해성   (심각한 표정)
안팀장   너 왜 그래?
해성   예?
안팀장   이사장실에서 뭔 일 있었어?
해성   (둘러대는) 피곤해서 그런가 봐. 저 여기서 내릴게요.

#4. 거리 (밤)

일각에 멈춰 서는 승합차. 차에서 내리는 해성.

영훈   왜 저러지? 뭔가 이상한 거 같은데?

안팀장   (차창 밖 해성 바라보다가) …출발하자.

해성, 걸음 옮기다 멈칫, 뒤를 돌아보면, 출발하는 승합차 보이고.
멀어져가는 승합차 바라보다가… 다시 걸음 옮기기 시작하는 해성.

#5. 병문고 이사장실 (밤)

안으로 들어와 책상 의자에 앉는 명주.
긴장 풀린 듯 한숨 돌리다가 멈칫, 저쪽 그랜드 피아노를 본다.
피아노 건반 덮개가 살짝 흘러내린 채 놓여있다.

인서트
건반 위에 깔끔하게 놓여있는 피아노 건반 덮개.

명주   세 번째는 됐고, 네 번째만 남았네?

#6. 해성의 집 거실 (밤)

아크릴 보드에 빠르게 메모를 해 나가는 해성.
'서명주', '금괴', '나를 이용', '국정원과 유착', '내부자'
해성, 이름을 쓰기 시작한다. **'고영훈', '박미정', '공진상', '김형배'** 그리
고 **'안석호'**
잠시 안 팀장의 이름 바라보다가… 말도 안 돼. 지우개로 이름 지우려
하는 순간,

플래시백 3화 6씬
해성   재단이 금괴 밀반출하려 한단 첩보, 출처파악 아직 안 된 거죠.

안팀장　　첩보 진위 여부는 국장님한테 확인할게. 넌 들어가서 쉬어.

차마 안 팀장의 이름을 지우지 못하는 해성인데,
그때 진동 울리는 핸드폰. 안 팀장이다.
핸드폰 바라보다가... 결국 전화 받지 않는 해성.
복잡하고 당황스러운... 보드에 쓰여 있는 '**내부자**' 바라보는 해성의
표정.

#7. 병문고 별관 1층 연회장 (밤)

"저거, 저거 빨리 나르고.", "에헤이, 리안샘 또또 약한 척한다."
광두의 지시 아래 행사 뒷정리를 하고 있는 수아와 리안, 준호, 몇몇
선생님들. 그때,

승재(E)　　죄송하다면 다야?!

수아와 사람들 보면, 화가 난 승재와 머리 조아리고 있는 40대 종업원1이
보이고.

승재　　앞을 똑바로 보고 다녀야 할 거 아냐. (음식 찌꺼기 묻은 자신의 구두
　　　　보는) 아, 진짜 재수 없게.
종업원1　　죄송합니다. 깨끗이 닦아 다시 드리겠습니다.
승재　　여기서 닦아. 너 이 구두 얼마짜린지 모르지.

주머니에서 핸드폰을 꺼내는 승재.
그 순간, 핸드폰과 함께 올라오며 바닥에 떨어지는 검은색 명함지.

승재　　(못 알아챈) 너 내가 경찰 부를 수도 있다. 피해보상 제대로 청구하기

전에 무릎 꿇고 닦아라.

종업원1　(어쩔 수 없이 무릎 꿇으려 하는데)

수아　(종업원1 말리는) 일어나세요.

승재　(피식) 샘 뭐 하시는 거?

수아　너보다 훨씬 어른이서. 함부로 대한 거 사과드려.

승재　돌아버리겠다, 진짜. 샘 뭐 돼요?

수아　한승재.

승재　정 그렇게 미안하면 샘이 닦든가. (짜증) 요즘 왜 이렇게 급도 안되는 것들이 나대지?

승재부　(승재에게 다가와) 한승재. 선생님한테 무슨 말버릇이야. (수아에게) 죄송합니다, 선생님. 제가 대신 사과드리겠습니다.

수아　저야말로 죄송한 말씀이지만 사과는 제가 아니라 이분께 하는 게 맞는 거 같습니다. 아버님이 아니라 한승재 학생 본인이요.

승재부　(표정 언짢아지는데)

광두　오 선생, 승재 아버님한테 무슨 험한 소리야. (승재부에게) 죄송합니다, 아버님. 오 선생은 제가 혼쭐낼 테니까 노여움 푸십시오.

리안　(수아에게 다가와 말리는) 그래, 수아샘도 너무 그러지 마. 오늘 같은 날 얼굴 붉힐 게 뭐 있어. (참으라는 표정)

수아　(마지못해 아무 말 않는데)

광두　밖에 차 대기하고 있습니다. 나가시죠. 이준호 선생. (빨리 와라 손짓)

준호　(수아 보다가, 어쩔 수 없이 광두 따라나서는)

함께 밖으로 나가는 승재와 승재부, 광두와 준호. 그 모습 보는 수아인데,

리안　(핀잔 주는) 정교사는 갖다 버리기로 한 거야? 학생회 애들 건들면 안 된다는 거 알잖아~.

수아　그래도 너무하잖아요, 자기보다 한참 어른한테. (종업원1에게) 괜찮으세요?

종업원1   덕분에 감사합니다. 그리고 이거… (검은색 명함지 건네주는) 아까
         그 학생이 떨어뜨리고 간 겁니다.

리안   이게 뭐야?

수아   (디스코드 서버 초대 링크 보는, 대체 이게 뭔가 싶고)

#8. 안 팀장의 집 앞 (밤)

아파트 앞에 멈춰 서는 승합차.
뒷좌석에 안 팀장, 무거운 얼굴로 핸드폰 만지작거리고 있으면,

미정   팀장님? 도착했습니다.

안팀장   (정신 차리곤) 어, 그래. 고마워. (차 밖으로 나가는)

영훈   들어가십시오.

안팀장   (아파트 안으로 들어가는)

영훈   팀장님은 또 분위기 왜 저러신데?

미정   정 선배 저기압이니까 같이 저기압인 거겠지. 둘이 가족이잖아. (시트
         에 머리 묻고 눈 감는) 가자.

영훈   …저 선배, 이참에 우리도 가족이 되는 것이… (하는데)

미정   (눈 감은 채) 나 만나는 사람 있다.

영훈   (둥!) !!

미정   그러니까 출발.

영훈   …출발하겠습니다.

#9. 수아의 집 방 안 (낮)

책상 의자에 앉아 병문고 교가 악보를 보고 있는 수아.
옆에 연습장엔 **'혼자 우는 피아노 = 포핸즈 합주, 소리 없이 움직이는**

건반, 죽은 여학생의 연주.' 키워드와 함께 풀이를 시도해본 흔적이 가득하고.

머리를 싸매고 끄응 고민하던 수아, 결국 에라 모르겠다, 한숨 푹 내쉬며

수아 내 능력으론 안 되나 보다. 수업 준비나 하자~.

연습장과 교가 악보 한쪽에 밀어두곤 한국사 교과서와 수업 자료를 펼치는 수아.

수아, 〈서경별곡〉 사진자료를 보며 필기를 시작한다.

'고려가사는 원래 당시 대중가요였지만 현재는 음이 사라지고 가사만 남은 것'

문득 멈칫, 한쪽에 밀어둔 교가 악보를 본다.

수아 (읊조리는) 가사. 가사가 있는 곡이야.

악보 멜로디에 맞춰 가사를 적어 내려가는 수아.

수아 소리 없이 움직이는 건반... 소리가 안 나는 음계 '도'.

병문고 교가 악보에 음계 **'도'**에 해당하는 가사 글자들을 하나씩 체크하는 수아.

이윽고 글자들을 연습장 한 곳에 옮겨 적어보면, 둥-! 말도 안 되는 문장이 나오고.

'구계성병민들라우병'

펜으로 머리 긁적이며 뚫어져라 악보를 보는 수아. 그러다 멈칫, 적어뒀던 키워드를 본다. **'죽은 여학생의 연주.'**

수아 포핸즈 악보. 죽은 여학생의 연주. 여학생 파트.

이거다 싶은 수아, 악보 가사에서 해성의 파트뿐 아니라 자기 파트의
'도'도 체크를 해 본다. 가사를 이어본다. 이내 나타나는 하나의 문장.
'구슬 품은 자 붉은 해 향하면 황금 빛나리.'
찾았다. 해성에게 전화를 거는 수아.

#10. 해성의 집 거실 (낮)

방 안 침대 위, 진동 울리는 해성의 핸드폰. **'오수아 선생님'**
수아에게 전화 온 것 모르는 채, 소파에 앉아 생각에 잠겨있는 해성.
한숨도 자지 못한 듯 피곤하고 초췌한 얼굴.

#11. 편의점 (밤)

안으로 들어오는 수아. 문득 카운터 앞에서 담배를 사는 해성을 발견
하곤,

수아   전화엔 답도 없더니 여기서 보네. (다가가) 요원님.
해성   (건조한 눈으로 수아 보는)
수아   칭찬해주십시오. 제가 세 번째 괴담 비밀 풀었습니다.

주머니에서 연습장 접은 쪽지를 건네주는 수아.
해성 보면, **'구슬 품은 자 붉은 해 향하면 황금 빛나리'** 쓰여 있고.

수아   알고 보니까 비밀이 한 쿠션 더 있더라고요. 요원님 파트에서 '도'에
          해당하는 가사만 내가 체크를 해 봤단 말야? 근데 거기선 말도 안 됐
          던 게 제 파트랑 딱 합치니까... (하는데)
해성   고생하셨어요. 감사합니다. (수아 지나쳐 걸음 옮기는)

수아   반응이 왜 저래?

#12. 편의점 밖 (밤)

담배 물곤 라이터 불 붙이려 하는 해성.
그 순간, 편의점 밖으로 나와 해성의 담배를 채가는 수아.

수아   스읍! 학생이 담배는!
해성   (수아 보다가, 걸음 옮기는)
수아   (해성의 걸음에 보조 맞추며) 요원님 혹시 무슨 일 있으세요? 이사장
          실 갔다 왔을 때부터 계속... (하는데)
해성   없습니다. (더 빠르게 걸음 옮기는)
수아   (걸음 멈추는, 서서히 올라오는 빡침에) 아니 근데 저 사람이... 야!!
해성   (멈칫, 깜짝 놀라 수아 보면)
수아   사람이 걱정을 하면 들어야지 쌤을. 따라와요. 한잔합시다.

#13. 수아모의 가게 (밤)

마주 앉아있는 해성과 수아. 잠시 후 수아모, 테이블에 안주 놓으며,

수아모   맛있게 드세요~. (수아에게 엄지척!, 걸음 옮기는)
수아   (해성의 잔에 술 따라주는) 이제 말해보세요. 무슨 일인데 그렇게 어
          두워.
해성   (말없이 술 마시는)
수아   치사하게 내 껀 따라주지도 않고. (자기 잔에 술 따르는) 저 괴담 푼
          건 어떻게 해요? 요원님 계속 이 모양이면 팀장님한테 말해야 되나?
해성   팀장님한테요?

수아	금괴인지 금가락지인지 빨리 찾아야 표창장 받으니까~. 우리 비즈니스 관계야, 잊었어요?
해성	(옅게 웃는) 어쩐지 그래서 푸셨구나.
수아	그럼 뭐 다른 게 있나? (핸드폰 드는) 그럼 전화합니다.
해성	(수아의 핸드폰 뺏는)
수아	...요원님 회사 땜에 그러는구나.
해성	(아무 말 못 하고)
수아	전화 안 할 테니까 핸드폰 주시고, 핸드폰 주시는 김에 말도 같이 해봐요.
해성	(고민하다가, 핸드폰 넘기는) 서명주였어요. 저 작전에 투입한 사람.
수아	...!!
해성	금괴를 찾고 있던 서명주에게 제가 이용당한 거였어요. 저는 짜여진 판의 장기말이었고, 회사 내부엔 내통자가 있고. ...더 이상은 제가 이 작전을 해야 될 이유를 모르겠어요.
수아	...힘들면 안 해도 괜찮아요.
해성	(수아 보는)
수아	어디서 이런 말이 나오더라고요. 마지막에 웃는 놈이 좋은 인생인 줄 알았는데, 알고 보니 자주 웃는 놈이 좋은 인생이더라.
해성	(바라보고)
수아	행복은 적금처럼 모았다가 나중에 쓰는 게 아니래요. 가뜩이나 짧은 인생 웃으며 사는 것도 바빠 죽겠는데 사서 힘들 필요 뭐 있어.
해성	제가 그만두면 선생님 정교사는요?
수아	음... 어떻게든 되겠죠? 금괴를 나 혼자 찾는다든가?
해성	(피식 웃음 짓고)
수아	이 양반이 장난인 줄 아시네? 내가 찾는지 못 찾는지 내기할까요? 세 번째도 내가 풀었어, 이 사람아~.
해성	(건배하자 잔 내미는)

헤헷, 배시시 웃으며 잔 부딪치는 수아. 함께 술 마시는 두 사람의 모습.

#14. 해성의 집 근처 거리 (밤)

함께 걸음 옮기는 해성과 수아.

수아　요원님이 생각했을 때 의심 가거나 수상한 사람은요?

해성　이 작전에 대해 알고 있는 사람. 그중 하나겠죠.

수아　(해성 보다가, 일부러 밝게) 이거 참 곤란하네. 요원님 몸은 하나라 여 럿을 쫓아다닐 수도 없고. 거기다 지금은 하루 종일 학교에 틀어박혀 있어야... 엇!

해성　(보면)

수아　이사장을 감시하는 건 어때요? 막 위치추적하고 미행하고 도청하고 통화기록 그런 거 있잖아. 국정원이면 그런 거 할 수 있는 거 아니에요?

해성　(웃는) 어느 정도는. 그런 거 할 수 있단 건 어떻게 알았어?

수아　제가 원래 첩보영화 매니아... 근데 기분 탓인지 말이 짧아지신...

해성　우리 동갑이니까.

수아　그래요? 우리가 언제 호구조사를 했지?

해성　아마 초등학교 때?

수아　(고개 끄덕끄덕) 아, 그때. (놀라 해성 보는) 초등학교 때요?

어느새 각자의 집 앞에 도착한 해성과 수아. 걸음 멈춘 채 서로를 바 라보는 두 사람.

해성　정확히는 2학년 때. 근데 내가 왜 인생의 원수야?

수아　(설마 싶은 마음에 해성 보는데)

해성　이름 왜 바꿨어. 난 니 이름 예뻤는데.

수아　(헐... 입 떡 벌어져 해성 바라보는데)

해성　그리고 하나 더. (자신의 집 가리키는) 여기가 우리 집.

수아, 해성의 집을 바라본다. 뒤돌아 맞은편을 본다. 자기네 집이다.

수아　　…일단 첫 번째, 니가 시현이라는 거지?

해성　　(끄덕)

수아　　두 번째, 지금까지 내 코앞에 살고 있었다는 거고?

해성　　(끄덕)

수아　　그걸 왜 이제 말해?!

해성　　(머쓱한) 굳이 얘기하자면 말할 경황이 없었달까? 미안.

수아　　(참자…) 그래 뭐, 사건사고 많고 바빴으니까. 근데 왜 이름이 해성이
　　　　야? 너도 개명했어?

해성　　회사 들어가고 나서부터. 작전 중 실명 쓸 순 없으니까.

수아　　오케이, 그럼 계속 해성이로. 난 봉자라 부르지 마라, 죽는다.

해성　　근데 개인적으로 난 그 이름이 더… (수아 보면)

수아　　(싸-한 얼굴로 해성 보고 있고)

해성　　…오수아로.

수아　　정말 충격의 연속이다. 내가 또 알아야 될 거 있어? 있음 지금 말해.

해성　　없어.

수아　　진짜지? 진짜 없는 거지?

해성　　(미소로) 없으니까 들어가. 늦었다.

수아　　(자신의 집 대문 열다가, 해성 보는) 해성아.

해성　　(집 들어가다가, 수아 보는)

수아　　너 2학년 때 말도 없이 전학 갔을 때… 나 되게 섭섭했다? 근데 나중
　　　　에 얘기 들었어. 아버님 실종 때문에 간 거라고.

해성　　(보는)

수아　　이건 내가 어디서 봤는데, 희망은 믿는 사람한테만 존재한대.

해성　　(바라보고)

수아　　아버님 꼭 찾을 수 있을 거야.

해성　　(미소로) 그래야지.

수아　　내일부터 바쁘게 움직여야 되잖아. (해성의 손에 봉지 가리키는) 술
　　　　그만 먹고 일찍 자. 진짜 간다.

자신의 집으로 들어가는 수아. 그런 수아를 고맙다는 듯 보는 해성.

#15. 수아의 집 마당 (밤)

대문 등진 채 서 있는 수아.
문 너머로 해성이 집에 들어가는 소리 들려오면, 그제야 긴장 풀린 듯 작게 한숨.
그렇게 잠시 서 있다가… 기분 좋은 미소 지으며 집을 향해 걸음 옮기는 수아.

#16. 해성의 집 방 안 (밤)

아크릴 보드 앞에 서는 해성.
보드에 쓰여 있는 **'내부자'** 바라보다가, 들고 있는 위치추적기를 본다.
결연하고도 서늘한 해성의 모습에서!

#17. 병문고 교문 (아침)

등교하는 해성. 교문을 향해 발을 옮기는데, 차 한 대가 교문을 통과해 들어간다.
해성의 바로 옆을 스쳐 지나가는 차, 안에는 명주가 앉아있다.
해성을 보지 못한 명주. 그리고, 멀어져 가는 차를 끝까지 응시하는 해성.

#18. 병문고 복도 (낮)

생각에 잠긴 채 걸음 옮기다가, 어느 순간 멈춰 서는 예나.

플래시백 7화 63씬

승재부   에세이 말고도 수상 쪽에 니 이름 많이 올라갔어.

예나, 잠시 고민하다가... 결심한 듯 다시 걸음 옮기고.

#19. 병문고 2학년 2반 (낮)

교실 안으로 들어오는 예나. 비어있는 승재의 자리를 본다.

예나   (현준에게 다가가) 승재 어디 갔어?
현준   아까부터 뭐 찾더니 안 보이네? 전화해볼까?
예나   아냐. 내가 찾아볼게.

교실 밖으로 걸음 옮기는 예나. 그때 들려오는 유정의 웃음소리.
예나 보면, 유정과 몇몇 학생들, 함께 웃으며 이야기를 나누고 있다.
잠시 친구들과 함께 있는 유정을 바라보다가... 고개 돌리곤 밖으로
나가는 예나.

#20. 병문고 교무실 (낮)

각자 자리에 앉아있는 수아와 리안, 준호.

리안   다들 주말에 좀 쉬었어요? 아우, 나는 정말 이런 행사 안 했으면 좋겠어.
           대-단하신 학부모님들 모시느라 아주 그냥...
수아   (끄덕이며) 이사장님을 몇십 명 모시는 기분이었어요.

준호   (허허 웃으며) 어쩔 수 없죠 뭐.

리안   상전도 생상전이야, 정말. 그런 부모들 보면 진짜 우리 애들 걱정된다
       니까?

수아   아, 맞다. (명함지 꺼내는) 준호샘, 혹시 이거 뭔지 아세요? (검은색 명
       함지 보여주는)

준호   이게 뭐예요?

수아   행사 때 승재가 떨어뜨린 거요. 아침에 준다는 거 깜빡했네.

리안   내가 생각을 해 봤는데, 돌려주기 전에 확인해 보는 건?

수아   에이, 안 돼요, 남의 걸 함부로.

리안   요즘 애들 온라인 범죄다 뭐다 난리다. 냅뒀다가 만약 그거면 어쩌게.

수아   (불안하지만) 아무리 그래도 승재가 그렇게까지.

교사1   김리안, 이준호 선생님?

리안   예. (일어서서) 밑져야 본전이니까 확인해 봐. 아무것도 없음 그때 갖
       다주면 되잖아.

       교사1을 향해 걸음 옮기는 리안과 준호.
       수아, 고민스런 얼굴로 명함지 바라보고.

#21. 병문고 학생회실 (낮)

       테이블 바닥과 쿠션 밑 등 학생회실 곳곳을 뒤지고 있는 승재.

승재   아, 미치겠네, 어딨는 거야...!

       그때 들려오는 학생회실 도어락 소리. 문 열고 안으로 들어오는 예나.
       예나, 서 있는 승재를 보곤,

예나   하루 종일 안 보이더니 여기 있었네?

승재	미안한데 나 좀 바쁘거든? 할 얘기 있음 나중에 하자. (다시 이곳저곳 뒤지는데)
예나	병문인의 밤 행사 때, 나 잠깐 여기 있었어.
승재	(멈칫, 예나 보는)
예나	너랑 너희 아버님 하는 얘기 들었고… 그래서 너한테 물어볼 게 많아, 승재야.
승재	알았어, 무슨 말인지 알겠고. 내가 이따 연락할 테니까… (하는데)
예나	한승재. 내가 너한테 묻잖아. 핑계 그만 대고 대답하자.
승재	(미치겠다 싶고)
예나	마지막으로 물을게. 아직 열리지도 않은 과학 에세이 대회 왜 니가 수상잔지, 그때 아버님이 준 건 뭐고 보안유지는 왜 하라 한 건지, 지금부터 하나도 빼먹지 말고 전부 말해.
승재	(갈등하다가, 결국) 분명 니가 먼저 물어봤다.

#22. 병문고 교무실 (낮)

검은색 명함지를 보며 고민에 잠겨있는 수아.

어느 순간 수아, 슥 교무실을 둘러본다. 아무도 없다는 걸 확인 후, 노트북을 연다.

디스코드 링크를 입력. 심호흡 후 엔터, 마우스 클릭.

이내 수아, 사악 표정 얼어붙는다. 노트북 모니터에 떠 있는 무언가.

현준과 승재 등 병문고 VIP 학생들을 대상으로 한, 내신스펙조작 리스트다. (학생들 증명사진과 함께 적혀 있는 각종 대회 수상 내정, 과목별세부능력특기사항과 자율활동 등 생활기록부 조작 방향 등이 기재되어 있는)

리스트 바라보는 수아의 표정. 그 위로

예나(E)   내신조작이라고.

#23. 병문고 학생회실 (낮)

승재   1학년 학기 초부터. 다른 애들도 그때 이사장님한테 제의받았고.

예나   (심하게 혼란스러운) 말도 안 돼. 대체 엄마가 왜...

승재   그렇게 묻는다면 글쎄? 어른들의 사정이 있겠지?

예나   엄마 만나야겠어. (밖으로 나가는데)

승재   이예나. (가볍게) 이사장님 찾아가서 뭐라 그러게. 이거 잘못됐다, 그
       만해야 된다 건의라도 하게?

예나   (표정)

승재   (비웃음) 얘가 은근히 눈치 없네. 이런 말씀 송구한데요, 학생회장님.
       혜택 제일 많이 받은 사람이 예나 너예요.

예나   ...!!

승재   너 이제까지 콩쿨, 미술, 각종 경시대회 1등. 그거 니 실력 아니야.

예나   (떨리는 눈으로 승재 보는) 무슨 말이야?

승재   니가 서명주 이사장의 딸이니까, 그래서 니네 엄마가 만들어준 거라고,
       이 멍청한 기집애야.

예나   (충격으로 아무 말 못 하고)

#24. 병문고 이사장실 (낮)

       책상 의자에 앉아있는 명주. 그 앞엔 누군가가 서 있고.

명주   오수아 선생님이 저희 링크를요.

       명주 앞을 보면, 이제야 보이는 서 있는 한 사람. 다름 아닌 준호다...!

준호   (초조하고 난감한) 오 선생님 성격에 벌써 확인했을 거 같은데 어떻게
       해야 할지...?

명주   (흐음... 서늘해지는 얼굴 표정)

#25. 병문고 복도 (낮)

노트북 손에 든 채, 심각한 얼굴로 걸음 옮기고 있는 수아. 그때,

명주(E)   오수아 선생님?

수아 뒤돌아보면, 다가오고 있는 한 사람. 명주다.

수아   (긴장) 안녕하세요, 이사장님.
명주   어딜 그렇게 가세요. 바쁘세요?
수아   수업 준비 때문에요. 저는 무슨 일로...?
명주   선생님한테 도움 되는 말 해주고 싶어서. 선생님이 지켜야 할 것에 대해.
수아   (긴장해 명주 보는데)
명주   1894년 청일전쟁. 일본은 어떻게 청 제국을 누르고 패권의 시대를 열
             수 있었을까. 병력과 화력? 지휘관의 지략? 아니에요. 규율이에요. 병
             사 한 명도 빠짐없이 상사의 명령에 따르는 규율.
수아   (보는)
명주   당시 일본군은 휴식시간이 아닌데도 물을 마시면 즉각 총살했다 하더
             군요. 규칙을 어기고 분위기를 흐리고, (빤히 수아 보는) 문제의 소지
             는 떡잎부터 잘라내기 위해.
수아   (바라보고)
명주   (수아의 어깨에 먼지 털어주는) 계속 학교에 남아있고 싶다면 새겨듣
             는 걸로. 수업 준비 잘하세요. (걸음 옮기는)
수아   ...이사장님? 외람되지만 일본 패권의 끝은... 패망 아닌가요?
명주   (이것 봐라?, 표정)
수아   가보겠습니다. (꾸벅 인사 후 후다닥 걸음 옮기는)

#26. 병문고 학생상담실 (낮)

후다닥 안으로 들어와 문 닫는 수아. 자학하듯 머리 쥐어뜯으며,

수아　　어우, 미친년아 거기서 왜 팩트로 대들고 지랄...! (주머니에서 검은색
　　　　명함지 꺼내 보는)

내신비리에 명주가 관련 있음을 직감하는 수아. 무거운 얼굴로 작게
한숨 내쉬고.

#27. 병문고 별관 주차장 (낮)

차 아래에 위치추적기를 부착하는 손. 추적기에선 빨간 불빛 점멸하
고 있고.
보면, 명주의 차 뒤편에 서 있는 해성이다.
해성, 품에서 핸드폰 꺼내 보면, 붉은색 점이 점멸하고 있고.
그때 진동 울리는 핸드폰. 수아에게 온 전화. 갑자기 왜? 바라보는 해
성의 표정.

#28. 병문고 학생상담실 (낮)

노트북 속 내신조작 리스트를 보고 있는 해성. 수아는 심각한 얼굴로
서 있고.

수아　　여기 내용대로 간다면 아이들 진학 결과가 바뀔 거야. 아무것도 모르
　　　　고 열심히 한 애들은 무슨 죄야.
해성　　(노트북 보는)

| 수아 | 이거 조사해야 돼. 아무리 요즘 학교가 막장이라도 이건 아니지, 대체 이게 무슨... (하는데) |

수아 이거 조사해야 돼. 아무리 요즘 학교가 막장이라도 이건 아니지, 대체
이게 무슨... (하는데)

해성 (무거운 얼굴 표정) 수아야.

수아 (보는)

해성 이런 말 나도 하고 싶진 않지만... (노트북 덮는) 서명주는 국정원 내
부에까지 힘이 닿아있는 사람이야. 지금 이런 걸 공론화했다간 니가...

차마 말 잇지 못하는 해성. 그런 해성을 보는 수아.

해성 조금만 기다려주라. 내통자 누군지 밝히고 서명주 잡으면... 내신조작
도 뿌리 뽑을 수 있을 거야.

수아 (차분한) ...그럼 애들은?

해성 (보는)

수아 지금까지 피해 봤고 니가 뿌리 뽑을 동안 피해 볼 애들은?

해성 (표정)

수아 니가 하는 말 무슨 말인진 알아. 근데 해성아, 나한텐 지금 애들이 더
중요한 거 같아. (밖으로 나가는)

해성 (무거운 얼굴로 작게 한숨 내쉬고)

#29. 병문고 1층 (낮)

라운지 테이블. 자리에 앉아 핸드폰 속 점멸 중인 붉은색 점을 보고
있는 해성.
해성, 화면을 확대시키면, 현재 붉은색 점의 위치, 여전히 병문고 별관
주차장이다.
작게 한숨 내쉬며 핸드폰 품에 넣는 해성. 일어서 걸음 옮기려다 문득
보면,
저쪽 책상 자리, 공부 중인 유정이 보이고.

(경과)

자리에 앉아 수학 공부 중인 유정. 그런데 잠시 후, 슥 다가오는 음료수 캔.

유정, 캔에 붙어있는 쪽지 보면,

'공부하는 모습이 예쁘세요. 연락처 알 수 있을까요?'

유정 (고개 들면, 서 있는 오빠가 보이고)

해성 남잔 줄 알고 설렜지.

유정 (이리 와라 손짓, 해성이 가까이 오면) 진심으로 충고하는데 이딴 거 하지 마라. 도서관 빌런이냐?

해성 (숙연...) 조심할게.

유정 (음료수 캔 들어 보이는) 이건 땡큐.

해성 (맞은편에 앉는) 뭔 공부를 그렇게 열심히 하냐? 시험 끝난 지 얼마 안 됐잖아.

유정 시험이 끝났다고 다가 아닙니다. 중요한 건 내 생기부가 어떻게 쓰이냐는 거지. (음료수 캔 따며) 경시대회 준비도 있고 바쁘네.

해성 (표정 멈칫) 경시대회?

유정 응, 우리 학교 수학경시대회.

해성 ...!!

유정 이래 봬도 수학은 내가 1등이거든. (누가 들을세라) 중간고사 때도 수학 땜에 예나 이겼잖아.

해성 (유정 보는, 표정)

인서트

내신스펙조작 리스트, 예나의 사진과 함께

'2학년 1학기 수학경시대회 - 수상 내정 : 이예나'

유정 갑자기 왜 말이 없어?

해성 아니야. 경시대회 많이 중요한 거야?

유정	아무래도 그렇지? 생기부에 수상내역은 기재 못 해도 과세특엔 도움
	되니까. 고3 학종 때는 말할 것도 없고.
해성	(유정 보는)
유정	오빠 너한테 말했었나? 나 나중에 너랑 아빠 따라 국정원 요원 되는
	게 꿈인 거.
해성	(미소로) 초등학교 땐 무당벌레였잖아.
유정	안 된다는 거 알고 바꿨지. 여튼 나한텐 경시대회 중요해. 내 꿈 이룰
	수 있게 내가 원하는 대학 가냐 마냐 등급이 결정되니까.
해성	(유정 바라보고)
유정	그래서 나는, 더더욱 열심히 해야 된단 말씀. 아, 그리고 혹시 아빠랑
	싸웠어? 아빠가 연락 안 된다 걱정하던데.
해성	생각할 게 있어서.
유정	참 생각할 것도 많다. 가끔 보면 오빠 너무 복잡한 거 알지. 걱정 안 해
	도 될 거 미리 걱정하고 미리 고민하고.
해성	(유정 보는, 표정)
유정	(책상 위 책들 챙기는) 불안이는 좀 쉬게 하고 단순하게 살아. 나 간다.
	(일어서 걸음 옮기는)
해성	(무거운 얼굴 표정)

#30. 국정원 국내4팀 (낮)

아무도 없는 사무실. 홀로 자신의 자리에 앉아있는 안 팀장.
잠시 후 울리는 핸드폰 문자 알림 진동. 안 팀장 보면, 유정에게 문자
가 와 있다.
'오빠 만났음. 생각할 게 많아서 연락 못 했대.'
핸드폰 내리는 안 팀장. 심각한 얼굴로 작게 한숨 내쉬고.

#31. 병문고 복도 (밤)

복도를 걸으며 야간자율학습 감독 중인 수아.
문득 수아, 창문을 통해 공부 중인 반 아이들을 본다. (해성은 없는 설
정입니다)

인서트
수아의 노트북 모니터에 떠 있는 내신스펙조작 리스트.

한 명 한 명 공부하는 아이들을 바라보는... 수아의 무거운 얼굴 표정.

#32. 병문고 학생상담실 (밤)

수아, '2학년 1반 학생상담일지'를 본다.
일지 한 장 한 장마다 적혀있는 아이들과의 상담내용, 그리고 장래희
망들.
동민이는 웹소설 작가, 유정이는 국정원 요원, 윤철이는 CEO, 채린이
는 아이돌 등등.
수아, 물끄러미 상담일지 한 장씩 넘겨보는 그때, 문득 책상 한쪽 눈에
띄는 무언가.
과거 동민이 할머니가 준 천 원이 책상에 붙어있다.

플래시백 3화 38씬
수아   ...나 받을 자격 없는데.
해성   차차 만들어 봐요.

꼬깃꼬깃 손때 묻은 천 원 바라보다가... 결국 건네받는 수아.

수아, 결심했다. 일지를 덮고 일어선다.
밖으로 걸음 옮기는, 결연한 얼굴 표정의 수아.

#33. 병문고 문서보관실 (밤)

문서보관실 안으로 들어오는 수아. 쌓여있는 문서박스들을 살피며 걸음 옮기다가,
멈칫, 박스들 중 무언가를 본다. 찾았다 싶은 수아의 표정.
'2015-2024 병문고 재학생 생활기록부', '2015-2024 과목별 내신평가 자료'

#34. 해성의 차 안 (밤)

도로를 달리고 있는 해성의 차. 운전석의 해성, 힐끔 핸드폰을 보면,
점멸 중인 붉은색 점이 보인다. 꾸욱 차량 액셀을 밟는 해성.

#35. 병문고 교무실 (밤)

아무도 없는 교무실. 문서박스들을 자신의 자리 근처에 내려놓는 수아.
자리에 앉아 노트북을 연다. 검은색 명함지 보며 디스코드 링크를 입력, 엔터를 누르는데, 어? 리스트가 사라졌다?

수아   (당황) 왜 아무것도 없지?

그리고 보이는 교무실 밖, 그런 수아를 유심히 지켜보는 준호.

#36. 일식집 룸 안 (밤)

마주 앉아있는 명주와 승재부. 승재부의 옆엔 승재가 앉아있다.
종업원은 테이블 위에 회와 음식들을 세팅하고 있고.

승재부 (심각한 얼굴로 고개 끄덕이는) 오수아 선생이 저희 자료를요.
승재 와, 어이가 없네. (승재부에게) 분명 그때 훔쳐간 거야, 아빠. 연회장
에서 걔 끼어들었을 때.
승재부 시끄러, 뭘 잘했다고. (명주에게) 아들놈이 불찰을 저질렀습니다. 심
려 끼쳐 드려 죄송합니다, 이사장님.
명주 작은 사고였을 뿐입니다. 링크는 삭제했으니 염려 마시고요.

이들이 대화 나누는 사이, 테이블 밑에 도청기를 붙이는 종업원.

#37. 일식집 밖 (밤)

밖으로 나와 해성의 차를 향해 다가가는 종업원.

해성 (운전석 차창 열곤) 수고하셨어요. (5만 원 두 장 건네주는)

해성, 이어폰을 끼고 노트북의 도청프로그램을 실행시키면, 들려오는
명주의 목소리.

명주(E) 오수아 선생님 말고 다른 누가 또 있을까요?
해성 (수아?, 표정 긴장)

#38. 일식집 룸 안, 해성의 차 안 교차 (밤)

명주	승재 학생 링크 아는 사람.
승재	(반찬들 우물우물 집어먹으며) 한 사람이요. 예나.
명주	(예나?, 표정)
승재	물어보길래 대답했는데? 너 그 성적 다 이사장님이 만든 거라고.
승재부	(명주 눈치 보는) 야, 너는 그걸 예나한텐 비밀인데.
승재	아, 이쯤 되면 걔도 알아야지. 지금까지 1등 지 실력인 줄 알고 오지게 거만하게 굴었는데, 그걸 1년 더 보라고.
명주	(미소로) 예나가 그랬어요?
승재	말씀드리기 뭐한데 솔직히 재수 없는 느낌? 학교에서 걔 말 되게 많이 나와요, 싸가지 없다고.
승재부	(엄한) 한승재, 이사장님 앞에서 무슨 말버릇이야.
승재	(그제야 명주 눈치 보며 젓가락 내려놓는)
승재부	아빠가 봤을 땐 너 먹을 자격 없는 거 같다. 나가 있어.
승재	(일어나 밖으로 나가는)
승재부	죄송합니다, 이사장님. 제 부덕의 소치입니다.
명주	아직 어린아이잖아요. 괜찮습니다. (술잔 드는)
승재부	(어렵게 말 꺼내는) 오늘 제가 뵙자 한 건 다름이 아니라... 교육시티 준공이 미뤄지고 있단 소릴 들어서요.
명주	(멈칫, 승재부 바라보고)
해성	(유심히 듣는)
승재부	투자자들이 동요하고 있습니다. 자금부족이네 어쩌네 찌라시까지 돌고 있고요. 이럴 때 이사장님께서 답을 해주시면... (하는데)
명주	승재 아버님, 제가 한 번이라도 학부모님들을 실망시켜 드린 적이 있었나요?
승재부	물론 없었습니다. 저는 그저... (하는데)
명주	지금까지 저와 학부모님들 간의 소통. 신뢰가 없으면 불가능한 일이었어요. 여러분들은 프로젝트를 위해 힘써주시고, 저는 그에 맞는 혜택을 자녀들에게 제공하고.
해성	(듣는)

명주   우리가 어떤 신뢰로 묶여있는지, 아이들을 위한 최선은 무엇인지. 그것만 생각하세요. 그게 제가 드리는 답이니까.

승재부   한 잔 드리겠습니다. (명주의 잔에 술 따르는)

해성   (심각한 표정으로 있는데)

승재부   그나저나 이사장님, 오수아 선생은 어쩔 생각이신지...?

명주   제 경고가 안 먹혔나 봐요. 계속 혼자 조사를 하시네.

해성   ...!!

명주   최선을 다해 가르칠 생각이에요. 하는 말을 안 듣고 하지 말란 걸 했을 때, 과연 어떻게 되는지.

난감한 얼굴로 이어폰을 빼는 해성. 수아에게 핸드폰 전화를 건다.

해성   어디야. ...기다려, 내가 갈 테니까. (급히 차 출발시키는)

#39. 일식집 화장실 (밤)

세면대에서 손을 씻고 있는 승재. 그러다 고개 들어 거울을 보면, 거울 속에 비치는, 화장실 입구에 서 있는 한 사람. 명주다.

승재   (놀라 휙 명주 보는) 이사장님?

명주   (승재 바라보고)

승재   잘못 오신 거죠? 죄송한데 여기 남자 화장실...

승재의 말이 끝나기도 전에 다가가 짝! 세차게 승재의 뺨을 날리는 명주.

승재   왜, 왜 이러세요. 제가 뭘 잘못했다고... (하는데)

확 승재의 머리칼을 붙잡는 명주. 가차 없이 계속해 뺨을 날린다.

짝-! 짝-!

#40. 일식집 화장실 밖 (밤)

화장실 앞을 지키듯 서 있는 재문. 그 위로 계속해 들려오는 명주의
뺨 때리는 소리.

#41. 일식집 화장실 (밤)

어느 순간 손을 멈추는 명주. 눈물범벅된 승재의 코에선 코피가 주르
륵 흐르고...

명주 너는 그 싸가지 없는 입이... 항상 문제야.

승재 (덜덜 두려움에 떨며 무릎 꿇는) 죄송해요, 잘못했어요. 근데 진짜 믿
어주세요, 예나한테 말할 생각 전혀 없었어요.

명주 (가만히 승재 보다가) 넌 니가... 뭘 잘못했는지 모르는구나.

승재 그, 그게 무슨...?

명주 (승재와 시선 맞추는) 앞으로 어른한테는요, 한승재 학생. 말씀드리기
뭐한 건 말씀드리지 마세요.

승재 (두려운 눈으로 명주 보는데)

명주 (극도의 분노로 말도 잘 안 나오는) 다시는 내 앞에서. 그딴 식으로 내
딸에 대해. 너 진짜 죽어.

승재 (두려움으로 끄덕이며) 예, 알겠습니다. 죄송합니다.

애써 감정 진정시키곤 몸 일으키는 명주. 종이타월 몇 장 뽑아 승재에
게 던져주며,

명주   훈육 위한 체벌은 여기까지. 닦고 나와요.

#42. 병문고 교무실 (밤)

안으로 들어오는 해성. 앉아있는 수아의 곁으로 와,

해성   (화난 얼굴로 수아 보는) 뭐 하는 거야?
수아   뭐를?
해성   내신비리 조사하고 있다며. 왜.
수아   (피식) 너 나한테 카메라 달아났냐?
해성   웃음이 나와? 이렇게까지 하는 이유가 대체 뭔데.
수아   (보는)
해성   너 정교사 되고 싶다며. 근데 왜 이러는 건데. 아무도 안 나서는 거 왜
         혼자 굳이 바보처럼... (하는데)
수아   아무도 안 나서니까.
해성   (멈칫, 수아 보는)
수아   저번에 말한 내 첫 제자... 자퇴했어.

#43. 회상, 고등학교 교무실 (낮)

짝-! 뺨을 맞고 돌아가는 수아의 얼굴. 수아의 앞엔 학부모들 두세 명
이 서 있고.

학부모   헛소리를 지껄여도 유분수지, 뭐? (쿡쿡 수아의 어깨 찌르는) 야, 너
         증거 있어? 우리 딸이 그딴 고아년한테 누명 씌운 증거 있냐고!
교감   고정하십시오, 위원장님. 오 선생 뭐 해! 얼른 사과드리지 않고!

난리 치는 학부모들과 말리는 선생님들.

그런 와중에 그저 멍하니, 자신의 책상만 바라보는 수아.

책상 위엔 민지의 자퇴원서가 놓여있고...

#44. 회상, 고등학교 교문 밖 (낮)

가방을 멘 채 서 있는 민지. 그 앞에 수아.

민지   우리 약속해요, 선생님.

수아   약속?

민지   전 선생님 같은 사람이 학교에 많았으면 좋겠으니까... (새끼손가락
         내미는) 나중에 꼭 정교사 꼭 되시겠다고.

수아   (민지 보다가, 애써 눈물 참으며 약속하는)

#45. 병문고 교무실 (밤)

수아   시험지 도둑 누명을 썼고, 나는 지켜주겠다 했고. 근데 아무것도 못
         했고. (쓴웃음) 기간제가 주제도 모르고 나댄 거지.

해성   학교가 학생한테 자퇴권유를.

수아   반강제로. 끝까지 가면 퇴학이 유력하다고.

해성   (표정 씁쓸해지는데)

수아   그때 다짐한 거야. 자격부터 갖추자. 일단 무조건 정교사가 되고, 그
         담에 내 아이들 지켜주자. 힘없는 정의는 무능이니까.

해성   근데 지금은?

수아   누구 덕에 까먹고 있던 걸 기억했거든. 정교사가 되자 그 자체보다 중
         요한 거. 애초에 내가 이 길을 택한 이유. 학생.

무언가를 꺼내 해성에게 밀어주는 수아.
해성 보면, 꼬깃꼬깃 손때 묻은 천 원이다.

해성   (천 원 바라보고)

수아   그렇다고 도와달란 거 아니니까 걱정하지 마. 다만 이런 식으로 나
        말릴 생각만... (하는데)

해성   서명주 이사장이 알고 있어. 니가 내신비리 조사하고 있다는 거.

수아   상관없어.

해성   상관없다는 게 아니라 학교에선 위험하단 거야. 밖으로 나와. 장소 옮
        겨. 나랑 같이해.

수아   ...!!

해성   만약 대비한 패 하나 정돈 나도 있는 게 좋으니까. 유정이도 관련되어
        있는 거 같고.

수아   (배시시 웃는) 그래도 돼?

해성   짐 챙겨. 바로 가자. (밖으로 나가는)

수아   (일어나 해성 따라 나가며) 같이 가!

#46. 해성의 집 거실 (밤)

내신비리 자료들을 수북이 들고 들어오는 해성, 그 뒤를 따라 들어오
는 수아.

해성   우리 집이야. 여기면 안전할 거야.

(경과)

탁자 위아래 할 거 없이 수북이 쌓여있는 서류들. 한쪽엔 아크릴 보드
와 프린터가 놓여있다. 거실 한가운데에서 서류들 바라보며 서 있는
해성과 수아.

수아	지금까지 10년 치, 우리 학교 생기부와 과목별 내신평가자료들이야.
해성	여기서 내신조작 증거를 찾아야 한다 이거지?
수아	링크 자체가 없어졌으니까. 시작하자.

#47. 몽타주

/ 각자 서류 읽고 비교분석하고, 노트에 메모 적는 해성과 수아의 모습.

수아	의심 가는 후보들의 공통점이 있어.

동그라미 쳐진 학생들의 사진 위에 적힌 메모. 그건 바로 그들의 부모의 이름들과 인적사항이다. 다들 병문인의 밤에 참석한 인물들.

해성	확인해 볼 만한 자료가 있어.

노트북에서 서버에 접속하는 해성. 영상 틀면, 병문인의 밤 당시 영훈이 찍어서 전송했던 영상이다. 생생히 담긴 현장의 모습.
그때 두 사람의 배에서 들려오는 꼬르륵 소리. 마주치는 시선.

/ 함께 피자와 맥주 먹으며, 노트북으로 행사 당시 영훈의 뿔테안경 영상을 보는 두 사람. 그런데 갑자기 노트북 속 영상, 해성이 수아에게 목걸이를 채워주는 장면이 나온다? 순간 민망함에 빠지는 두 사람. 빨리 감기 누르는 해성.

/ 승재와 예나, 현준, 그 외 몇몇 학생들의 증명사진이 붙어있는 아크릴 보드.
사진들 밑엔 이들의 수상이력과 시험성적, 논문과 봉사활동 이력 등이 적혀있다.

한쪽 탁자에선 해성이 노트북을 보고 있고. 노트북 보면, 영훈의 뿔테 안경 영상, 함께 연회장 계단을 올라가는 명주와 승재부, 학부모들의 모습. 해성, 그 모습을 보고 수아에게 손짓하지만 아무 반응 없고. 보면, 꾸벅꾸벅 졸고 있는 수아의 모습.

해성　　(피식 웃는)

/ 수아를 소파에 눕히고 담요를 덮어주는 해성. 수아를 바라보다가 다시 일에 전념.

/ 수아, 눈뜨면 한밤중이고. 곁에는 해성, 엎드려 자고 있다.
수아, 일어나서 해성에게 담요를 덮어주고, 해성을 지긋이 본다.
순간 해성, 잠결에 눈을 뜨면,

수아　　(황급히 눈 돌리고 열중한 척) 좀 쉬어. 피곤할 텐데.
해성　　아냐 아냐, 어디까지 봤어?

다시 조사에 착수하는 두 사람.

/ 아침. 햇살이 비쳐 들어오는 거실. 아크릴 보드를 보며 서 있는 해성과 수아.
보드엔 연회장 계단을 올라가던 학부모들의 이름과 그들의 자녀들이 적혀있다.
자녀들 이름 아래로 적혀있던 수상이력, 성적, 논문, 봉사활동 이력들의 진위 여부를 하나씩 체크해 나간 흔적들. 확실히 조작된 결과다.

수아　　(기가 찬) 양파도 아니고 벌써 이만큼이나 찾았네.
해성　　덕분에 나도 뜻밖의 수확을 얻은 것 같아.

해성, 보드의 옆을 보면,
'코드유통, 병문인의 밤', 'VIP 차담회 = 내신 조작' 메모지들과 학부모
들의 이름 옆에 적힌 그들의 행적.
빼곡히 적힌 그들의 화려한 행적에 전부 포함되어있는 단어, 바로 **"교
육시티"**다.

해성	서명주가 이렇게 내신조작까지 해주면서 얻은 것, 교육시티였어.
수아	이사장님이 추진 중인 사업에… 이런 이면이 있었네.
해성	국정원 내통자는 '국고'인 금괴가 이 더러운 사업에 쓰일 걸 알면서도 그걸 돕고 있었고.
수아	막아야 돼. 피해 보는 아이들은 상관없이 자기 욕심만 채우겠단 거잖아.
해성	(보드 바라보는, 표정)
수아	너무 이기적이야. 아무리 그래도 이딴 식으로 학교랑 아이들을… (울분에 차 차마 말도 안 나오고)
해성	맞아. 그래서 막아야 되는 것도 맞고. (수아 보는) 내일 1교시만 땡땡이치겠습니다.
수아	2교시는 내 수업이다. 그때까진 들어와라.
해성	(웃음 짓고)

#48. 국정원 복도 (낮)

정장 차림으로 사무실을 향해 걸음 옮기는 해성.

#49. 국정원 국내4팀 (낮)

노트북을 보고 있는 미정. 한쪽에 영훈은 그런 미정 미심쩍은 얼굴로
보고 있고.

미정   그만 봐라. 뒤통수 뚫리겠다.

영훈   선배, 여름에 헤어졌다고 하지 않았나?

미정   (뜨끔)

영훈   그때 한 달 내내 눈탱이 부어있었던 거 같은데?

미정   그 사람 다시 만나. 됐지.

여전히 의심 풀지 못하는 영훈인데, 그때, 벌컥 문 열고 안으로 들어오는 해성.

영훈   선배!

미정   아니 뭔 연락도 안 되고, 문자도 씹고.

영훈,미정 걱정했잖아요!

해성   둘이 호흡 좋다. (둘러보는) 팀장님은?

미정   금방까지 계셨는데.

해성   (미정에게 USB 건네는) 일단 이거 열어서 띄워봐.

USB를 컴퓨터에 꽂는 미정.
사람들 벽면 스크린 보면, '**내신조작 정황증거 리스트**' 뜨고.

영훈   갑자기 내신조작...?

해성   단순히 내신조작에서 그치는 게 아니야.

해성, 리모컨을 누르면, 벽면 스크린,
내신조작의 수혜자들 리스트, 그리고 학부모들 리스트가 뜬다.
학부모들 아래에는 그들이 교육시티에 어떤 공을 세웠는지가 적혀있고.

해성   서명주 이사장은 학생들의 내신을 조작해주고 그 대가로 교육시티 사
         업에 필요한 힘을 얻고 있었어. 정치, 경제, 언론, 법조, 모든 분야에서.

미정   엄청난 카르텔이군요.

해성   서명주의 카르텔은 교육시티를 위해 돌아가고 있어. 다들 알겠지만
         서명주는 이 사업을 위해 금괴를 이용하려 하고 있고. 교육시티 사업
         이 첫발을 내딛는 순간 이 나라의 교육제도는 송두리째 뒤흔들릴 거
         야. 우리가 이 일은 막아야...

안팀장(E) 며칠 동안 연락도 없더니.

         해성과 두 사람 보면, 문가에 서서 해성을 지켜보고 있는 안 팀장.

안팀장   뭐 하는 거냐?

해성   (그런 안 팀장 바라보는데)

안팀장   따라 나와.

#50. 국정원 옥상 (낮)

         화난 얼굴로 서 있는 안 팀장. 잠시 후 해성이 안 팀장에게 다가오면,

안팀장   너 제정신이야? 작전 뭔지 잊었어? 니가 학교 내신비리 따윌 왜 신경
         쓰고 있어!

         멀리서 따라 나와 숨어 지켜보던 영훈과 미정, 눈치 보며 다시 사무실
         로 들어간다.

해성   단순히 개인이 저지른 비리 수준이 아니에요. 보셨잖아요. 서명주의
         교육시티 사업의 뿌리... (하는데)

안팀장   그러니까 그게 너랑 무슨 상관이냐고.

해성   ...유정이도 관련되어 있어요, 아저씨.

안팀장   (뭐?, 해성 보는)

해성   이대로 내신조작 놔두면 유정이가 피해를 입는다고요.

안팀장   그래서, 유정이든 서명주 사업이든 너랑 뭔 상관인데.

해성   !! 아저씨.

안팀장   니 임무는 고종 황제의 금괴를 찾는 거야. 여기 어디에도 학생과 사업
         은 없어.

해성   (바라보고)

안팀장   유정이 애비가 아니라 니 상사, 국정원 팀장으로서 말하는 거야. 학교
         일에서 손 떼, 정해성 요원. 그리고 금괴 찾아.

해성   (그저 바라보고)

안팀장   (감정 추스르곤) 너 대체 언제까지 거기 있으려고. 아예 졸업까지 해
         버릴 거야? 야, 내가 오죽하면 이러겠냐. 너 지금 정신 빠져가지고...
         (하는데)

해성   아저씨. 나 왜 이렇게 아저씨가... 왜 이렇게 금괴에 집착하는 거 같지?

안팀장   (변명하듯) 우리 팀 사활이 걸린 작전이니까. 너한테도 중요하고.

해성   (바라보고)

안팀장   괴담 파악은 어디까지 됐어.

해성   (안 팀장 보는, 표정)

안팀장   해성아, 마지막 괴담 뭔지 확인했냐고.

해성   (갈등 어린 얼굴로 안 팀장 보는데)

김국장(E) 니들은 왜 싸우고 있냐?

해성과 안 팀장 돌아보면, 김 국장이 다가오고 있고.

김국장   넌 학교에 있을 시간에 여기 왜 있어. 둘 다 사무실로 컴.

#51. 국정원 김 국장 사무실 (낮)

책상 의자에 앉아있는 김 국장. 앞엔 해성과 안 팀장이 서 있고.

김국장   (음...) 학교 내신비리가 서명주 사업까지 연결되어 있다고.

해성   (보는)

김국장   일단 문제 정도가 심각해 보이기는 하네. ...고민해볼 테니까 일단 넌
         작전지로 복귀해.

해성   ...알겠습니다.

김국장   석호 너는 작전 진행상태 정리해서 보고 올리고. 1시간 뒤에.

안팀장   예.

김국장   둘 다 가봐.

#52. 병문고 이사장실 (낮)

핸드폰 진동 울리는 명주의 핸드폰. 명주 보면, '**여우**'에게 온 전화다.

명주   서명주예요. (듣다가, 표정 심각해지는)

#53. 병문고 해성의 반 (낮)

수업 중인 수아의 모습. 해성은 자리에 앉아있고.
해성, 마음 복잡한 듯 작게 한숨 내쉬는 그때, 핸드폰에 도착하는 문자
메시지.
해성 보면, 안 팀장에게 온 문자,
'**작전 중단 명령 떨어졌다. 이번 주 안으로 마무리해.**'

해성   ...!!

얼어붙은 채 문자를 보는 해성. 그때 울리는 학교 종소리.
수업을 마무리하는 수아. 밖으로 나가다 해성과 눈 마주친다.

혼들리는 눈빛으로 수아를 보는 해성. 서로를 바라보는 두 사람.

#54. 병문고 학생상담실 (낮)

문자를 보고 있는 수아. 걱정스런 눈으로 해성을 바라보면,

해성 서명주의 내신비리에 대해 보고하자마자 이렇게 나왔어.
수아 국정원 다녀온 지 얼마 되지도 않았잖아. 누가 알고 있어?
해성 우리 팀 사람들이랑 국장님. ...나한테 이런 명령 내릴 수 있는 사람은 국장님 아님 팀장님이고.
수아 (마음 무겁고) ...일단 작전 중단은 말도 안 돼. 서명주를 계속 주시하기 위해서라도 계속 학교에 남아 있어야 돼.
해성 작전을 실제로 중단시킨 건 서명주야. 내통자로부터 내가 내신비리를 조사하고 있다는 걸 듣고, 내가 금괴를 찾을 생각이 없다고 생각한 거야. ...금괴를 볼모로 삼아야겠어.
수아 응?
해성 서명주가 지금 제일 원하는 건 금괴의 위치야. 근데 만약, 내가 그걸 알고 있다 하면?
수아 (보는)
해성 서명주는 절대 날 내쫓지 못할 거야.

#55. 병문고 1층 (낮)

복도를 걷다 게시판에 옹기종기 모여 있는 동민과 윤철, 범식과 호진을 보는 해성.
해성 가까이 가보면, 아이들, **'오늘의 급식'**을 보고 있다.

윤철	오늘 메뉴가 럭셔리하다? 뭔 날인가?
동민	오늘 그날이잖아. 반년에 한 번 이사장실 급식 순시.
해성	(이사장님이 급식실에?, 표정)
호진	어쩐지 그날이었구만. 난 점심 패스. 이사장님이랑 눈 마주쳤다간 소화 안 돼.
윤철	아줌마 포스가 지리긴 하지. 나도 패스.
범식	무서우니까 나도.
동민	나도.
해성	난 갔다 올게.
친구들	(놀라 해성 바라보고)
해성	배고프잖아. 이따 보자.

밖으로 걸음 옮기는, 날카로운 얼굴 표정의 해성.

#56. 병문고 급식실 (낮)

급식실 안으로 들어오는 해성. 둘러보면, 저쪽 일각 테이블, 앉아있는 명주가 보인다.
테이블 근처엔 재문과 광두, 교무부장과 학생주임 선생님이 서 있고.
수저 들곤 점심 먹기 시작하는 명주. 그런 명주를 바라보는 해성의 표정.
명주, 점심을 먹고 있으면, 잠시 후 식판을 들고 명주의 앞에 서는 누군가.
명주 고개 들어 보면, 해성이다.

해성	(웃으며 인사) 안녕하세요, 이사장님.
명주	(반가운) 어, 안녕하세요. 저한텐 어쩐 일로.
해성	이사장님이랑 같이 먹고 싶어서요. (맞은편 가리키는) 괜찮으시다면 여기…?

광두	어허, 정해성 학생. 이사장님 진지 중이신 거 안 보여요? 면담 신청은 나중에 절차를 밟고... (하는데)
명주	(손들어 광두의 말 막는, 그 손 그대로 맞은편 가리키며) 앉으세요.
해성	감사합니다. (명주의 맞은편에 앉는)
명주	(그런 해성 미소로 바라보고)

(경과)

다른 사람들은 멀찍이 떨어진, 해성과 명주만 앉아있는 테이블.

명주	(식사하며) ...할 말이 뭐예요?
해성	(식사하다가, 명주 보는) 예?
명주	할 말 있어서 제 앞에 앉은 거 아니었어요?
해성	아... 그게 실은... 아, 이런 거 물어봐도 될까 모르겠네.
명주	(부드러운 미소) 편하게 물어보세요.
해성	예, 그럼... 저 전학 오기 전부터 궁금했던 건데...
명주	(관심 있게 해성 보는)
해성	예전 학교에서도 병문고 유명했거든요. 알 만한 사람들은 다 안다는 그 소문, 희대의 미스테리. ...병문고 밥은 왜 맛있는가.
명주	(맥 빠지는) ...밥이요.
해성	근데 좀 이유를 알 거 같애. 이사장님 이렇게 직접 오시고 애들 밥에 신경 써주시니까. 감사합니다. (명주에게 엄지척!)
명주	많이 먹어요. 궁금한 거 더 있음 언제든 제 방 찾아오고.
해성	에이, 그래도 어떻게 학생이 이사장실을. 말씀만으로 감사합니다.

다시 식사 시작하는 해성. 그런 해성을 무슨 꿍꿍이지? 바라보는 명주인데,

| 해성 | 근데요 이사장님, 저희 혹시 체육관 리모델링한 적 있나요? |
| 명주 | 체육관이요. |

해성	(식사 계속하고)
명주	없을 텐데 왜요?
해성	아시다시피 제가 호기심이 많아서. 학교에 재밌는 얘기가 많더라고요.
명주	혹시... 괴담?
해성	(살짝 긴장)
명주	아 체육관 괴담~ 난 발레연습실이나 괘종시계 괴담보다 체육관 괴담이 제일 무섭더라고요. 근데 그 괴담은 아는 학생이 거의 없는 거로 아는데... 우리 해성 학생은 어떻게 알았을까?
해성	잘 먹었습니다. 먼저 일어나 보겠습니다.

식판 들고 일어서 걸음 옮기는 해성. 그런 해성을 바라보는 명주.

#57. 병문고 이사장실 (낮)

씩씩대며 이사장실로 들어오는 명주. 뒤엔 재문이 서 있다.

명주	저희 학교 네 번째 괴담, 아직 파악 안 된 걸까요?
재문	어떻게든 수소문은 하고 있습니다만... 죄송합니다.
명주	...살짝 짜증 나네.
재문	(명주 보는)
명주	정해성은 이미 알고 있잖아요. 체육관과 관련된 괴담 한시라도 빨리 파악해오세요. 괴담 파악하기 전엔 정해성을 함부로 쳐낼 수도 없고... 미치겠네.
재문	이사장님, 아니면...

#58. 병문고 일각, 복도 교차 (저녁)

해성, 하교하는 학생들 사이에서 수아와 통화 중이다.

해성   오늘은 서명주 동선을 좀 파악하려고.
수아   응, 나는 학교에 남아있는 자료들 좀 더 찾아보려고.

문서보관실로 들어가는 수아.

#59. 병문고 문서보관실 (저녁)

안으로 들어오는 수아. 딸깍 문을 잠근다.
수아, 책상 위 쌓여있는 몇 년 치 각종 경시대회 자료들, 그중 경시대
회 수상 내역을 든다. 학생들의 이름을 바라본다.

#60. 회상, 해성의 집 거실 (아침)

8화 47씬 연결
아크릴 보드를 바라보며 서 있는 해성과 수아.

해성   연결고리는 찾았지만 아직은 부족해.
수아   내신비리가 이루어지고 있단 걸 뒷받침할 물증.
해성   구체적인 증거. 어떻게 찾을지는 좀 더 얘기해 보자.
수아   (결연한 얼굴 표정)

#61. 병문고 문서보관실 (저녁)

수아   (자료들 바라보는) 해보자.

#62. 명주의 집 앞, 해성의 차 안 (밤)

해성 차 안에서, 집으로 들어가는 명주를 지켜보고 있다.
명주가 사라지고 닫힌 문을 보다가 한숨 내쉬고 시동을 켜는 해성.

#63. 명주의 집 거실 (밤)

소파에 앉아 책을 읽고 있는 명주. 잠시 후 거실 안으로 들어오는 예나.

예나　다녀왔습니다.
명주　예정보다 10분 늦었네? 발레연습 가려면 서둘러야겠다.

　　　예나, 자신의 방을 향해 걸음 옮기다 멈칫, 고개 돌려 엄마를 본다.
　　　자신의 삶이 송두리째 부정당한 기분. 성큼성큼 명주에게 다가가는
　　　예나.

예나　물어볼 게 있어요. 정말 엄마... 지금까지 저 1등... (하는데)
명주　맞아. 엄마가 만들었어.
예나　엄마!!
명주　넌 내 딸이니까. 내 딸은 최고여야만 하고, 난 내 딸을 그렇게 만들 의
　　　무가 있으니까.
예나　(망연히 명주 보는) 그럼 저는요?
명주　(보는)
예나　지금까지 제가, (침 꿀격) 제가 목숨 걸고 한 노력들은요?
명주　그래서 의심 안 받았잖니.
예나　...!!
명주　(예나의 앞에 서는, 예나의 얼굴 어루만지며) 아무 생각 말고 지금처
　　　럼만 하렴, 우리 딸. 나머진 엄마가 도와줄게.

예나	(엄마 보는)

예나   (엄마 보는)

명주   넌 유정이 같은 애들이랑 달라, 예나야. 서명주의 딸이라는 선택을 받았고 그에 맞는 혜택을 누릴 자격, 솔직히 엄만 더 주고 싶어. (테이블 위 물병 향해 걸음 옮기며) 말 나온 김에 걔는 그만 정리하는 게 어때? 1년이면 재밌게 잘 데리고 놀았잖아.

예나   !! (순간 울컥해 명주 노려보는)

명주   (컵에 물 따르는) 솔직히 엄마 화 많이 났었어. 감히 그따위 애가 우리 딸 누르고 전교 1등... (하는데)

예나   유정이. ...나쁘게 말하지 마세요.

명주   (기가 찬 실소) 뭐?

예나   (두렵지만) 저 한 번도 유정이 데리고 논 적 없어요. 제 친구 함부로 말하지 마세요.

명주   방금 친구라 그랬니?

이제야 무슨 말 했는지 깨닫곤 표정 놀라는 예나. 도망치듯 황급히 밖으로 나가고.

그런 예나를 보는, 친구? 내 딸이 반항을? 놀랍고 심각한 얼굴 표정의 명주.

#64. 병문고 문서보관실 (밤)

자료들을 토대로 노트북에 표를 만들고, 학생들의 수상내역들을 기록하고, 영어와 수학 등 각종 경시대회 OMR카드와 시험지들을 하나씩 대조해 나가고,

내신비리 증거를 찾기 위해 노력하는 수아.

어느 순간 수아, 완성된 표 안에서 이상한 점을 발견한다.

예나, 승재, 현준 등 VIP 학부모 자녀들의 수상 대회 관리자, 전부 **'이준호'**다.

각종 경시대회 OMR카드의 관리감독자 또한 마찬가지.

수아　...설마.

#65. 안 팀장의 집 앞 (밤)

아파트 보도블록, 무릎에 얼굴을 묻은 채 쪼그리고 앉아있는 예나.

#66. 회상, 관광버스 안 (낮)

체육관에 멈춰 서있는, **'병문고 1학년 지덕체 수련회'** 알림판이 붙어있는 관광버스.
각자 짝지어 버스 안에 앉아있는 학생들. 그 가운데 유정은 홀로 자리에 앉아있고.
괜히 비어있는 옆자리가 신경 쓰이는 유정. 옆에 가방을 놓곤 교과서를 꺼낸다.
유정, 교과서 보고 있으면, 잠시 후 버스 안으로 들어오는 채린과 예나.

예나　(걸음 옮기다 멈칫, 앉아있는 유정 보는)

채린　예나야. (자리에 앉아 이리 오라 손짓)

예나　(유정 보다가, 채린에게) 미안, 나 여기 앉아 갈게.

유정　(응?, 놀라 예나 보는)

예나　너 이번에 2등 했더라? 나랑 한 문제 차이로. (가방 가리키는)

유정　(가방 치워주면)

예나　(자리에 앉는) 비결이 뭐야? 과외나 스터디도 안 하는 거 같던데.

유정　(뭐라 말해야 하지?) 교과서 위주?

예나　(풋 웃는) 공부가 제일 쉬웠어요?

유정   (민망한 듯 웃음 짓는데)
예나   유정이 맞지. 안유정. 나 너 궁금해. 우리 친구하자.
유정   (놀라 예나 바라보고)

#67. 안 팀장의 집 앞 (밤)

예나, 무릎에 얼굴 묻은 채 쪼그리고 앉아있으면, 잠시 후 유정의 목소
리. "예나야."

예나   (고개 들어보면, 유정이 서 있고)
유정   여기서 뭐 해?

#68. 안 팀장의 집 거실 (밤)

밥과 반찬들이 올라와 있는 식탁. 어색한 얼굴로 식탁에 마주 앉아있
는 유정과 예나.
잠시 후 장 여사, 식탁 가운데에 된장찌개 올려놓으며,

장여사   세상에, 말로만 듣던 애를 이제야 보네? 우리 딸이랑 베프라며.
예나,유정 (서로 바라보는, 어색하고 당황스럽고)
장여사   앞으로도 유정이 잘 부탁해. 성격 지랄 같아도 조금만 참아주고.
유정   아, 자꾸 이상한 소리를, 엄마 가!
장여사   싫은데? 예나랑 같이 밥 먹을 건데? (예나에게) 예나 많이 먹어. 모자
          르면 얘기하고.
예나   잘 먹겠습니다.
유정   (슥 계란후라이 반찬 예나의 앞에 놓아주는)
예나   (유정 보면)

| 유정 | 너 계란 좋아하잖아. 까먹고 있었는데 기억나서. |
| 예나 | (유정의 마음이 고마운, 계란 먹기 시작하고) |

#69. 안 팀장의 집 앞 (밤)

아파트 밖으로 나오는 예나와 유정. 어색함 속에 서로 말없이 있는 두 사람인데,
잠시 후 울리는 빵 클락션 소리. 예나의 차가 두 사람 앞에 선다.

예나	갈게.
유정	조심히 가.
예나	(뒷좌석에 타려다 멈칫, 유정 보면)
유정	(뒤돌아 걸음 옮기고 있고)
예나	유정아. (유정이 예나 보면) ...밥 잘 먹었어.
유정	(놀란 얼굴로 떠나가는 차 바라보다가... 옅게 웃음 짓는)

#70. 해성의 집 근처 거리 (밤)

해성에게 전화 걸며 걸음 옮기고 있는 수아.

#71. 해성의 차 안 (밤)

도로를 달리고 있는 해성의 차. 생각에 잠긴 채 운전 중인 해성.
조수석에 놓아둔 정장 재킷 사이, 핸드폰 진동 울린다. 수아에게 온 전화.
알아차리지 못하고 운전 계속하는 해성.

#72. 해성의 집 근처 거리 (밤)

"고객님이 전화를 받을 수 없어 삐 소리 후..."

수아   (핸드폰 내리는, 안절부절) 전화도 안 받고 뭐 하는 거야...

해성에게 문자를 쓰는 수아.
'내신조작 관련해서 알아낸 게 있어. 집으로 갈게.'
수아, 문자 보낸 후 빠르게 걸음 재촉하고.

#73. 해성의 집 앞 (밤)

해성의 집 앞에 다다르는 수아. 대문 벨 누르면, 응답이 없다?

수아   아직 안 들어왔나?

수아, 핸드폰 꺼내는 그때, 갑자기 집 안에서 들려오는 우당탕 무언가
넘어지는 소리.
멈칫하는 수아. 슬쩍 대문을 열어보면, 끼익 문이 열린다?

#74. 해성의 집 거실 (밤)

불 꺼진 어두운 거실. 조심스레 안으로 들어오는 수아.
난장판이 된 거실을 보며 표정 긴장하는데, 그때 들려오는 방 안에서
의 인기척 소리.
수아, 바짝 긴장한 채 해성의 방을 보면, 어둠 속 해성의 방 안,
마스크와 장갑, 후드를 뒤집어쓴 남자(준호)가 서 있다...!

!! 얼어붙은 얼굴로 남자를 바라보는 수아.
남자, 인기척을 느끼곤 뒤돌아 수아를 바라보는 데서.

#75. 해성의 집 차고 (밤)

차고로 들어서는 해성의 차. 차에서 내리는 해성.

#76. 해성의 집 거실 (밤)

현관문 열고 안으로 들어오는 해성. 불을 켜려다 멈칫, 난장판이 된
거실을 본다.
표정 심각해지는 그때, 문득 눈에 띄는 바닥의 무언가.
흥건한 피... 그리고 부엌 쪽, 피 흘리며 쓰러져 있는 수아다...!

해성   수아야. (수아에게 다가가 안는) 수아야 정신차려 봐. 수아야. 오수아.

해성의 품에서 정신 잃은 채 있는 수아.
수아를 바라보는 해성의 모습에서...!!

#77. 에필로그, 수아의 초임교사 시절, 고등학교 교정 (낮)

건물 밖으로 나오는 수아. 주위를 둘러본다.
저쪽 벤치, 핑크색 이어폰을 낀 채 앉아있는 민지가 보인다.

수아   민지야, (옆자리에 앉는) 무슨 음악 들어? 샘이랑 같이 듣자.
민지   (한쪽 이어폰 건네는)

수아   (귀에 꽂곤, ??) 아무것도 안 들리는데?

민지   그냥 끼고 있는 거예요. 그럼 조금 덜 불안하니까.

수아   선생님 있잖아, 한번 바로잡아보려고. 너 시험지 훔쳤다 누명 쓴 거.

민지   (놀라 수아 보는)

수아   학교에 정식으로 문제 제기하고, 필요하면 교육청에 투서도 넣고. 할 수 있는 거 다 해보려고. (이어폰 들어 보이는) 너 이런 거 없어도 불안하지 않게.

민지   ...왜 저 믿으세요?

수아   응?

민지   고아에 양아치라고 다른 사람 아무도 제 말 안 믿는데... 선생님은 왜 믿으시냐고요.

수아   글쎄? 믿는 데 이유가 있나?

민지   (바라보고)

수아   그럼에도 굳이 이유를 대자면... (민지 보는) 니가 내 첫 제자니까?

민지   (농담조로) 선생님 기간제잖아요.

수아   기간제는 선생 아니냐? (민지의 손 잡는) 선생님이 지켜줄게, 민지야. 같이 힘내자.

민지   음악 들을래요?

수아, 한쪽 귀에 이어폰 꽂으면, 민지, 자신의 귀에도 이어폰 끼곤 핸드폰 어플 음악을 플레이시킨다. 서로를 보며 웃음 짓는 두 사람.

- 8화 끝 -

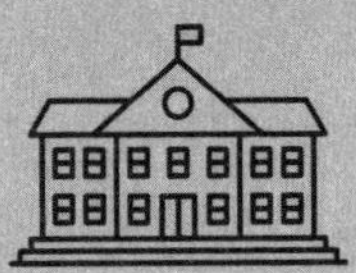

9화
지켜주지 못해서 미안해

#1. 해성의 집 거실 (밤)

불 꺼진 어두운 거실. 조심스레 안으로 들어오는 수아.
난장판이 된 거실을 보며 표정 긴장하는데, 그때 들려오는 방 안에서
의 인기척 소리.
수아, 바싹 긴장한 채 해성의 방을 보면, 어둠 속 해성의 방 안,
마스크와 장갑, 후드를 뒤집어쓴 남자(준호)가 서 있다…!
!! 얼어붙은 얼굴로 남자를 바라보는 수아.
남자, 인기척을 느끼곤 뒤돌아 수아를 바라본다. 이내 진정하라는 듯
손 드는데,

수아　　당신 뭐야. 누군데 여깄어.

어떻게 하지 싶다가, 확 수아를 밀치고 현관을 향해 달려 나가는 남자.
수아, 그런 남자를 붙잡는다. 이내 몸싸움을 벌이는 두 사람.
안 되겠다 싶은 남자. 주방 칼꽂이에서 과도를 뽑는다. 비켜라 수아를
위협한다.
두려움 삼키며 남자를 노려보는 수아. 그러면서 몰래 핸드폰을 드는데,

그 모습을 본 남자, 수아에게 달려든다. 다시 둘 사이 벌어지는 몸싸움. 그러다 푹!
수아, 자신의 배를 바라본다. 바닥에 떨어지는 피. 깊숙이 배에 박혀 있는 과도...!
힘없이 바닥에 쓰러지는 수아.
그런 수아를 보며 주춤주춤 뒤로 물러서다가, 황급히 밖으로 도망치는 남자.

#2. 해성의 집 앞 (밤)

차고로 들어서는 해성의 차. 차에서 내리는 해성.

#3. 해성의 집 거실 (밤)

현관문 열고 안으로 들어오는 해성. 불을 켜려다 멈칫, 난장판이 된 거실을 본다.
표정 심각해지는 그때, 문득 눈에 띄는 바닥의 무언가.
흥건한 피... 그리고 부엌 쪽, 피 흘리며 쓰러져 있는 수아다...!

해성   수아야. (수아에게 다가가 안는) 수아야 정신차려 봐. 수아야. 오수아.

#4. 해성의 차 안 (밤)

빠른 속도로 도로를 달리고 있는 해성의 차.
초조한 얼굴로 운전 중인 해성. 뒷좌석엔 수아가 정신 잃은 채 쓰러져 있고.

#5. 병원 응급실 (밤)

수아를 업고 뛰어 들어오는 해성.

해성　　의사! 의사!
간호사　이쪽으로 오세요.

응급실 침대에 수아를 눕히는 해성.
거즈로 수아의 복부를 막는 의사. 하지만 계속해서 울컥울컥 터져 나오는 피.

의사　　(간호사에게) CT 찍고 수술방 잡아. 빨리!

침대를 끌고 급히 이동하는 의사와 간호사. 그 모습 두려움 섞인 얼굴로 바라보는 해성.

#6. 병문고 이사장실 (밤)

책상 의자에 앉아있는 명주. 그 앞엔 재문이 서 있고.

명주　　...오수아 선생님은요?
재문　　수술 중입니다. 경과는 지켜봐야 알 수 있을 거 같습니다.

#7. 병원 수아의 입원실 (밤)

의식을 회복하지 못한 채 침대에 누워있는 수아.
그 옆 간이의자에 앉아 수아를 바라보며 있는 해성과 수아모.

수아모   (가습기 통 들며, 애써 기운 내는) 너무 걱정 마세요. 우리 딸 강한 아
          이니까 금방 일어날 거야.
해성   (수아 보며) 제가 아는 수아라면요.
수아모   ...가습기 물 좀 갈고 올게요. (밖으로 나가는)

문자 알림 진동 울리는 해성의 핸드폰. 해성 보면, 영훈에게 온 문자,
'선배, 지금 가고 있어요.'
해성, 핸드폰 품에 넣다가 멈칫, 다시 핸드폰을 본다. 수아에게 문자
가 와 있는 걸 발견한다. **'내신조작 관련해서 알아낸 게 있어. 집으로
갈게.'**
물끄러미 핸드폰 속 수아의 문자를 보는 해성.

플래시백 7화 36씬
수아의 등에 손을 갖다 대고 있는 해성.

해성   선생님은 저한테... 국정원 요원 되고 처음 생긴 파트너예요.
          아무 일 없게 할 거니까 걱정하지 마세요.

해성, 죄책감 서린 얼굴로 힘겹게 마른세수를 하고.

#8. 병원 복도 (밤)

입원실 밖으로 나오는 해성.
그때 마침 해성에게 다가오는 미정과 영훈.

미정   선배, 오수아 선생님은요?
해성   다행히 치명상은 피했어. 의식은 아직이고. 알아보란 건?
미정   현장 감식 마쳤어요. 범인이 초짠지 자기 DNA를 여기저기 막 뿌리고

다녔더라고.

해성	결과 나오는 대로 바로 알려줘. (피곤한 듯 두 눈 꾹 누르는)
영훈	어디 가서 눈이라도 붙이세요. 많이 피곤해 보여서.
해성	됐어. 어차피 잠도 안 와.
안팀장	(뒤늦게 그들에게 다가와) 오수아 선생님은, 괜찮아?
해성	(가시 돋친) 예, 수술 잘 마쳤습니다.
영훈,미정	(갑자기 분위기 왜 이래?)
해성	바람 좀 쐬고 올게요. 수아 보고 들어가세요. (걸음 옮기는)
안팀장	(그런 해성 바라보고)

#9. 병원 옥상 (밤)

고개 숙인 채 벤치에 앉아있는 해성. 잠시 후 안 팀장이 다가온다.

안팀장	…괜찮냐?
해성	(고개 숙인 채 아무 말 않고)
안팀장	여긴 우리가 있을 테니까 집에 가서 조금이라도 쉬어.
해성	괜찮습니다.
안팀장	너 한숨도 못 잔 거 다 티나. 그러지 말고 아저씨 말대로… (하는데)
해성	괜찮으니까 좀…! (안 팀장 노려보는) 신경 쓰지 마시라고.
안팀장	…그래. 이따 내려와라. (걸음 옮기는)

나 진짜 왜 이러냐… 자책 어린 얼굴 표정의 해성.

#10. 병문고 해성의 반 (아침)

조회 시작 전, 각자 모여 이야기 나누고 있는 학생들. 해성은 자리에 없다.

채린	(해성의 빈자리 보곤) 해성인 오늘 지각인가 보네?
수진	결석에 지각에 은근히 양아치란 말이지? 그래서 더 멋있지만.
예나	(해성의 빈자리 바라보고)
유정	때가 되면 알아서 오겠지.
리안	(교실 안으로 들어오는) 조회 시작하자.
호진	샘, 수아샘은요?
리안	수아샘 개인 사정이 있다네? 오늘은 내가 너희들 임시담임.
범식	수아샘 무슨 개인 사정요?
윤철	오래 걸리는 거예요?
리안	이것들아 평소에 담임한테 그렇게 관심 가져 봐라. 자, 시끄럽고! 출석 부를게. (출석 부르기 시작하는)
동민	(해성의 빈자리 바라보고)

#11. 병원 수아의 입원실 (낮)

의식 없이 침대에 누워있는 수아. 그 곁에서 핸드폰 통화 중인 해성.

리안(E)	몸은 괜찮니?
해성	미리 연락 못 드려서 죄송해요.
리안(E)	수아샘도 아프다던데 요즘 독감 유행이긴 한가 보다. 몸조리 잘하고 무단결석 안 되려면 진단서 꼭 뽑아와.
해성	예.

해성, 핸드폰 내리곤 걱정스레 수아 바라보다가,

해성	미안해.

수아	(의식 없고)
해성	나 때문이야. 정말 미안해.

순간 울컥하는 감정에, 차마 수아를 보지 못하고 고개 숙이는 해성인데, 그때,

| 수아(E) | 그렇게 미안하면. |

!! 해성, 고개 들어 보면, 희미하게 웃음 짓고 있는 수아 보이고.

해성	(놀라 수아 보는)
수아	나한테 잘해.
해성	...괜찮아?
수아	울었어, 안 울었어. 그거부터.

따스히 수아의 손을 잡는 해성. 그런 해성을 보는 수아.

| 해성 | 걱정했어. |

애틋하고 따뜻한 분위기 속, 서로를 바라보며 미소 짓는 두 사람.

#12. 국정원 국내4팀 (낮)

아무도 없는 사무실. 국과수 마크가 찍혀있는 서류봉투를 여는 영훈.
영훈, 잠시 서류 읽어 내려가다가, 표정 응?

#13. 병원 수아의 입원실, 국정원 국내4팀 교차 (낮)

해성	아무 생각 말고 푹 쉬어. 이제부턴 내가 다 할게.
수아	(고개 젓는) 나도 해야 돼. 우리 학교 학생 일이잖아. 이준호 선생님이었어. 학교 내신비리의 실행자.
해성	이준호 선생님?

그때 진동 울리는 해성의 핸드폰. 해성 보면, 영훈이다.

| 해성 | (전화 받는) 말해. |

국정원 국내4팀. **'국과수 DNA 감식 결과지'** 보며 핸드폰 통화 중인 영훈.

영훈	예, 선배. 현장 DNA 감식결과 나왔습니다. (고개 갸웃) 근데 이게 그때 현장에 있던 사람이, 이준호라 나오는데요?
해성	(심각한 얼굴로 수아 보는) 우리 집에 온 게 이준호 선생님이라고.
수아	...!!
영훈	예, 지금 병문고 재직 중인 수학교사. 그 이준호요.
해성	(준호가 왜?, 당황스러운)
영훈	이 사람은 선배 집을 왜 간 걸까요?
해성	(표정에서)

#14. 해성의 집 거실 (낮)

거실로 들어오는 해성. 바닥의 핏자국과 어질러진 공간이 눈에 들어오고.

| 해성(E) | 집에 있던 과도를 사용했어. 따로 흉기를 챙겨오지 않았다는 건, 이준호의 목적이 애초에 수아나 나에 대한 공격이 아니었다는 뜻. |

해성의 눈에 보이는 준호의 모습. 준호, 현관문을 통해 들어온 뒤, 거
실을 둘러본다.

해성(E)　이곳에서 뭔가 찾는 게 있었다는 건데..

아크릴 보드를 향해 시선을 돌리는 준호. 그 시선을 따라 황급히 아크
릴 보드로 가서 확인하는 해성. 뒤집어놓았던 보드에 붙어있는 자료
는 그대로다. 그 뒤에 있던 내신비리 자료들도 그대로다.

해성(E)　내신비리 증거를 노린 게 아니었다면, 이준호 선생은 뭘 노린 거지..?

어질러진 공간에 오버랩되어 나타나는 준호, 거실을 뒤지다가 아빠
방으로 들어가는데. 방을 뒤지는 준호의 모습을 따라가는 해성.
서랍 속에서 뭔가를 발견하고 낚아챈 뒤 방을 빠져나가는 준호, 그걸
보고 놀라는 해성. 서랍 쪽으로 달려간 해성, 서랍 안은 비어있다.

수아(E)　...해성아?

수아의 목소리를 듣고 해성 고개를 들면, 수아와 준호, 대치 중인 상황.
준호 손에 들려 있는 것은, 아빠의 수첩이다.

해성(E)　나한테서 수첩 가져갈 사람. ...서명주.

해성, 명주에 대한 분노로 표정 서늘해지고.

#15. 병문고 이사장실 (낮)

소파 상석에 앉아있는 명주. 옆에는 준호가 앉아있다.

준호, 명주에게 무언가를 건네준다. 다름 아닌 해성의 수첩이다.
명주의 옆엔 재문이 서 있고.

명주　　(차 마시며) 어젠 고생 많으셨어요. 약간의 사고가 있었다고.

준호　　(여전히 충격에서 벗어나지 못한 표정)

명주　　것 때문에 일이 아주 복잡해졌어요. 수습은 어떻게 하실 생각?

준호　　!! (명주 보면)

명주　　(담담히 준호 바라보고)

준호　　(말을 말자 싶은) 약속 지켜주십시오. 제가 해성이 집에서 수첩만 갖
　　　　고 오면... 더 이상 내신조작 저 안 시키겠다는 약속이요.

명주　　일을 이따위로 만들고 약속 지켜 달라? 이준호 선생님 양심 없다.

준호　　수첩이 뭔진 묻지 않겠습니다. 왜 오 선생이 해성이 집에 왔는지도요.
　　　　(명주 보는) 대신 저는 지켜줄 거라 믿겠습니다.

명주　　이유는요?

준호　　제가 경찰에 잡히면 곤란해지는 건 이사장님이 될 테니까요.

명주　　...그래요. 선생님은 여기까지 하시는 걸로.

준호　　(바라보고)

명주　　가보세요. 수업 준비하셔야 되잖아.

준호　　(일어서 꾸벅 인사, 밖으로 걸음 옮기는데)

명주　　이준호 선생님? (준호가 명주 보면) 그동안 고생 많았어요.

준호가 밖으로 나가면, 명주, 수첩 페이지를 연다.
페이지를 넘기다 멈칫, 물끄러미 '4, ??'를 본다.

명주　　(잠시 수첩 보다가, 허탈하게 웃는) 내용이 안 적혀 있네요?

재문　　...!!

명주　　근데 정해성은 어떻게.

플래시백 8화 56씬

해성   근데요 이사장님, 저희 혹시 체육관 리모델링한 적 있나요?

명주   답은 자기뿐이라 이건가?

재문   정해성이 범인을 찾는 건 시간문제라 여겨집니다.

명주   (재문 보는)

재문   그렇게 되면 내신문제가 수면 위로 드러날 가능성이 있습니다. 차라
        리 놈을 학교에서 내보내시는 게...

명주   그럴려고 했죠. (수첩 흔들어 보이는) 그래서 이거 뺏어온 거잖아. 자
        꾸 쓸데없는 짓을 하니까 내쫓아 버리려고. 내가 직접 금괴 찾으려고.
        근데 정작 중요한 내용이 없네? 별 시답지도 않은 쓰레기 같은 내용뿐
        이네?

        명주, 신경질스레 확 수첩을 던져 버리고.

#16. 병원 수아의 입원실, 해성의 집 거실 교차 (낮)

        침대에 기대어 앉은 채 핸드폰 통화 중인 수아.

수아   (무거운 얼굴 표정) ...이준호 선생님이 수첩을.

        거실로 나오며 핸드폰 통화하는 해성.

해성   그게 목적이었던 거 같아. 그 과정에서 우연히 널 만났고.

수아   (표정)

해성   (기다리는)

수아   (심호흡하며 감정 추스르곤) 준호샘이 왜 이사장 말을 듣는지는 모르
        지만... 우리가 준호샘을 이용해볼 순 있을 거 같아.

해성   병문고 내신비리의 산증인이니까. 이준호 선생.

수아	잡아서 증언하게 만들어야 돼. 학생들을 농락하고 너를 이용하는 서명주 이사장을 잡으려면.

수아　　잡아서 증언하게 만들어야 돼. 학생들을 농락하고 너를 이용하는 서명주 이사장을 잡으려면.

해성　　이준호의 고발을 이용해서, 서명주를 안에서부터 무너뜨린다.

수아　　조심히 갔다 와.

해성　　(핸드폰 내리는, 서늘한 얼굴 표정)

#17. 병문고 1층 (낮)

라운지 테이블. 앉아서 커피를 마시고 있는 예나와 유정, 수진과 채린.

수진　　(놀란) 수아샘이 병원?

채린　　어제 우리 아빠 병원에 실려 왔대. 지금은 입원 중.

유정　　병원에 입원은 왜? 왜 그런 거래?

채린　　개인정보라고 거까진 나도. 근데 진짜 대박은 뭔지 알아? 수아샘 병원 데려온 게 해성이래.

유정　　...!!

예나　　(뭐?, 표정)

수진　　오 마이 가쉬... 그럼 설마 오늘 해성이 안 나온 것도 수아샘 때문에?

채린　　(수상한 눈초리) 충분히 가능성 있어. 가만 보면 요즘 둘이 계속 같이 붙어다니는 것도 그렇고... (하는데)

예나　　교사랑 학생이야. 이상한 추문 만들지 말고 입조심하자.

유정　　(당황 숨긴 채) 나도 이건 예나 말에 동감. 해성이랑 수아샘 병원 왜 같이 왔는지 우린 아직 모르잖아. 그리고 니들은 둘이 무슨 말도 안 되는 소리를.

수진,채린 미안...

유정, 힐끔 예나 보면, 예나, 언짢은 얼굴로 커피 마시고.

#18. 병문고 교정 (낮)

함께 걸음 옮기고 있는 유정과 예나.

유정   애들 진짜 어이없지 않냐? 까짓거 병원 데려다줄 수 있지 그게 뭐라
       고. 어떻게 하다 우연히 만났나 보지, 그럴 수 있는 거잖아, 그치.

예나   (웃으며) 그럴 필요 없어.

유정   뭐가?

예나   나 때문에 일부러 그러는 거잖아. 그럴 필요 없다고.

유정   내가 너 때문에?

예나   아니야?

유정   (조심스레) 그 뭐랄까... 설마 아직도 해성이 좋아해?

예나   그랬는데 이제 접으려고. 나한테 관심도 없는 거 같고 나도 굳이?

유정   그렇구나. (작게 혼잣말) 제발 그 마음 변치 말아줘.

예나   학교 끝나고 뭐 해? 우리 영화 볼래?

유정   그러고 싶지만 집에 가야지. 수학경시대회 얼마 안 남았잖아.

예나   (표정 불안해지고) 수학경시대회?

유정   예나 너도 응시했지.

예나   응.

유정   나 이번에 열심히 준비했다. 나 이기려면 최선 다해야 될 걸?

예나   (애써 불안함 삼키며 유정 바라보고)

#19. 병문고 이사장실 (낮)

책상 의자에 앉아 결재서류를 보고 있는 명주. 그 앞엔 재문이 서 있고.

명주   (결재서류 건네는) 이사회 회의는 서면으로 대체한다 전해주세요.

재문   알겠습니다.

그때 똑똑 노크 소리. 잠시 후 안으로 들어오는 예나.

명주　(업무 보며, 차가운) 갑자기 무슨 일이니?

예나　(여전히 엄마가 무섭지만) 이번 교내수학경시대회. 혹시 1등 내정자 전가요?

명주　그렇다면?

예나　...!!

명주　할 얘기란 게 이거였니?

예나　저 이번 대회... 제대로 보고 싶어요.

명주　(멈칫, 예나 보는)

예나　제 실력으로 당당하게 1등 할게요, 약속할게요. 그니까 엄마 이번 엔... (하는데)

명주　(책상 탕!) 답답한 소리!

예나　(움찔)

명주　저번부터 왜 자꾸... 왜 자꾸 쉬운 길을 돌아가려 그러니.

예나　(명주 보다가) 부끄럽기 싫어서요.

명주　(보는)

예나　엄마 딸로서 당당하고 싶어서요.

명주　(바라보고)

예나　가볼게요. 제 말 꼭 들어주세요.

재문과 명주에게 꾸벅 인사 후 나가는 예나.
문 닫히면, 명주, 그제야 한숨 내쉬며 이마에 손 짚고.

재문　이번만큼은 예나의 말 들어주시는 게 어떠실지...

명주　(이마에 손 짚은 채 있고)

재문　예나가 이사장님께 처음으로 한 부탁으로 알고 있습니다. 아이 성격 에 말 꺼내는 거 쉽지 않았을 겁니다.

명주　(작게 한숨 내쉬는)

재문	예나 아직 어린아이입니다. 선대인께서 이사장님께 그랬듯 이사장님 또한 예나에게 바라는 게 크단 건 알지만... (하는데)
명주	아버지 얘긴 그만. 그만하세요.
재문	(아차 싶은) 경솔했습니다.
명주	경시대회는 예나로 진행시키세요. 그리고 이준호 선생은... 대체자 구하기 시작하시는 걸로.

#20. 준호의 집 앞 (밤)

어느 오피스텔 앞. 컵라면과 캔맥주 든 비닐봉지 든 채 건물 안으로 들어가는 준호.
그리고 일각, 멈춰 서있는 차 안에서 준호를 지켜보고 있는 두 사람.
운전석에 영훈과 조수석에 미정이다.

영훈	선배는 어떻게 생각해요?
미정	뭐가.
영훈	팀장님이랑 정 선배요. 분위기 너무 춥지 않아요?
미정	(신경 쓰이지만) 둘이 싸우고 삐졌나 보지. (문득 차창 너머 보곤, 응?)
영훈	단순하게 그런 레벨 아닌 거 같던데... 진짜 둘이 뭔 일 있나?
미정	일은 앞에. 조용. (앞에 보라 고갯짓)

영훈 앞을 보면, 준호의 집 앞에 멈춰 서는 차 한 대.
차에서 내리는 한 사람. 재문이다.

영훈	저 사람 교장 맞죠. 서명주 이사장 하수인.

저 사람이 왜 여기? 재문을 바라보며 해성에게 핸드폰 전화를 거는 미정.

미정   예, 선배. 박재문이 이준호 선생 찾아왔어요.

#21. 해성의 집 거실, 영훈의 차 안 교차 (밤)

아크릴 보드를 바라보며 핸드폰 통화 중인 해성.

해성   예상보다 빨리 움직이네.

함께 재문의 차에 오르는 재문과 준호. 차 안에서 그 모습 지켜보는
영훈과 미정.

해성(E) 지금 둘은?
미정   박재문 차로 드라이브 데이트요.
해성   따라붙어. 금방 갈게. (핸드폰 내리는)

해성, 서늘한 얼굴로 아크릴 보드에 쓰여 있는 **'내부자'**, 그리고 **'안석
호'** 바라보고.

#22. 재문의 차 안 (밤)

도로를 달리고 있는 재문의 차. 운전석엔 재문, 조수석엔 준호가 앉아
있다.

준호   근데 저희 어디 가는...?
재문   (서늘한 얼굴로 운전만)

#23. 해성의 차 안 (밤)

운전 중인 해성. 꾸욱 차량 액셀을 밟으면,
이리저리 차들을 추월해가며 빠르게 치고 나가는 해성의 차.

#24. 폐차장 (밤)

폐차장 안으로 들어오는 재문의 차. 재문, 차 멈춰 세우면,

준호   (긴장) 갑자기 여기는 왜...?
재문   (놀란 얼굴로 준호의 뒤편 가리키는) 저기.

무심코 뒤돌아보는 준호. 그 틈을 이용해 준호의 목에 주사기를 꽂는
재문. "따끔~"
준호, 푹 정신을 잃고 쓰러지면, 어느새 나타난 양복들, 준호를 밖으로
끌어낸다.
압축프레스기 밑에 서 있는 차량 운전석으로 준호를 데리고 가는 양
복들.
일각에 숨어 그 모습 지켜보고 있는 영훈과 미정.

영훈   저것들 지금 사람 뭉개려 하는 거 맞죠.
미정   선배 오려면 시간 걸려. 우리가 막자.
영훈   우리가 어떻게요? 쪽수도 한참 밀리는데.
미정   그럼 이대로 냅둬? (쇠막대 하나 주워 영훈에게 건네주는) 국정원 무
          도 수업 기억하지. (자기도 주워들곤) 먼저 간다. (걸음 옮기는데)
영훈   (미정 붙잡는) 미안해요, 선배. 부끄러운 모습 보였어.
미정   (영훈 보는)
영훈   앞장설게요. 따라오세요.

결연한 얼굴로 걸음 옮기는 영훈. 그런 영훈을 보며 짜식... 훗 웃음 짓는 미정.
각자 쇠막대 하나씩 어깨에 들쳐 멘 채, 위풍당당 양복들 향해 가는 두 사람!

(경과)
압축프레스기 밑 차량 안, 뒷좌석에 갇혀있는 영훈과 미정.
운전석엔 준호가 기절한 채 앉아있고.

영훈 내가 우리 둘로 안 된다 했지.

미정 반말하지 마라.

잠시 있다가, 동시에 "살려주세요!!" 차창 두드리고 잠긴 문 열려 그러고 온갖 난리부르스 치는 영훈과 미정.
재문, 그 모습 보다가 압축프레스기 콘솔을 향해 다가가면,

영훈 선생님 잠시만, 잠시만요!! (미정에게) 이거 어쩔 거야, 어쩔 거야!

미정 아오, 좀, 제발, 좀! (재문에게) 야, 너 후회한다! 당신 이거 살인죄야, 우리 조직이 가만있을 거 같애?!

재문, 픽 냉소하며 압축프레스기 작동 버튼 누르려 하는 그때!
갑자기 들려오는 빵-! 자동차 클락션 소리.
이내 빠르게 안으로 들어와 멋들어지게 드리프트를 하는 차량.
차에서 내리는 한 사람. 해성이다!

영훈,미정 선배~~~~~!!

해성 요즘 학교는 교장이 이런 일까지 하나 봐요? 진짜 극한직업이다.

재문 (서늘히 해성 보는)

해성 저희 구면이죠. 오늘은 토끼기 없기.

재문   귀찮은 일은 없길 바랬는데.

바닥에 놓여있던 스포츠 백에서 각목과 야구방망이 등을 꺼내드는 양
복들.

재문   (양복1에게) 정리해.

재문의 말이 끝나기 무섭게 해성에게 달려드는 양복들.
양복들과 격투를 벌이는 해성. 그사이 재문, 압축프레스기 작동 버튼
을 누른다.
서서히 차를 향해 내려오기 시작하는 프레스기.

미정   어머, 어떡해, 어떡해, 어떡해.
영훈   걱정 마요, 선배. 어떻게든 선배 지켜줄게!
미정   (멈칫, 반한 듯 영훈 보는) 영훈아...
영훈   선배...
미정   뭔 개소리야, 다 죽게 생겼는데! (준호 뺨 찰싹찰싹 때리는) 이 새끼는
뭔 계속 잠만 처 자고!
준호   (계속 기절해 있고...)

초조한 얼굴로 계속해 격투를 벌여 나가는 해성.
결국 해성, 양복들 모두를 쓰러뜨리는 데 성공한다. 급히 압축프레스
기 콘솔을 향해 다가가는 그때, 갑자기 혹 들어오는 공격. 해성 보면,
재문이다.

해성   (미치겠네...) 인간적으로 저건 좀 끄고...

해성의 말이 끝나기도 전에 공격을 가하는 재문. 그런 재문의 공격을
맞받는 해성.

그 사이 프레스기, 차량 천장을 누르기 시작한다. 점점 찌부러지는 승용차.

그 안에서 서로 얼싸안고 으아악 비명 지르는 영훈과 미정!

계속해 격투를 벌이는 해성과 재문. 어느 순간 해성, 힐끔 차량에 한눈을 판다.

그 틈을 놓치지 않고 퍽! 해성에게 일격을 날려 쓰러뜨리는 재문.

이젠 거의 영훈과 미정, 준호의 머리 위를 누르고 있는 프레스기.

운전석을 뒤로 눕혀 준호를 보호하는 미정.

재문, 쓰러져 있는 해성에게 다가간다. 마지막 일격을 가하기 위해 주먹 치켜드는 그때, 재문의 눈에 확 흙을 뿌리곤 일어서는 해성.

해성　어디서 많이 본 상황이지?

눈을 비비며 주춤하는 재문. 그런 재문에게 달려가 퍽! 일격을 가해 쓰러뜨리는 해성!

프레스기 밑 승용차 안, 서로 손 붙잡은 채 중얼중얼 기도문 읊으며 눕다시피 있는 영훈과 미정. 이젠 정말 끝났다 하는 그 순간! 갑자기 끼익, 프레스기가 멈춘다.

놀란 얼굴로 서로를 바라보는 영훈과 미정.

가쁜 숨 몰아쉬며 압축프레스기 콘솔 버튼을 누르고 있는 해성.

해성, 푸우... 안도의 한숨 내쉬며 바닥에 주저앉고.

(경과)

어느 폐차 안, 수갑을 찬 채 뒷좌석에 앉아있는 재문.

일각에 서 있는 해성과 미정. 한쪽엔 영훈이 정신 차린 준호를 붙들고 있고.

미정　둘 다 수사기관에 넘길까요?

해성　(재문 가리키는) 일단 저쪽만. (준호 보는) 저긴 내가 데려갈게.

준호	당신들 뭐야. 해성아 이게 지금 대체... (하는데)
영훈	(준호의 뒤통수 때리는) 범죄자는 조용히합니다.
미정	팀장님한테 보고는...?
해성	내가 직접. 수고했다.

#25. 병문고 이사장실 (밤)

소파에 앉아있는 명주. 톡톡... 손가락으로 팔걸이 두드리다가 손목시계를 본다.
재문에게 전화를 건다. "고객님의 전화기가 꺼져 있어..."
무슨 일인가 싶은, 어딘가 불안한 표정의 명주.

#26. 병원 수아의 입원실 (밤)

준호를 끌고 들어오는 해성. 침대 위 앉아있는 수아의 앞에 준호를 패대기친다.
황망하고 민망한 얼굴로 재빨리 수아의 앞에 무릎 꿇는 준호.
수아, 그런 준호를 보다가 해성 보면, 해성, 밖으로 걸음 옮기고.

수아	...왜 그러셨어요.
준호	(고개 숙인 채 아무 말 못 하고)
수아	저랑 있었던 일은 실수라고 해도... 준호샘이 지금까지 학교에서 벌인 일, 그건 실수 아니잖아요.
준호	(놀라며) 어떻게 아셨어요..?
수아	(보는)
준호	(수아가 다 알고 있다는 걸 느끼고는) ...어쩔 수 없었어요. 변명처럼 들릴 거 아는데 저도 피해자라고요. 이거 다 서명주가 시켜서 어쩔 수

없이... (하는데)

수아　　선생님 때문에 피해 입은 아이들은요?

준호　　...!!

수아　　학교에서 선생님한테 웃으며 인사하던 아이들, 걔들 보고도 아무렇지
　　　　　도 않으셨어요?

준호　　(차마 수아 바라보지 못하고)

수아　　아니라 믿을게요. 준호샘 나쁜 사람 아니잖아.

준호　　(표정)

수아　　지금까지 잘못 만회할 기회, 놓치지 말아주세요.

#27. 안전가옥 밖 (밤)

어느 평범한 주택. 그 앞에 멈춰 서는 해성의 차.
운전석엔 해성, 조수석엔 준호가 앉아있다.

해성　　내일까지 여기 있어요. 절대 혼자 밖으로 나오지 말고. (손 내미는) 핸
　　　　　드폰.

준호　　(핸드폰 꺼내 건네주는) 이건 왜...?

해성　　서명주 쪽에 추적당할 수도 있으니까. 내리세요.

준호　　(문 열고 나가다가) 가기 전에 하나만 물읍시다. 정체가 뭡니까?

해성　　...고등학생.

싱겁게 웃음 지으며 가옥을 향해 걸음 옮기는 준호.
해성, 그런 준호를 바라보다가, 핸드폰에서 **'아저씨'**를 찾고.

#28. 국정원 국내4팀, 안전가옥 밖 교차 (밤)

홀로 책상 의자에 앉아있는 안 팀장. 책상 위 핸드폰 진동이 울린다.
해성이다.
잠시 핸드폰 바라보다가... 전화 받는 안 팀장.

안팀장   어, 해성.

해성   (심적으로 괴로운) 서명주 내신비리, 밝혀낼 수 있을 거 같아요.

안팀장   어떻게.

해성   내신비리 조작 공범, 수아를 찌른 놈이랑 같은 인물이에요. 병문고 이준호 선생. ...지금 안전가옥에 보호 중이에요.

안팀장   이준호 선생을 안전가옥에.

해성   내일 아침 7시까지요.

안팀장   (감정을 알 수 없는 얼굴)

해성   내일 이준호가 경찰조사 받게 되면, 서명주도 소환 피할 수 없게 될 거예요.

안팀장   그러겠지.

해성   내신비리가 공론화되면 VIP 학부모들이 가만있지 않을 거예요. 하나 둘 서명주 사업에서 발을 빼려 할 테고 그렇게 투자금이 빠져나가면, 교육시티 사업 자체가 무산될 거예요.

안팀장   (작게 한숨 내쉬는)

해성   ...아저씨.

안팀장   응?

해성   ...아니에요. 저 집에 들어가서 좀 쉴게요.

핸드폰 내리는 해성. 괴로운 얼굴로 시트에 머리를 묻는다.
그리고... 심각한 얼굴로 핸드폰 내리는 안 팀장. 슥 손목시계 시간을 확인하고.

#29. 안전가옥 밖 (밤)

가옥 안에서 창문 커튼을 치는 준호의 모습.
안전가옥으로부터 떨어져 있는 곳. 멈춰 서있는 해성의 차.
건물 입구를 지켜보며 차량 운전석에 앉아있는 해성.

#30. 회상, 주택가 골목 (낮)

전봇대 근처 바닥에 떨어져 있는, 아빠의 실종전단지를 보며 서 있는
어린해성.
어린해성, 실종전단지를 줍는다. 아빠의 얼굴에 묻은 발자국을 소매
로 닦아낸다.
주머니에서 스카치 테잎을 꺼내 전단지에 붙이고, 다시 전단지를 전
봇대에 붙이기 위해 낑낑대는데, 슥 어린해성을 도와주는 누군가.
과거의 안 팀장이다.

안팀장   자식이 겨우 찾았네. 너 임마, 누가 말도 없이 집 나가래. 아저씨랑 이
          모 하루 종일 찾았잖아.
어린해성 (시무룩한 얼굴로 고개 숙이고)
안팀장   (안타까이 어린해성 보다가) 배고프지. 밥 먹으러 가자.

#31. 회상, 분식집 (낮)

떡볶이와 김밥, 우동이 차려져 있는 테이블. 마주 앉아있는 어린해성
과 안 팀장.

안팀장   (해성의 접시에 분식들 덜어주는) 먹어 얼른.
어린해성 (쭈뼛쭈뼛 안 팀장 눈치 보면)
안팀장   독 안 탔어, 먹어, 괜찮아.

어린해성 잘 먹겠습니다. (분식 먹기 시작하는)

안팀장 (해성 보다가) 아저씨 집이 그렇게 싫어? 자꾸 말도 없이 사라지고.

어린해성 거기 우리 집 아니에요.

안팀장 (보는)

어린해성 이제 저 찾지 마세요. 전 이제 고아니까 저 혼자 다 해야 돼요.

안팀장 음... 아저씬 모르겠네? 시현이 니가 왜 고아야?

어린해성 엄마 아빠 다 없으니까. 엄만 돌아가셨고 아빤... 아빤...

차마 말 잇지 못하는 어린해성. 울지 않으려고 손으로 바지 꾹 쥐는데,
그런 어린해성의 옆으로 다가가, 눈높이 맞춰 쪼그려 앉는 안 팀장.

안팀장 아빠 꼭 돌아오실 거야.

어린해성 (안 팀장 바라보고)

안팀장 그때까진 이 아저씨가, 시현이 아빠 해줄게.

안 팀장을 보다가, 끄윽 끄윽 서럽게 울음 터뜨리는 어린해성.
안 팀장, 그런 어린해성을 안아주며 토닥여주고.

#32. 안전가옥 밖 (밤)

아저씨가 제발 오지 않길 바라는 마음으로, 괴로운 얼굴로 작게 한숨
내쉬는 해성.

#33. 국정원 국내4팀 (밤)

불 꺼져 있는 아무도 없는 사무실.
문을 열고 안으로 들어오는 김 국장. 비어있는 안 팀장의 자리 바라보고.

#34. 안전가옥 밖 일각 (아침)

어느덧 동이 트기 시작하는 하늘.
멈춰 서있는 해성의 차. 운전석에 앉아 건물 입구를 지켜보고 있는 해성.
해성, 차 안 시계를 본다. 아침 7시다. 잠시 있다가... 안 팀장에게 전
화를 건다.

안팀장(E) 어, 해성.

해성 어디세요?

안팀장(E) (??) 나 출근 중인데?

해성 (표정)

안팀장(E) 여보세요? 여보세요. 해성아.

해성 ...나 아저씨한테 사과할 거 있어. 나 사실... 아저씨...

안팀장(E) 알아, 임마.

해성 (표정)

안팀장(E) 너랑 나랑 20년 넘었어. 근데 내가 널 모르겠냐?

해성 ...미안해요.

안팀장(E) 이따 꼼장어에 소주 한잔하자. 당연히 니가 쏘는 걸로.

해성 (피식 미소 짓고)

안팀장(E) 야, 나 지금 바쁘거든? 너도 빨리 끊고 학교 준비해. 학교 안 갈 거야?

해성 다녀오겠습니다.

#35. 병문고 교무실 (아침)

아직 아무도 출근하지 않은 교무실. 자신의 자리에 가방을 올려놓는
수아. 그때,

리안 (안으로 들어와) 수아쌤!

수아	오셨어요.
리안	세상에 가뜩이나 작은 얼굴 더 반쪽이 됐네. 몸 괜찮아?
수아	살짝 아프지만 괜찮아요.
리안	맞다, 이럴 게 아니라 준호샘. (핸드폰 전화 거는) 자기 안 나오는 사이 준호샘이 엄청 걱정했거든. ...이상하다? 왜 안 받지?
수아	(준호의 빈자리 바라보고)

#36. 병문고 이사장실 복도 (낮)

이사장실을 향해 걸음 옮기고 있는 명주.

#37. 병문고 이사장실 (낮)

안으로 들어오는 명주. 멈칫 표정 놀란 채 소파를 보면,
소파에 앉아있는 한 사람. 다름 아닌 해성이다.

해성	언제든 놀러 오라 하셔서. (앉아라 손짓)
명주	(소파 상석에 앉는) 그래도 약속은 잡고 오시지.
해성	피차 다 아는 거 숨길 필욘 없을 거 같고. 하나만 묻죠. 김 국장이랑 내 통해서 국정원 사람을 학교에 투입한 적, 이번이 처음인가?
명주	(해성 보는, 표정)
해성	난 대답 모르는 질문하지 않아, 서명주 씨. 솔직히 말해.
명주	(보다가, 미소로) 당신이 제 유일한 요원이에요. 걱정하지 마세요.
해성	과거 나랑 같은 작전을 행했던 국정원 요원. 그 사람에 대해선 모른다?
명주	(바라보고)
해성	(그런 명주 보다가) ...오케이. 우리 이사장님 보내드리고 나머진 내가 확인하는 걸로. (탁자 위 리모컨 집는) 이제부터 본론.

리모컨으로 TV를 켜는 해성.
TV, 뉴스속보가 나오고 있다. 경찰서를 배경으로 서 있는 주기진 기자.

기자   속보입니다. 대한민국 최고 명문사학이라 일컬어지는 병문고등학교. 오늘 그 학교의 내부관계자가, 병문고의 내신비리를 밝히겠다며 경찰에 출두의사를 밝혔는데요.

그때 경찰서 앞에 등장하는 승용차 한 대.
기자들의 관심 속에서 차에서 내리는 한 사람. 준호다.

기자   병문고의 내신비리를 폭로하겠다는 게 사실인가요?
준호   자세한 건 경찰 조사에서 성실히 답하겠습니다.
기자   서명주 이사장이 입막음을 이유로 생명의 위협까지 가했단 소리가 있던데요.
준호   그 또한 조사에서 말씀드리겠습니다.

기자들의 질문세례를 뚫고 경찰서 안으로 들어가는 준호.
리모컨으로 TV 끄는 해성.

명주   (담담한 얼굴로 있다가, 피식) …이 정도로.
해성   (보는)
명주   너무 아마추어 같은 거 아니에요? 겨우 저깟 선생 하나 따위 증언으로… (하는데)

탁, 소파 테이블 위에 USB를 올려놓는 해성.

해성   이준호 선생이 나에게 준 증거.

인서트

밤. 해성의 차 안. 해성에게 USB를 건네주는 준호.

해성(E)   지금까지 당신이 학교 내신비리 일체를 지시했다는.

명주   (이제야 긴장한 표정)
해성   (USB 챙기는) 학교 내신비리에 살인교사, 김현호 씬 재수사하면 혐의 나올 거고. 축하해, 서명주 씨. 당신 못해도 열 바퀴야.

그런 해성을 바라보는 명주인데, 진동 울리는 명주의 핸드폰.
'승재 아버님'에게 온 전화.

해성   급한 전화 같은데 받으시죠. (밖으로 나가다가, 멈칫) 그리고 손님이 왔으면은 좀, 예? 차 한 잔 내놓고 그러세요. (나가는)
명주   (나가는 해성 노려보고)

#38. 몽타주

/ 병문고 이사장실 복도 (낮)
밖으로 나오는 해성. 복도 저쪽, 한 무리의 형사들이 박스를 든 채 다가온다.
걸음 옮기며 자연스레 형사1의 주머니에 USB를 넣는 해성.

기자(E)   병문고에서 사학비리 관련 현직 교사의 내부고발이 있어 큰 파문을 일으키고 있습니다.

/ 병문고 해성의 반 (낮)
호진   (안으로 뛰어 들어와) 대박! 대박 사건!

무슨 일인가 싶어 호진을 바라보는 유정과 학생들. 그들 바라보는 호진. 그 위로

기자(E)　제보자 이 씨에 따르면 병문고는 입시에 영향을 끼치는 학생들의 생기부 조작은 물론,

/ 병문고 교무실 (낮)

쉴 새 없이 울리는 교무실 전화기들. 수화기 붙잡고 통화 중인 리안과 선생님들.
광두는 아이고, 두야... 이마에 물수건 올린 채 끙끙 자리에 앉아있고.

기자(E)　각종 대회 수상자들을 미리 내정, 이를 일부 학생들에게 몰아주는 등 이른바 학종 내신비리를 저질러 왔다 하며,

/ 병문고 학생회실 (낮)

심각한 얼굴로 홀로 자리에 앉아있는 예나.

기자(E)　통칭 VIP 학부모들과 그들의 자녀들이 비리의 주인공임은 물론,

/ 병문고 2학년 2반 (낮)

술렁이는 학생들 사이, 미치겠다 싶은 승재.

기자(E)　제보자 이 씨 또한 내신비리에 가담했음을 밝혔습니다.

/ 경찰서 (낮)

형사들에게 체포되어 경찰서 안으로 들어가는 재문의 모습.

기자(E)　더욱 충격적인 건 서명주 이사장이 자신을 살해하려 했다는 이 씨의 증언인데요,

/ 경찰서 취조실 (낮)

취조실 책상 의자에 앉아있는 명주.

기자(E)   이 씨의 병문고 내신비리 고발과 서명주 이사장의 살인교사 파문. 병
문재단에서 맡고 있는 교육시티 사업 실현 가능성마저 불투명해진 가
운데,

/ 병문고 옥상 (저녁)

안으로 들어오는 해성. 저쪽, 수아가 서 있다.
웃으며 해성을 보는 수아. 그런 수아에게 다가가는 해성.
나란히 난간 밖 바라보는 두 사람.

기자(E)   과연 학교는 어떤 답을 내놓을지, 그 귀추가 주목되고 있습니다.
MBS, 주기진입니다.

해성   …저번에 칭찬해 달라 했지.

수아   응?

해성   생각해 보니까 말을 못한 거 같아서. 나 대신 괴담 풀어준 것도 그렇
고 무엇보다, (수아 보는) 니가 학교를 구했어.

수아   (표정)

해성   선생님 아니었으면 여긴 변하지 않았을 거예요. 칭찬합니다.

헤헷, 배시시 웃음 짓는 수아.
해 질 녘 노을 속 서로를 바라보는 해성과 수아 두 사람의 모습에서.

#39. 포장마차 (밤)

꼼장어와 소주 놓여있는 테이블. 마주 앉아있는 해성과 안 팀장.

안팀장   (해성의 잔에 소주 따라주는) 서명주 건은 수고했다.

해성   (안 팀장의 잔에 소주 따라주는)

안팀장   자, 그럼 말해 봐. 나한테 뭐가 미안하단 거야?

해성   !! 아, 뭐야, 알고 있다며...!

안팀장   아이, 아깐 임마 분위기가 뭔가 아는 척해야 되는 그런 거였고. 괜찮
        으니까 솔직히 말해 봐. 너 또 학교에서 사고 쳤냐?

해성   미치겠다, 정말. (이내 진지해져) ...나 아저씨 의심했어요.

안팀장   (무거운 얼굴로 작게 한숨)

해성   이사장실에 제 국정원 자료가 있었고... 그래서 아저씨가 서명주의 내
        통자 아닐까 했어요.

안팀장   요즘 왜 그렇게 까칠하나 했는데, 그래서였구만.

해성   ...근데 왜 아무 말도 안 하셨어요?

안팀장   기다려주는 것도 가족이니까.

해성   (안 팀장 보는, 표정)

안팀장   무슨 일이 있구나, 고민하고 있구나. (해성 보는) 시간을 줘야겠다. 우
        리 아들은 똑똑하니까 잘 헤쳐나가겠지.

해성   (보는)

안팀장   그렇게 생각하니까 굳이 말할 필요 있나 싶더라. 한잔하자. (건배하자
        소주잔 내밀면)

        옅게 미소 지으며 소주잔 부딪치는 해성. 함께 소주 마시는 두 사람.

안팀장   그래서 내부자는. 파악된 사람 있어?

해성   가장 유력한 인사는 한 사람이에요.

안팀장   혹시 김 국장이냐?

해성   (멈칫, 놀라 안 팀장 보는)

#40. 경찰서 취조실 (밤)

홀로 테이블의자에 앉아있는 명주.

잠시 후, 안으로 들어와 명주의 맞은편에 앉는 누군가. 다름 아닌 김
국장이다...!

#41. 포장마차 (밤)

품에서 무언가를 꺼내 내려놓는 안 팀장.

해성 보면, 국정원을 배경으로 해성부와 안 팀장, 두 사람이 함께 찍은
사진이다.

아들한테 받은 캐릭터 시계를 자랑하듯 보여주고 있는 해성부.

해성　　　(사진 바라보고 있으면)

안팀장　　22년 전 정 선배 실종되던 날, 나한테 전화가 왔었어.

해성　　　...!!

안팀장　　김 국장에 대해 할 말이 있다. 당장 만나자. ...전화를 받고 고민했다.
　　　　　위에 보고를 해야 할까 말아야 할까. 그땐 정 선배 무슨 작전 중인지
　　　　　도 몰랐으니까.

해성　　　(안 팀장 바라보고)

안팀장　　뒤늦게 장소로 갔을 땐 정 선배 만날 수 없었고... 그렇게 지금까지 온
　　　　　거야.

해성　　　...왜 처음부터 말하지 않으셨어요?

안팀장　　나 때문일까 봐.

해성　　　(보는)

안팀장　　내가 선배 믿지 못해서... 늦게 나가서 니 아버지 그렇게 된 걸까 봐.
　　　　　그리고 니가 이 사실 알면...

해성　　　내가 아저씨 미워할까 봐?

안팀장　　(아무 말 못 하고)

해성　　　참 마음 약해 큰일이다. (계산서 안 팀장 앞에 놔주는) 정 그렇게 미안

하면 아저씨가 쏴.

안팀장 (해성 보는)

해성 (안 팀장의 그릇에 안주 놔주는) 아저씨 말대로 우리 가족이잖아. (웃음 짓는) 이런 걸로 미워하기엔 너무 오래 봤다.

안팀장 (눈시울 붉어져 해성 바라보고)

해성 22년 전 정재현 요원의 임무, 제가 완수할게요.

안팀장 (보는)

해성 제가 다 찾을게요. 금괴도 아버지도 반드시. 그니까 울지 마. 아저씨 울면 못생겨져.

안팀장 (황급히 눈가 훔치는) 자식이 울긴 누가 울었다고. 나 지갑 안 갖고 왔으니까 니가 쏴.

해성 아, 이 사람 맨날 이러시네. 팀장님 월급이 나보다 많아~!

안팀장 내 월급 니 이모 계좌로 들어간다.

해성 (아... 숙연히 안 팀장 보다가, 정신 차리곤) 아니 그래도 한번은 쏴야지 이거를...!

니가 쏴라 내가 쏴라 서로 투닥대는 해성과 안 팀장.
그사이 영훈과 미정, 안으로 들어와 자리에 앉고.
"둘은 또 왜 아직도 싸워요.", "이모, 여기 세팅이요!"
포장마차 바깥에서 보이는, 함께 웃음 지으며 건배하는 국내4팀 사람들 모습에서.

#42. 경찰서 취조실 (밤)

테이블을 사이에 두고 마주 앉아있는 명주와 김 국장.
김 국장, 명주에게 태블릿 피씨를 건넨다.
명주 보면, 태블릿 피씨에 떠 있는 뉴스 기사,
'좌초 위기의 교육시티 사업',

'발 빼기 시작한 투자자들, 교육시티 사업은 안개 속으로',
'병문재단의 존폐를 논하다' 등등.

김국장 상황이 그렇게 좋지만은 않습니다, 이사장님.

명주   (태블릿 피씨 보는)

김국장 교육시티 사업은 이미 날아간 것 같고… 이사장님 학교 그 학부모란
       양반들, 걔들은 이미 손절 친 지 오랜데. 이사장 자리라도 지킬 수는
       있겠어요?

명주   (태블릿 피씨 김 국장에게 밀어주는)

김국장 혹여 지금 상황을 타개할 대안이 있으신지…?

명주   (바라보고)

김국장 없으시군요. 저희가 한 약속은 기억하고 계실 겁니다.

명주   (보는)

김국장 그 약속 하나만 믿고 여기까지 왔는데… 여기까지인 거 같네요. (일어
       서는, 명함 꺼내 명주에게 밀어주며) 제가 아는 실력 좋은 변호사입니
       다. 반성문 대필도 해주니까 필요하면 연락하시길.

       김 국장, 밖으로 나가려 하는 그때, 갑자기 들려오기 시작하는 큭큭 명
       주의 웃음소리.
       김 국장, 뒤돌아 명주 보면, 명주, 웃고 있다.
       큭큭 웃음 짓다가 이내 깔깔깔 실성한 듯 웃음을 터뜨리는 명주.
       그런 명주를 소름 끼친다는 듯 바라보는 김 국장.
       명주, 아랑곳하지 않고 계속해서 미친 듯 웃음 터뜨리고.

#43. 병문고 교무실 (낮)

       중앙 회의 테이블에 모여 앉아있는 수아와 리안, 선생님들.

광두   에... 여러분들 모두 뉴스를 보서 아시겠지만, 최근 학교에 어마어마
          한 일이 터졌어요. 그러다 보니 뭐 지금 VIP 학부모들 누구냐 비리혜
          택 받은 애들 누구냐 학교가 난리도 아니야.

리안   (수아에게, 작게) 난 준호샘이 비리 저질렀단 게 아직도 충격.

수아   저도요.

광두   자세한 건 조사 중인 만큼 애들 사이 마녀사냥이나 유언비어 안 나오
          게, 특별한 관리 부탁드리고 내일! 교육청에서 장학사 사찰이 오기로
          했어요.

선생님들   (둥-!, 일동 긴장)

광두   무슨 말인지 알죠? 선생님들 중 시찰 준비하고 담당할 사람... (선생님
          들 보면)

선생님들   (일제히 광두의 시선 피하고)

광두   여러분 알죠? 이거 못 정하면 회의 안 끝나.

수아   (작게 혼잣말) 두고 봐, 이번엔 절대 안 한다.

광두   그럼 이렇게 합시다. 장학사 시찰 준비하기 싫은 사람...

수아   (리안에게, 다급한) 저번에 지도교사 안 할 사람 일어서였죠.

리안   맞아.

광두   준비하기 싫은 사람...

수아   (벌떡 일어나) 저요!

선생님들 모두 멈칫, 그 가운데 홀로 일어서 있는 수아!

광두   어... 그래요. 그렇게 하고 싶다면 오 선생이.

수아   !! 예?!

광두   땅땅땅 결정! 회의 끝!

선생님들   (일어서 후다닥 도망치는)

리안   한국말은 끝까지 듣자. (걸음 옮기고)

수아   아니 저기 잠시만, 난 이거 눈치게임인 줄...

휑하니 모두가 다 떠난 회의 테이블. 홀로 남은 수아. 황당한 얼굴 표정.

#44. 병문고 복도 (낮)

복도 사물함 앞. 쪽지를 보며 서 있는 동민. 그 앞엔 해성이 서 있고.

동민   (쪽지 읽는) 구슬 품은 자 붉은 해 향하면 황금 빛나리... 이게 뭐야?
해성   몰라?
동민   몰라.
해성   아니 야, 이걸 니가 모르면, 너 괴담에 관심 많다며...!
동민   (헐... 황당한) 그거랑 이게 뭔 상관이라고 나한테 성질... 갈 거야!

흥! 걸음 옮기는 동민. 그런 동민을 따라가는 해성.

해성   알았어, 알았어, 미안해. 그럼 그 아무도 모른다는 마지막 괴담, 알아
        낸 거 있어?
동민   (해맑은) 없어.
해성   (돌아버리겠네...)
동민   아니다, 하나 있다. 마지막 괴담 알았을 때 그 사람 어떻게 되는지.
해성   무슨 말이야?
동민   물론 말도 안 되는 소리기는 한데, (해성 보는) 학교의 저주가 내린대.
        마지막 괴담 안 사람한텐.
해성   (피식) 갑자기 죽기라도 한대?
동민   베니싱 현상. 흔적도 없이 사라진대. 어느 날 갑자기.
해성   (동민의 말에 표정 진지해지고)

#45. 병문고 1층 (낮)

교내수학경시대회 연기 공고문을 보고 있는 예나.

예나, 핸드폰 꺼내 **'엄마'**를 찾는다. 전화를 걸까 말까 고민하는 그때,
저쪽 라운지 테이블에서 들려오는 호진과 남학생들의 목소리.

남학생1 야, 들었어? 2반 한승재 유학 간다고 자퇴했다던데?

호진 내신비리 켕기는 게 있는 거지. 아니 근데 어떻게 학교에서 이런 일이
일어나냐? 서명주, 살인교사는 또 뭐야?

남학생2 그 와중에 예난 학교 열라 잘 다님. 지 엄마 그렇게 됐는데.

예나 (표정 어두워지고)

호진 내가 봤을 땐 분명 개도 내신비리 관련 있어. 생각해 봐, 설마 이사장
이 지 딸만 빼고... (하는데)

수아 (슥 다가와 호진에게 어깨동무하며) 무슨 얘길 그렇게 재밌게 해?

호진 !! (놀라면)

수아 혹시 누구 뒷담화하고 그런 건 아니지?

호진 아뇨! 그럴 리가, 네버, 절대.

수아 그래, 그래. 우리 호진이가 그런 어리석은 짓을 할 리는 당연히 없을
거야. (호진 어깨 꽉 잡는) 그치?

예나 (수아 바라보다가, 밖으로 걸음 옮기고)

그런 예나의 뒷모습 보며 작게 한숨 내쉬는 수아.

#46. 병문고 교정 (낮)

홀로 벤치에 앉아있는 예나. 교복 재킷 위로 왼손 손목을 긁는다.
점점 빨라지기 시작하는 손. 결국 신경질적으로 마구 손목 긁는 예나
인데,
그 순간, 차분히 예나의 손을 잡으며 말리는 한 사람. 수아다.

수아	그렇게 긁으면 아파.

(경과)
벤치에 앉아있는 수아와 예나.

수아	요즘 많이 힘들지.
예나	…괜찮아요.
수아	(예나 보는)
예나	엄마가 한 행동들 잘못됐단 거 알아요. 제가 내신비리 모르고 있었다 해도 전 학교 이사장의 딸이니까, 엄마 잘못에서 벗어날 수 없단 것도 알고요.
수아	(내신비리 모르고 있었구나)
예나	애들이 욕하는 것도 이해되고 저 괜찮아요. 하나도 안 힘들어요.
수아	선생님 생각엔 힘들어도 괜찮을 거 같은데.
예나	(보는)
수아	울어도 괜찮고 아파도 괜찮고. 어른들이 한 잘못을 니가 왜 책임져. (예나 보는) 모르나 본데 너 아직 애다. 너는 뭐든지 괜찮아, 예나야.
예나	(수아 바라보는데)
수아	(품에서 천하장사 소세지 두 개 꺼내는) 소세지 먹을래?
예나	(픕) 갑자기 뭐예요?
수아	선생님 비상식량. 꿀꿀할 땐 먹는 게 왓따거든.

웃음 지으며 소세지 건네받는 예나.
수아, 예나에게 건배하자 소세지 내밀면, 예나, 소세지 부딪히고.
벤치에 나란히 앉아 소세지 먹는 수아와 예나의 모습에서.

#47. 병문고 도서관 (낮)

걸음 옮기며 책장 안의 책들을 살펴보고 있는 해성. 학교 괴담 관련 책을 발견하고 꺼내는 그때, 갑자기 책장 건너편에서 쑥 튀어나와 해성을 붙잡는 손!
해성 뭔가 싶어 건너편 보면, 유정이다?

유정   안 놀라네.

해성   계속 보였으니까? (학교 괴담 관련 책 꺼내 보고 있으면)

유정   (해성에게 다가와) 무슨 책 보는 거? (책 표지 보곤) 오빠 너 이런 거 좋아했어? 무서운 거 딱 싫어했잖아.

해성   그 혹시 우리 학교 마지막 괴담에 대해 좀 알아? 너 전교 1등이잖아.

유정   니가 말하고도 논리 되게 이상한 거 알지.

해성   알아, 몰라, 것만 말해.

유정   몰라.

해성   (하아... 고개 절레절레 책 집어넣는) 생전 도움이 안 돼요, 생전 도움이. (걸음 옮기면)

유정   (허!, 기가 찬 얼굴로 해성 보는) 쟤는 무슨 지 할 말만 저렇게.

#48. 병문고 교정 (낮)

함께 걸음 옮기고 있는 해성과 유정.

유정   학교 일 터진 거 오빠 짓이지.

해성   너는 꼭 일만 있으면 나라더라?

유정   (다 알면서) 그래? 그럼 누구지? 고맙단 인사하려 했는데.

해성   (??, 유정 보면)

유정   나중에 오빠가 만나면 전해줘. 그 사람 덕에 더 좋은 학교 된 거 같다고.

해성   (옅게 웃음 짓고)

#49. 병문고 1층 (낮)

안으로 들어오는 해성과 유정. 두 사람 함께 걸음 옮기며,

유정   근데 이쯤 되면 오빠 작전 뭔지 말해줄 때도 되지 않았냐?
해성   안 알려줍니다~.
유정   (귀엽게 떼쓰는) 알려주라 오빠야~. 동생이 이렇게 부탁하는데? 응?
　　　　 응, 응?

유정이 떼쓰는 사이 문득 멈칫, 한쪽 벽에 걸려있는 병문고 연보를 보
는 해성.
'휘경 서병문, 1870 ~ 1957'
그리고, 그 밑에 쓰여 있는 연보 중 하나, **'1909 휘경의숙(諱瓊義塾) 설립'**

유정   왜 그래?
해성   저기 한자, 숨길 휘에 구슬 경 맞지.
유정   (한자 보곤) 응, 휘경. 구슬을 숨기다.
해성   구슬을 숨기다. …구슬을 품다.
유정   갑자기 뭔 소리?
해성   먼저 갈게. (걸음 옮기는)
유정   (기가 찬) 쟤는 무슨 말을 안 해.

#50. 병문고 복도 (낮)

복도를 걸으며 핸드폰 전화 거는 해성.

해성   정해성입니다. 단서로 얻은 첫 구절 '구슬 품은 자'. 서병문 본인을 말
　　　　 하는 거였어요.

#51. 국정원 복도 (낮)

걸음 옮기며 핸드폰 통화 중인 안 팀장.

안팀장　오케이, 하나 풀었네. 근데 서병문을 가리킨다는 게 무슨 뜻인데.

그때, 복도 저쪽에서 걸어오는 한 사람. 김 국장이다.
자신에게 다가오는 김 국장을 보는 안 팀장.

해성(E)　이제부터 알아보려고요.
안팀장　(해성이 아닌 척) 어, 알았어, 여보. 그리고 나 퇴근 늦어.

안 팀장, 김 국장에게 꾸벅 묵례, 걸음 옮기는 김 국장의 뒷모습 노려
보고.

#52. 병문고 해성의 반 (밤)

교탁에 서서 종례 중인 수아.

수아　내일 교육청에서 장학사 실사 나온단 얘기 들었지.
학생들　(힘없는) 예...
수아　(그런 학생들 바라보다가) 그렇다고 너무 긴장하진 말고. 이사장님 떠
나시고도 우리 학교 괜찮나 확인하러 오는 거니까... (하는데)
범식　솔직히 우리 학교는 아니죠.
수아　(멈칫, 표정)
수진　맞아. 내신조작이나 하는 학교가 뭔 우리 학교라고.
윤철　(비꼬는) 안 걸렸음 어쩔 뻔했나 몰라~. 이딴 데가 무슨.

"어떻게 이럴 수가 있어?", "완전 미친 거지.", "이게 학교냐?" 등등.
웅성웅성 학교에 대한 원망과 불만을 쏟아내는 학생들.
그런 학생들 바라보는 해성인데,

수아   ...선생님이 사과할게.

학생들   (멈칫, 수아 바라보고)

수아   학교가 너희에게 이럼 안 됐어. 미안해, 얘들아.

해성   (수아 바라보고)

수아   대신 약속할게. 앞으로 다신 이런 일 없을 거야. 너희가 다시 학교를
         사랑할 수 있게, 나중에 너희들이 이 학교 이 교실 이 자릴 웃으며 추
         억할 수 있게, 선생님 최선을 다할게.

윤철   근데 샘 기간제...

범식   (아오, 쫌!)

수아   기간제는 선생 아니냐? 자, 오늘도 전부 수고했어. 질문 있는 사람?

유정   장학사 실사는 선생님이 준비하시는 거예요?

수아   아무래도?

채린   그럼 청소랑 그런 거는요? 것도 샘 혼자 다?

수아   그것도 아무래도? 학교 이미지 쇄신이란 특명이 떨어져서.

유정   (염려스런 얼굴로 수아 보는)

수아   다른 질문 있는 사람? 없으면 종례는 여기까지. 집에 가서 푹 쉬고 내
         일 웃으면서 보자.

유정   (손드는) 저도 같이할게요.

수아   응?

유정   (살짝 부끄럽지만) 저희가 다닐 저희 학교잖아요. 학교의 주인은 학생
         이란 소리도 있고 같이하는 게 맞는 거 같아요.

학생들, 잠시 서로를 바라보며 눈치 보듯 가만히 있는데, 그때,

채린   마침 오늘 약속도 없고... 저도 할게요.

수진	저도요!
범식	(손드는) 우리의 터전은!
윤철	(손드는) 우리가 지킨다!
호진	(손드는) 학교 자체가 나쁜 건 아니니까.

하나둘 손들기 시작하는 학생들. 예나 또한 주저하다가 손을 든다.
결국 모두 손을 드는 해성의 반 학생들.
그 모습 미소로 바라보다가, 마지막으로 손을 드는 해성.

| 수아 | (눈물 핑) 이 맛에 선생한다. 그럼 시작할까? |

#53. 몽타주

/ 병문고 복도 (밤)
쓸고 닦고 복도를 청소하는 학생들.

/ 병문고 해성의 반 (밤)
의자에 올라가 칠판 위 쌓인 먼지를 닦는 유정과 예나.
수진과 채린은 의자 흔들리지 않게 붙잡고 있고.

/ 병문고 1층 (밤)
게시판을 새로 꾸미고 있는 해성과 윤철, 범식과 동민. 그때, "얘들아."
해성과 아이들 소리 난 쪽 보면, 찰칵! 핸드폰으로 사진 찍고 있는 수
아 보이고.
수아에게 다가가 핸드폰 사진 보는 윤철과 범식, 동민.
윤철, "아, 뭐야, 눈 감았잖아!" 범식, "넌 이게 뜬 거야." 등,
즐겁게 웃으며 수다 떠는 아이들과 수아. 그 모습 보며 미소 짓는 해
성인데,

윤철	안 돼, 안 돼. 다시 찍어, 다시. 정해성! (이리 오라 손짓)
해성	니들끼리 찍어.
수아	그런 게 어딨어, 다 같이 찍어야지.
유정	(예나, 채린, 수진과 안으로 들어와) 치사하게 자기들끼리, 우리도!
예나	(차마 다가가지 못하고 쭈뼛대고 있으면)
수아	예나야. (이리 와라 손짓)
유정	(예나 손 잡고 데려오는)

그렇게 해성과 수아, 학생들, 윤철이 들고 있는 핸드폰 카메라 앞에 옹기종기 모이면,

| 윤철 | 다 모였으면 찍습니다. 하나, 둘! |

사람들, 각각의 포즈와 표정으로 카메라 바라보면! 찰칵-!

/ 병문고 해성의 반 (밤)

책상과 의자 뒤쪽으로 전부 몰아놓은 채, 교실 가운데 둘러앉아 비빔밥 먹고 있는 해성과 수아, 학생들. 그들 가운데엔 비빔밥 담겨 있는 커다란 양푼이 놓여있다.
해성, 저쪽에 앉아있는 수아 보면, 수아, 입 모양으로 '손들기 잘했지'.

동민	나 이렇게 다 같이 모여 밥 먹는 거 처음이다? 해성이 넌?
해성	...나도. 전부 처음이야.
동민	(해성 보다가, 해성의 그릇에 비빔밥 더 얹어주는) 많이 먹어.
해성	고맙다.

다 함께 웃고 떠들며 밥 먹는, 해성과 수아, 2학년 1반 친구들의 모습에서.

#54. 병문고 1층 (낮)

문 앞에 양쪽으로 도열해 있는 광두와 선생님들, 교무부장과 학생주임.
수아와 리안은 맨 끝 줄에 서 있고.

광두   (바싹 긴장) 선생님들 장학사님 오신다고 너무 긴장하지 마세요. 나만
           믿고 하던 대로 해, 하던 대로.

#55. 병문고 본관 앞 (낮)

본관 앞에 멈춰 서는 고급 승용차 몇 대.
각각 차에서 내리는 장학사들 대여섯 명, 본관 건물을 바라보고.

#56. 병문고 1층 (낮)

광두   일동 기립! 장학사님 오셨어요!

자세 바로 하는 수아와 리안, 선생님들.
잠시 후, 본관 현관문 천천히 열리기 시작하면서,
장학사들을 휘하로 둔 누군가가 안으로 들어온다.
!! 그 누군가를 보곤 표정 놀라는 리안과 광두, 선생님들. 얼어붙는 수아.

#57. 병문고 해성의 반 (낮)

호진   (급히 안으로 들어와) 야, 미친, 대박!
채린   쟤는 뭔 툭하면 대박 어쩌구. 왜, 또.

해성   (호진 바라보고)

#58. 병문고 1층 (낮)

걸음 옮겨 수아의 앞에 서는 누군가. 다름 아닌 명주다...!
명주의 뒤엔 재문이 서 있고.

명주   얘기 들었어요. 오 선생님 아프셨다며.
수아   (떨리는 얼굴로 명주 바라보고)
명주   지금은 어떠세요. 괜찮아지셨어요?

복도로 통하는 문을 통해 안으로 뛰어 들어오는 해성.
해성, 명주를 본다. 명주 또한 해성을 본다.
서로가 서로를 향해 걸음 옮겨, 서병문의 흉상 앞에서 만나는 두 사람.

명주   (애를 어쩌면 좋니... 해성의 비뚤어진 넥타이 바로 잡아주는) 저번에
           잡아줬는데 또 이러고 다니시네.
해성   (명주 보는)
명주   내 학교에서 정해성 학생은 여기까지. (애교스레 인상 찡그리는) 나
           말 안 듣는 사람 싫어하잖아. (해성의 명찰 잡아 뜯는)

!! 명주를 노려보는 해성. 그런 해성을 미소로 바라보는 명주.
해성과 명주, 두 사람의 모습에서...!!

#59. 에필로그, 병원 수아의 입원실 (새벽)

의식 없이 침대에 누워있는 수아.

어느 순간 수아, 의식이 돌아온 듯 조금씩 눈을 뜨기 시작한다.
힘겹게 몸을 일으키다가 멈칫, 침대 한쪽에 엎드려 자고 있는 해성을
본다.
잠들어 있는 해성을 바라보다가... 해성의 머리 쓰다듬기 시작한다.
그러다 해성이 잠결에 뒤척이면, 수아, 재빨리 다시 자는 척... 몰래
행복한 웃음 짓는 데서.

- 9화 끝 -

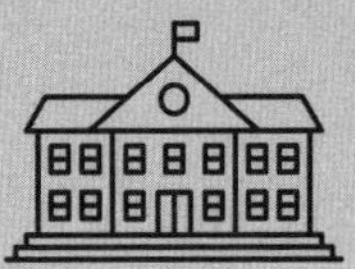

10화
오늘 무조건 찾을게요

#1. 병문고 1층 (낮)

걸음 옮겨 수아의 앞에 서는 누군가. 다름 아닌 명주다...!
명주의 뒤엔 재문이 서 있고.

명주   애기 들었어요. 오 선생님 아프셨다며.
수아   (떨리는 얼굴로 명주 바라보고)
명주   지금은 어떠세요. 괜찮아지셨어요?

복도로 통하는 문을 통해 안으로 뛰어 들어오는 해성.
해성, 명주를 본다. 명주 또한 해성을 본다.
서로가 서로를 향해 걸음 옮겨, 서병문의 흉상 앞에서 만나는 두 사람.

명주   (애를 어쩌면 좋니... 해성의 비뚤어진 넥타이 바로 잡아주는) 저번에
       잡아줬는데 또 이러고 다니시네.
해성   (명주 보는)
명주   내 학교에서 정해성 학생은 여기까지. (애교스레 인상 찡그리는) 나
       말 안 듣는 사람 싫어하잖아. (해성의 명찰 잡아 뜯는)

!! 명주를 노려보는 해성. 그런 해성을 미소로 바라보는 명주.

명주 (재문에게) 손님들 모시고 먼저.

재문 (장학사들에게) 이쪽으로. (장학사들과 이동하는)

광두 어... 예, 그럼 저희도 뭐... 선생님들 해산!

명주의 눈치를 보며 자리를 피해 이동하는 선생님들.
수아, 걱정스레 해성 보고 있으면, "수아샘" 저쪽에서 수아를 부르는
리안.
별수 없이 리안을 향해 걸음 옮기는 수아.
아무도 없는 적막한 분위기 속, 서로를 바라보는 해성과 명주.

해성 ...명찰 다시 주시죠.

명주 (보는)

해성 내가 나가면 당신 금괴 못 찾아. 마지막 괴담 단서 아는 사람 나 밖엔...
(하는데)

명주 구슬 품은 자 붉은 해 향하면.

해성 ...!!

명주 황금 빛나리. 구슬 품은 자는 초대 이사장님 말하는 걸 테고.

#2. 회상, 병문고 이사장실 (낮)

책상 의자에 앉아 수첩을 보고 있는 명주.
**'3. 혼자 우는 피아노 = 포핸즈 합주, 소리 없이 움직이는 건반, 죽은
여학생의 연주.'**
명주, 저쪽에 놓여있는 그랜드피아노 바라보고.

#3. 병문고 1층 (낮)

명주	더 할 말 있을까요? 내가 모르는 패라든가 아무거나.
해성	(아무 말 못 하는, 명주 바라보는데)
명주	(위치추적기 꺼내 건네주는) 놓고 가는 거 없게 잘 챙기시고, 안녕히 가세요. (미소로 걸음 옮기면)
해성	(그런 명주 노려보는 모습에서)

#4. 병문고 교무실 (낮)

자신의 자리에서 업무를 보고 있는 광두. 그 앞엔 수아가 서 있다.

수아	갑자기 이렇게 퇴학이라니 말도 안 됩니다. 재고해 주십시오.
광두	나도 어쩔 수가 없어요~. 이사장님 명령인데 누가 거역할 거야.
수아	이사장님이라도 최소한의 절차라는 게 있습니다. 학교가 이사장님 건 아니잖아요, 어떻게 저한테 말도 없이 제 학생 함부로... (하는데)
광두	(엄한) 오수아 선생!
수아	(멈칫, 광두 보는)
광두	그만하세요. 여기 직장이에요.
수아	교감 선생님.
광두	분명히 말해요. 위에서 결정했으니 따르고 정해성은 입 밖에도 꺼내지 마요. (수아가 걱정스런) 이러다 오 선생한테까지 불똥 튀어...!

"답답하다, 답답해" 일어서 밖으로 나가는 광두. 망연히 서 있는 수아의 표정.

#5. 병문고 해성의 반 (낮)

가방에 교과서와 책들을 넣고 있는 해성.
주위엔 윤철과 범식, 동민과 호진, 몇몇 학생들 서 있다.
예나와 유정은 자신의 자리에서 해성 바라보고 있고.

동민 진짜 이대로 가는 거야?

윤철 생각할수록 어이가 없네? 해성이가 뭘 잘못했는데!

범식 (해성 말리는) 야, 해성아, 잠깐만. 우리가 이사장님한테 말해볼게.

해성 (마음이라도 고마워 미소 짓고)

채린 그래, 그러자. 이대로 해성이 어떻게 보내.

해성 너희들 마음만 받을게. 고맙다. (일어서는) 혹시 말하는데 이사장실
처들어갈 생각하지 말고. 나 때문에 니들이 다치면 내가 뭐가 되냐?

수진 해성이 착해...

해성 (미소로) 재밌었어. 나중에 볼 수 있음 보자. (밖으로 걸음 옮기는)

그런 해성을 그저 바라볼 수밖에 없는... 학생들 각각의 표정들.

#6. 병문고 교정 (낮)

가방을 멘 채 교문 향해 걸음 옮기고 있는 해성.
해성, 어느 순간 멈칫, 뒤돌아 학교를 바라본다.
잠시 학교 바라보다가... 결연한 얼굴로 다시 걸음 옮기는 해성.

#7. 병문고 이사장실 (낮)

책상 의자에 앉아있는 명주. 앞에는 재문이 서 있고.

명주 공사 대금 2차 지급 날이 언제라고 했죠?

재문	이번 주 금요일입니다.
명주	(난감한 듯 한숨 내쉬는)
재문	이대로면 예정된 공정률을 맞추기 어려울 거 같습니다. 적어도 2차 대금의 일부 정도는 지급을 해야 할 것 같습니다.
명주	재단 재무 상태는요?
재문	여유가 있진 않습니다. 자칫 잘못하면 교육시티 준공 자체가 무산될 가능성이...
명주	금괴만 찾으면.
재문	(보는)
명주	금괴만 찾으면 모든 게 해결돼요.

컴퓨터에서 **'정해성'** 폴더를 찾는 명주.
'파일을 삭제하시겠습니까?' 문구 뜨면, 망설임 없이 **'예'** 누르고.

명주	목적지 코앞이에요. 이제부터 금괴는 제가 직접 찾는 걸로.

#8. 국정원 국내4팀 (밤)

테이블에 모여 앉아있는 해성과 안 팀장, 미정과 영훈.

안팀장	김 국장이 수를 쓴 거 같다. 서명주 빼줄 인간은 그 사람밖엔 없어.
영훈	아무리 그래도 증인 증거 확실했잖아요.
안팀장	증거 없애는 거 그 인간한테는 일도 아니니까. 증인 공작이야 말할 것도 없고.
미정	그럼 이제 어쩌죠? 선배 학교에 없으면 작전 자체가 불가능하잖아요.
안팀장	일이 더 어려워진 건 분명한 거 같다.
해성	방법 찾겠습니다. 아버지 마지막 작전인데 이렇게 쫓겨나는 식으로 끝내는 건 아닌 거 같아요.

안팀장 (끄덕이는) 우리 임무는 금괴를 찾는 거지 학교에 남는 게 아니니까.
어떻게든 방법 만들어보자.

벌컥 문 열곤 안으로 들이닥치는 감사팀 요원들.
해성과 사람들, 무슨 일인가 싶어 감사팀 보면,

감사1 국정원 감사팀에서 나왔습니다. 현 시간부로 국내4팀 사무실에 대한
압수 및 수색 진행하겠습니다.

사람들 !!

"시작해" 감사1의 말에 사무실 곳곳을 뒤지기 시작하는 감사팀 요원들.
요원들, 서류와 노트북 등 손에 잡히는 것들은 죄다 박스에 집어넣고.

안팀장 감사 사유부터 좀 압시다. 대체 뭐 때문에 이러는지... (하는데)

감사2 (안 팀장의 책상 서랍에서 두툼한 돈봉투 들어 보이는) 찾았습니다!

안팀장 ...!!

감사1 조용히 모시겠습니다. 같이 가주시죠.

영훈 잠시만요, 무슨 말도 안 되는...! (요원들에게 붙잡히는) 뇌, 안 놔?

해성 누구 오더입니까?

감사1 (삐딱하게 해성 보는)

해성 (낮고 서늘한) 누구 지시받은 거냐고. 박살 내기 전에 말해.

안팀장 됐어, 소용없어. (영훈과 미정에게) 별일 없을 거야. 나 올 때까지 사무
실 잘 지키고 있어.

감사팀 요원들과 함께 밖으로 나가는 안 팀장.
그 모습 바라볼 수밖에 없는 해성과 영훈, 미정인데,
그때 진동 울리는 해성의 핸드폰. 해성 보면, 모르는 번호다.

해성 (받는) 정해성입니다.

명주(E)   서명주예요.

해성   !!

#9. 명주의 집 거실, 국정원 복도 교차 (밤)

소파에 앉아 핸드폰 통화 중인 명주.

명주   선물은 맘에 드시는지 궁금해서.

사무실에서 나와 핸드폰 통화하는 해성.

해성   덕분에 잘 받았습니다. 조만간 답례 드리죠.

명주   다음은 오 선생인데도?

해성   ...!!

명주   요원님이 아끼시는 팀장님과 팀원들, 걔들은 단지 시범일 뿐이에요.
         계속 내 앞에서 알짱거리면 이렇게 된다. 예를 들어주는 시범.

해성   (표정)

명주   닛코 도쇼구 신큐샤에 조각되어 있는 현명한 세 마리 원숭이. 나쁜 것
         은 보지도 말고 듣지도 말고 말하지도 말라.

해성   (듣는)

명주   요원님 저 나쁘다 생각하잖아. 나쁜 거 애써 보지 말고 아무것도 하지
         마세요. 원숭이가 되세요.

해성   조언까지 다 해주시고 내가 꽤 부담스럽나 봐?

명주   제가 오 선생 그냥 자를 거라 생각하시나 봐?

해성   (표정 긴장)

명주   이만하면 알아들었길 바랄게요. 그럼.

핸드폰 내리는 해성. 이젠 대체 어떻게 해야 되나 싶은... 난감한 얼굴

표정.
텅 빈 복도, 홀로 우두커니 서 있는 해성의 모습에서.

#10. 거리 (밤)

터덜터덜 무거운 얼굴로 걸음 옮기고 있는 수아. 그러다 문득 한쪽에
포장마차 보면,
홀로 소주를 마시고 있는 해성이 보이고.

#11. 포장마차 (밤)

해성, 빈 소주잔에 소주 따르려 하는 그때, 슥 소주병을 가져가는 누군
가. 수아다.

해성　　(수아 보는)

수아　　(해성의 잔에 술 따라주는) 지나가다 오다가다. 이모! 국수랑 소주잔!

주인　　(소주잔과 수저 갖다주면)

해성　　(수아의 잔에 술 따라주는)

수아　　이대로 포기할 건 아니지?

해성　　…모르겠어.

수아　　(놀라 해성 보는)

해성　　팀장님 감사팀에 끌려가셨어. 서명주한테 전화가 왔고 다음엔 너래.

수아　　(안타까이 해성 보는)

해성　　학교에서 잘리는 수준으로 끝나진 않을 거야. 앞으로 교사생활이 끝
　　　　　날 수도 있고 아니 어쩌면… 너 위험해질 수도 있어.

무거운 얼굴로 소주 마시는 해성.

수아, 그런 해성을 바라보다가, 일어서 해성의 옆으로 가더니,

수아 정신 차렷!! (세차게 등짝 스매시 짝!)

해성 !! (놀라 수아 보면)

수아 얘가 보자 보자 하니까 내가 뭔 민폐 짐덩인 줄 아네? (해성의 잔에 술 따라주는) 야, 쫄지 마. 나 신경 쓰지 말고 질러.

해성 (바라보는데)

수아 ...나는 괜찮아, 해성아.

해성 (보는)

수아 너 무서워서 이러는 거잖아. 너 때문에 니 사람들 다칠까 봐. (해성과 시선 맞추곤, 해성의 손 잡는) 나는 너 끝까지 도울 거야. 그니까 날 봐서라도, 난 니가 무서워하지 않았음 좋겠어.

해성 ...넌 안 무서워?

수아 무서워.

해성 (보는)

수아 무서운데 이 악물고 참는 거야. 이대로 이사장 손에 금괴가 들어가는 걸 보고만 있을 순 없으니까. 그 사람 사업이 완성되면 아이들 꿈이 무너지는 건 한순간일 테니까.

해성 (수아 바라보다가) 어른이네.

수아 괜히 선생이겠냐?

해성 (피식 웃는)

수아 웃으니까 훨씬 낫다. 내일을 위해 짠.

건배 후 함께 술 마시는 해성과 수아.

#12. 해성의 집 거실, 국정원 국내4팀 교차 (밤)

소파에 앉아 핸드폰 사진을 보고 있는 해성.

해성과 수아, 친구들이 함께 찍은 사진.
해성, 물끄러미 사진 보고 있으면, 어느 순간 진동 울리는 핸드폰. '**아
저씨**'다.

해성   (받는) 어떻게 됐어요?

압수수색으로 난장판이 된 국정원 국내4팀.
사무실 바라보며 핸드폰 통화 중인 안 팀장.
영훈과 미정은 사무실 정리하고 있고.

안팀장   대기발령 떨어졌다. 팀은 해체됐고.
해성   죄송해요. 나 때문에.
안팀장   답지 않게 뭔 약한 소리야. 너 이거 땜에 의기소침해 있는 거면... (하
          는데)
해성   아저씨, 나 계속 가볼래요.
안팀장   (영훈과 미정에게 이리 오라 손짓, 스피커폰으로 돌리고)
해성   나... 잘못된 걸 바로잡고 싶어요. 나 좀 도와주세요.
미정,영훈 (놀란 얼굴로 서로 바라보고)
안팀장   (미소) 이래야 내 새끼지.
해성   내일부턴 우리 집에서 모이죠.
안팀장   (핸드폰 전화 끊는)
미정   정 선배가 도와달라 한 거... 처음이죠?
안팀장   (흐뭇한) 해성이 얘기 들었지? 내일부턴 해성이 집에서.

#13. 명주의 집 거실 (밤)

명주   이번 일을 고맙다고 해야 하는 건가.
김국장   다시는 이런 식의 부탁, 없었으면 합니다.

명주	(피식)
김국장	과거 일 들춰내봤자 떳떳하지 못한 건 이사장님도예요. 앞으론 자중
	하시는 마음으로... (하는데)
명주	우리 아버지가 항상 하시던 말씀이 있으세요. 부리던 종놈한테 쌀밥
	을 주기 시작하면, 나중엔 지가 양반인 줄 안다고.
김국장	(열받고) 이사장님, 듣자니까 말씀이 너무 심한... (하는데)

순간 확! 김 국장의 목을 넥타이로 조르기 시작하는 재문.
컥컥대며 버둥거리는 김 국장. 그런 김 국장에게 가까이 다가가는 명주.

명주	잘 들어요, 김형배 씨. 당신 앉아있는 국장 자리 방석 놓아준 거 나야.
김국장	(보는)
명주	기어오르지 마세요. 말대답하지도 마세요. 형배 씨는 옛날부터 늘 하
	던 대로, 제가 주는 사료 먹기만 하면 되는 거예요.
김국장	(버둥거리며 끄덕이면)
명주	으음, 으음. 끄덕이지 말고 대답.
김국장	(거의 죽을 단계에 임한)
명주	어머, 실수. 교장 선생님?
재문	(넥타이 풀어주면)
김국장	(그제야 가쁘게 숨 몰아쉬며) 예, 예! 예, 알겠습니다.

미소로 김 국장의 머리 쓰다듬는 명주.
김 국장, 두려움 섞인 눈으로 명주 바라보고.

#14. 병문고 급식실 (낮)

안으로 들어오는 유정과 예나, 채린과 현준.
문득 멈칫하는 네 사람. 앞을 보면, 배식공간이 나뉘어져 있다?

한쪽엔 한눈에 봐도 고급스러운 메뉴, 반대로 다른 한쪽은 단출하고
초라한 메뉴.

예나   이거 뭐야?

현준   성적에 따라 차등 배식하라는 이사장님 지시사항. 알고 있는 줄 알았
는데?

예나   (몰랐다, 표정)

유정   (기가 찬) 아니 무슨 애들 밥 먹는 거까지 갖고...

그때 진동 울리는 유정의 핸드폰. 유정 보면, **'정해성'**에게 온 전화.

채린   (핸드폰 보곤) 갑자기 웬 해성이?

예나   (유정 보는)

유정   (어색한) 그러게, 왜 갑자기 전화를 했지? (통화 거절 누르곤) 얘는 웬
생판 안 걸던 전화를. 밥 먹자. (먼저 걸음 옮기는)

예나   (유정 보고 있으면)

채린   저 리액션 굉장히 수상한데...

예나   채린아, 넌 저쪽.

채린   (둥!) !!

#15. 병문고 복도, 거리 교차 (낮)

인적 없는 으슥한 곳. 주위 살피곤 해성에게 핸드폰 전화 거는 유정.

유정   정해성 요원? 안유정이다. 학교 실태 보고.

거리. 라면과 주전부리 담은 봉지 든 채, 핸드폰 통화하며 걸음 옮기
고 있는 해성.

해성	보고.
유정	일단 급식. 성적에 따라 차등 배식으로 바뀌었어. 반찬도 다르고 성적 나쁨 밥도 늦게 먹어야 돼.
해성	(신경 쓰이는) 동민이랑 애들은?
유정	오빠 친구들 말해 뭐 해, 맨 꼬래비로 먹지.
해성	다른 건?
유정	앞으로 특별반 학생들만 야간자율학습 가능하고 나머지는 하고 싶어도 다 금지래. 특별반만 챙기겠다 이거지. 중간기말 성적은 반 게시판에 붙인다 그러고.
해성	(작게 한숨 내쉬는)
유정	여튼 이사장님 다시 오시고 학교 완전 미쳤음. 국정원이 좀 나서주면 안 돼?
해성	끊는다. (끊고, 무거운 얼굴로 핸드폰 바라보는)
유정	(핸드폰 보며, 우씨!) 으휴, 치사한 놈.

유정 걸음 옮기면, 일각에서 모습을 드러내는 한 사람. 예나다.
지금까지의 이야기 전부 들은... 당황스러운 예나의 표정.

#16. 해성의 집 거실 (낮)

식탁에 모여 앉아 라면과 주전부리 먹고 있는 해성과 안 팀장, 미정과 영훈.

해성	(담담한) 어제 얘기했나? 서명주가 세 번째 괴담 풀었다고.
사람들	(다 함께 멈칫, 벙찐 얼굴로 해성 바라보고)
해성	...안 했구나. 수첩 안에 내용 본 거 같아요.
안팀장	참 빨리도 얘기해준다. 대단해, 정해성.
해성	칭찬 감사. 그나마 다행인 건 아직까지 네 번째 괴담에 대해선 모른다

는 거예요.

미정　근데 모르는 건 우리도 마찬가지잖아요.

해성　일단 이거부터 봐봐. (학생회 문집 보여주는)

영훈　학생회 문집?

해성　(표지에 '**김재영**' 가리키는) 여기 쓰여 있는 김재영 선생님. 우리 아버지서.

안팀장　...!!

#17. 회상, 포장마차 (밤)

10화 11씬 연결

수아　아, 맞다. 너한테 줄 거 있었는데.

가방에서 옛날 학생회 문집을 꺼내 건네주는 수아.

해성　이게 뭐야?

수아　너희 아버님 교사시절 때 학생회 문집.

해성　...!!

수아　성함이 김재영으로 되어 있던데, 혹시 너희 아버님도 국정원 요원이셨어?

해성　(문집 표지에 쓰여 있는 '**김재영**' 바라보는)

#18. 회상, 해성의 집 다락방 (밤)

수아가 건네준 옛날 학생회 문집을 보고 있는 해성.
해성, 페이지 넘기다가 멈칫. '**으스스 병문고 4대 괴담**'이라 적힌 코너를 본다.

네 컷으로 그려진 병문고 괴담에 관한 만화들이다.

첫 번째, 발레리나 괴담, 두 번째, 괘종시계 괴담, 세 번째, 피아노 괴담..

그리고 보이는 네 번째 괴담 만화! 예리해지는 해성의 표정.

#19. 해성의 집 거실 (낮)

네 번째 괴담 페이지 위로 모이는 해성과 국내4팀.

'빨간 글씨의 알림장'이라 적힌 만화 유심히 보는 사람들.

만화 속 괴담 내용, 자정이 되면 아무도 없는 2학년 7반 교실에 있는 컴퓨터가 혼자 팍 켜진다. 세상을 일찍 등진 선생님 귀신이 섬뜩한 알림장을 컴퓨터 메모장에 빨간 글씨로 적어준다는 이야기.

미정	자정이 되면, 아무도 없는 교실에 컴퓨터가 켜지고,
영훈	죽은 선생님 귀신이 알림장을 남긴다. 그것도 빨간 글씨로.
안팀장	이게 병문고 마지막 괴담이라 이거지?
해성	내용상으론요. 근데 이상한 게 있어요.
사람들	(보면)
해성	컴퓨터요. 서병문 사망연도가 1957년, 그 당시는 컴퓨터가 보급되기 전이에요.
미정	(노트북 키보드 두드리다가) 맞네요. 한국에 컴퓨터가 처음 들어온 건 1970년대 접어들어서예요.
안팀장	그럼 마지막 괴담은 서병문 께 아니란 소린데...
영훈	그 인간이 아니면 누구...?
해성	이 문집 만든 사람이겠지? (문집 표지에 **'김재영'** 톡톡 건드리는) 원래 괴담은 세 개뿐이지만 사람들에게 혼선을 주기 위해. 혹시 서명주가 금괴로 접근하는 것을 막기 위해.
사람들	(해성 바라보고)
해성	처음부터 네 번째 괴담이 없었다면 가능성은 하나예요. (아크릴 보드

가리키는) 저 구절이 품고 있는 뜻.

사람들   (보드 보면, '**구슬 품은 자 붉은 해 향하면 황금 빛나리**' 쓰여 있고)

해성   그 뜻을 풀면 금괴가 숨겨져 있는 장소가 나올 거예요.

#20. 병문고 체육관 (밤)

금속 탐지기를 든 채 곳곳을 수색 중인 사람들.
그 모습 바라보다 뒤돌아 밖으로 나가는 재문.

#21. 병문고 이사장실 (밤)

책상 의자에 앉아있는 명주. 그 앞엔 재문이 서 있고.

명주   어떻게 되고 있어요?

재문   체육관부터 강당까지 전부 조사했습니다만 나온 건 없습니다.

플래시백 8화 56씬

해성   근데요 이사장님, 저희 혹시 체육관 리모델링한 적 있나요?
학교에 재밌는 얘기가 많더라고요.

명주   (피식) 그 와중에 나한테 거짓말을 날리셨네. (재문에게) 내일부턴 본관 조사 시작하는 걸로. 서둘러 주세요.

재문   알겠습니다. (꾸벅 인사 후 밖으로 나가는)

명주   (의자에 몸 묻는, 결연한 얼굴 표정)

#22. 해성의 집 거실 (밤)

서병문에 관한 자료들로 어지러운 거실.
아크릴 보드 속 **'구슬 품은 자 붉은 해 향하면 황금 빛나리'**를 보고 있
는 해성.
안 팀장과 두 사람도 각각 서류들 보며 골똘히 생각에 잠긴 채 있고.

해성   하나하나 정리해 보죠. (**구슬을 품은 자**'에 밑줄) 휘경, 서병문을 뜻하
는 구절. (**황금 빛나리**'에 밑줄 치는) 금괴가 있는 최종 장소.

안팀장   서병문이 붉은 해를 향하면 거기 금괴가 있다. 아, 근데 붉은 해가 뭐
냐고.

미정   문제는 서병문도예요. 죽은 사람이 관 속에서 튀어나오는 것도 아니고
어딜 향하라는 거야.

영훈   학교에 자기 분신을 남겨놓은 거 아닐까요? 죽어서도 금괴는 지키겠
다 두 눈 시퍼렇게 뜨고.

해성   ...!!

미정   너는 무슨 말 같지도 않은 소릴, 너 집에 가!

영훈   (시무룩)

해성   아냐, 영훈이 말 일리 있어.

영훈   맞잖아!

미정   (빠른 태세전환) 서병문을 상징하는 분신이라면 뭐가 있을까요.

안팀장   야, 해성아. 학교 다녀본 니가 알 거 아니야.

해성   서병문의 초상화요.

사람들   (해성 보는)

해성   근데 이건 너무 많고... (번뜩 떠오른 생각에) 대신 다른 거. 서병문의
흉상.

사람들   ...!!

노트북으로 빠르게 서병문의 흉상을 찾는 미정. 흉상의 이미지 띄우면,
사진 속 흉상 아래의 글귀를 보는 해성과 사람들.
'대한제국 탁지아문의 대신으로 내장원경을 겸하였으며 휘경의숙의

설립자다. 국권침탈 후 독립운동에 힘쓰며 휘경학원의 초대 이사장으로 취임하여 민족교육의 발전에 이바지하였다.'

해성	민족의 반역자였던 서병문... 붉은 해를 향한다는 건 친일에 앞장선다는 거였어. (급하게 외투 챙기며 나갈 준비하면)
안팀장	갑자기 어딜 가려고?
해성	학교요. 가서 확인해 봐야겠어요.
영훈	학교를 어떻게요? 선배 출입금지잖아.
해성	(표정에서)

#23. 병문고 교무실 (밤)

아무도 없는 교무실. 무거운 얼굴로 노트북을 보고 있는 수아.
노트북 모니터, **'병문고 혁신을 위한 계획 지침'** 공문이 떠 있다.
'사회적배려자 입학 전형 해제', '학업성취도 평가 99% 이상 달성 목표', '일제고사 성적 하위 10% 학생 전학 권유' 등등, 공문에 쓰여 있는 문구들 보는 수아인데,
슥 다가와 커피 담긴 머그컵 건네주는 리안.

리안	반 분위기는 어때? 해성이 퇴학이나 (노트북 가리키는) 이거나.
수아	당황스럽고, 혼란스럽고. 어수선해요.
리안	사건사고 많았어도 걔 있을 때가 재밌었는데. (주위 살피곤) 근데 걔는 이사장님한테 뭘 그렇게 찍힌 거래? 수아샘 아는 거 있어?
수아	(멋쩍게 웃는) 아뇨, 저도.
리안	(옆자리에 앉는) 아이고, 새로 온 지침도 그렇고 이놈의 학교 어떻게 되려고. 맘 같아선 누가 확 엎어버렸음 좋겠네.

그때 똑똑, 교무실 문 노크 소리.

| 리안 | 야식 왔나 보다. 들어오세요! |

리안 야식 왔나 보다. 들어오세요!
헬멧남 (안으로 들어와 들고 있던 샌드위치 봉지 내려놓는)
수아 감사합니다. 나가실 땐 저기 반대편으로...

하다가 멈칫, 응? 자세히 헬멧남을 보는 수아.
헬멧의 쉴드를 올린 채 서 있는 헬멧남. 다름 아닌 해성이다?

수아 ...!!
리안 왜 그래?
수아 어, 어... (대뜸 아픈 척) 어! 나 갑자기 배가!
리안 갑자기?
수아 나 화장실, 화장실. 먼저 드시고 퇴근하세요! (후다닥 나가는)
해성 (리안에게 인사 후 나가는)
리안 이거 맛있는 건데. (신난) 내가 두 개 먹어야징~.

리안, 샌드위치 맛있게 먹기 시작하고.

#24. 병문고 1층 (밤)

로비로 해성을 끌고 나오는 수아. 해성은 헬멧 쓰고 있는 상태.

수아 (주변 살피고는, 해성의 등짝 팡팡!) 미쳤어, 미쳤어! 여기 들어오면
어떡해!
해성 이게 최선이었어...
수아 (놀란 가슴 진정시키는) 어우, 세상에 아직도 뛰네. 이사장한테 걸리
면 어쩌려고 여길 와~!
해성 확인할 게 있어서. (걸음 옮겨 흉상 앞에 서면)
수아 (다가와) 흉상은 왜? 여기 뭐라도... (하다가) !! 혹시 찾은 거야?

해성　　내 생각이 맞다면.

거침없이 차단봉을 넘어 흉상을 살피기 시작하는 해성.

수아　　(기가 찬) 그러니까, 피 같은 독립자금을 빼돌려서 기껏 숨겼다는 곳이 여기라는 거지? 본인 흉상.

해성　　(계속 흉상 살피는)

수아　　(분노에 찬 얼굴로 차단봉 넘어오는, 우드득 손 풀면)

해성　　(경계) 왜, 뭐 하려고.

수아　　이 인간 때문에 우리나라 독립이 얼마나 미뤄진 줄 알아? (흉상 글귀 보며) 그러면서 뭐? 독립운동가? 민족교육에 이바지? 내 이놈의 모가지를 확! (흉상 머리 잡곤 이리저리 흔드는데)

해성　　(수아 말리는) 야, 야, 이거 함부로 만지면… (하는데)

그 순간 슥, 흉상이… 돌아간다?
놀란 얼굴로 서로를 바라보는 해성과 수아. 이거다 싶은 그때,

광두(E)　　거기 뭡니까?

해성, 재빨리 흉상 원위치, 헬멧 쉴드 내리곤 수아와 함께 흉상에서 멀찍이 떨어지면,
그때 그들에게 다가오는 한 사람. 광두다.

수아　　교감샘이 이 시간에 어쩐 일로…?

광두　　퇴근했다가 뭐 좀 놓고 와서. (해성에게) 댁은 누구?

수아　　아, 제가 야식 시켰거든요. 근데 이분이 나가는 길을 못 찾으셔서.

광두　　배달하러 왔음 배달만 하면 되지. 왜 여기서 알짱거려요.

수아　　아… 그게… (근처에 병문과 관련 물건들 가리키는) 이분이 학교 역사에 관심 많으셔서 제가 설명을 좀…

광두	오 선생은 있어 봐. (핸드폰 들며) 사무실 어디예요. 번호.
해성	(아무 말 못 하고)
광두	묻는데 말도 없고 당신 수상해. 헬멧 벗어 봐요.
수아	...!!
광두	뭐 하고 있어, 얼굴 보자니까? 당신 이럼 나 경찰 불러?

해성, 결국 어쩔 수 없이, 천천히 헬멧 벗기 시작한다.
안 돼... 그 모습 보는 수아. 노려보는 광두. 이윽고, 해성의 얼굴이 드러나는 순간!

| 수아 | (광두의 눈 가리는) 누구~게? |

둥-! 생각지도 못한 수아의 행동에 일동 얼음. 순식간에 싸-해지는 분위기.
입 떡 벌린 채 황당히 수아를 바라보는 해성.

광두	(자기도 모르게 정중해진) 어... 오수아 선생님? 실례지만 뭐 하시는?
수아	누구~게? 누굴까~요? (해성에게 빨리 나가라 고갯짓)
광두	아니 이 사람이 뭐 하는, 이거 안 놔? 빨리 안 치워?

소리 없이 빠르게 밖으로 걸음 옮기는 해성.
해성, 본관 현관문 열다가 멈칫, 수아를 본다. 수아 또한 해성을 본다.
난 괜찮으니 놓고 가라는 듯, 애써 미소로 고개 끄덕이는 수아.
그런 수아를 아프게 바라보다가... 당신의 희생 잊지 않겠다는 듯 고개 끄덕, 밖으로 나가는 해성.

#25. 병문고 교문 앞 (밤)

서둘러 교문을 나오는 헬멧 쓴 해성. 계속해 걸음 옮기는데, 갑자기 해성의 옆으로 다가오는 승합차. 문이 열리더니 불쑥 팔이 나와 해성을 낚아챈다?
승합차 안, 해성 안으로 우당탕탕 타고 나면, 보이는 사람들. 국내4팀이다.
부웅 출발하는 승합차.

안팀장　야야, 어떻게 됐어!
해성　(헬멧 벗으며) 흉상이 맞아요. 돌아가요.
안팀장　대박, 그래서?
영훈　그래서요?
미정　돌렸더니 어떻게 되는데요?
해성　(기대에 찬 사람들 시선 부담스럽고) 그건... 아직 못했는데?
안팀장　왜?!
해성　왜긴 왜예요, 걸렸으니까.
안팀장　걸렸어?! 누구한테!
해성　정확히 말하면 걸렸는데 안 걸린 뭐 그런 상황? 복잡해요.

정적 속에서 사람들, 가만히 해성 바라보고...

안팀장　얘 무슨 말 하는 거냐? 누가 해석 좀 해봐.
해성　(수습하는) 아이, 헬멧은 끝까지 쓰고 있었어. 거정하지 말고 지금 중요한 건, (뒤돌아 학교 보는) 저기서 금괴를 어떻게 빼 오냐는 거예요.
안팀장　그건 또 어떻게?
해성　생각해 봐야지?

안 팀장, "얘가 은근 벼락치기형이네?", 영훈, "사람이 대책이 없어."
해성, "아, 그럼 님들이 말해 봐, 내가 다 할게!"
미정, "어우, 시끄러!" 등등 투닥대는 사람들.

이리저리 흔들리는 승합차 모습 보여지면서,

#26. 병문고 이사장실 (아침)

소파 상석에 앉아 차를 마시고 있는 명주.
양옆으론 재문과 광두, 교무부장과 학생주임 선생님이 앉아있고.

교무부장 성적에 따른 차등 급식 문제로 학생들 사이 반발이 있습니다.

명주 역사는 비난이 가해져도 앞으로 가요. 신경 쓰지 마세요.

교무부장 하지만 이사장님, 이대로 학생들의 반발이 계속되면... (하는데)

명주 좀 더 비유 드릴까요? 개가 짖어도 기차는 간다. 신경 쓰지 마세요.

교무부장 (더는 말 못 하고)

명주 다음. 교감 선생님?

광두 아, 예. 교내 외부인 출입 규제에 관한 안건입니다.

명주 외부인이요?

광두 예, (서류 읽는) 최근 5년간 초중고 외부인 침입 사건이 증가 추세에 있다 합니다.

명주 저희 학교 보안은 문제없는 걸로 아는데?

광두 근데 가끔 야근하는 교사들이 배달 어플을... 어제 같은 경우도 오수아 선생이 그랬고요.

재문 오수아 선생님이요?

명주 자세히 말해 보세요.

광두 예, 실은 어제... 오수아 선생이랑 웬 배달부 하나가...

광두에게 이야기(묵음처리)를 듣는 명주. 점점 표정 심각해지고.

(경과)
노트북으로 교문 밖 CCTV 영상을 보고 있는 명주와 재문.

영상, 헬멧 쓴 남자가 교문 밖으로 나와 승합차 안으로 끌려가는 모습.

명주 라이더가 승합차를 끌고 배달 왔을 리는 없고... (노트북 덮는) 정해성
이네.

재문 금괴를 찾기 위해 다시 잠입 시도할 가능성이 있습니다. 어떻게 할까요.

명주 내가 그렇게 정중히 부탁했는데. (명쾌한) 준비한 거 보내주세요.

그때 똑똑 노크 소리. 안으로 들어오는 예나.
명주, 재문에게 나가봐라 고개 끄덕이면, 재문, 예나와 눈인사하곤 밖
으로 나간다.

예나 많이 바쁘신가 봐요?

명주 아무래도 그렇네? 오늘은 또 무슨 일이니? 학교 운영에 대한 거라면
애기 꺼내지도 말고.

예나 해성이 애기예요.

명주 (정해성?, 예나 보는)

예나 어제 하루 동안 생각해 봤는데 결국 답은 하나더라고요. (명주 보는)
엄만 알고 계셨죠. 해성이 학생 아닌 거, 걔 국정원 요원인 거. 그래서
퇴학시킨 거죠.

명주 (작게 한숨, 예나 바라보고)

예나 요즘 학교에서 벌어지는 일들. 준호샘, 엄마, 교장 선생님, 해성이 정
체랑 퇴학까지. 제가 모르는 뭔가 있는 거죠.

명주 (다독이는) 말했듯이 예나야, 엄마가 말하지 않는 건 니가 알 필요 없
기 때문... (하는데)

예나 말씀해주세요. 저 들을 권리 있어요, 엄마.

잠시 예나를 바라보다가, 일어서 예나에게 다가가는 명주.
명주, 예나의 머리카락 귀 뒤로 넘겨주며,

명주	우리 딸, 많이 혼란스럽구나.
예나	(엄마 보는)
명주	모든 일엔 시행착오가 있어. 큰 바다일수록 센 파도가 치는 법이잖니? 하지만 교육시티는 결국 완성될 거야. 그곳의 주인은 나, 그리고 니가 내 뒤를 이을 거고.
예나	(보는)
명주	넌 그것만 알고 있으면 돼. 다른 건 엄마가 알아서 할게.
예나	(아프게 명주 보는) 엄마. 한 번이라도 제가, 뭘 원하는지 생각해 보신 적, 있으세요?
명주	(보다가, 미소로) 엄마 이해하는 날 올 거야. 엄만 그렇게 믿어.
예나	(망연히 바라보고)
명주	오랜만에 같이 산책 갈까? 엄마랑 오붓하게 단둘이.

먼저 밖으로 걸음 옮기는 명주.

예나 또한 나가려 하는데, 그때, 책상 위 문자 알림 진동 울리는 태블릿 피씨.

예나, 태블릿 피씨를 본다. 재문에게 온 문자, **'말씀하신 정해성 파일입니다.'**

응? 무슨 말인가 싶은 예나. 아직 닫혀있는 문을 본다.

결심한 듯 내용을 확인한다. 이내 확 표정 얼어붙는 데서.

#27. 해성의 집 거실 (아침)

기지개 펴며 방에서 나오는 해성. 거실 보면, 소파에 누워 자고 있는 미정. 바닥엔 서로 껴안은 채 자고 있는 안 팀장과 영훈 보이고.

국내4팀 식구들 보며 피식 웃음 짓는 해성. 냉장고에서 생수병 꺼내는 그때,

갑자기 진동 울리는 해성의 핸드폰. (예나에게 온 전화지만 화면엔 보

이지 않는)
얘가 왜? 잠시 핸드폰 바라보다가, 전화 받는 해성.

#28. 병문고 이사장실 (낮)

책상 의자에 앉아있는 명주. 슥 손목시계 보곤, 앞에 서 있는 재문에게,

명주   (서 있는 재문에게) 시작하세요.

#29. 병문고 1층 (낮)

아무도 없는 병문고 1층.
교과서와 수업자료 들고 걸음 옮기다 멈칫, 서병문의 흉상을 보는 수아.

수아   분명 이게 돌아갔단 말이지...?

수아 주위 둘러보면, 아무도 없다. 사람들 없는 틈을 타 흉상에 손대
보려는 그때,

리안   (저쪽에서 나타나) 수아샘 뭐 해? 수업 안 들어가?
수아   어, 샘, 안녕하세요, 이제 들어가야죠, 선생님은요?
리안   숨넘어가겠다, 좀 쉬고 말해. (수아의 팔짱 끼며) 나 2반 수업. 같이 가자.

그때, 동시에 진동 울리는 수아와 리안의 핸드폰.
뭐지? 핸드폰 보는 수아와 리안.
이내 수아, 경악으로 표정 얼어붙고.

#30. 병문고 복도 (낮)

일제히 벨소리와 진동 울리기 시작하는 학생들의 핸드폰.

#31. 병문고 해성의 반 (낮)

동시에 벨소리와 진동 울리기 시작하는 핸드폰.
핸드폰을 보고 놀라는 학생들. "뭐야, 이게?", "이거 진짜야?"
술렁이는 학생들 사이 놀란 얼굴 표정의 유정.
난감한 얼굴로 작게 한숨 내쉬는 예나.

#32. 병문고 1층 (낮)

표정 얼어붙은 채 핸드폰을 보며 서 있는 수아. 그런 수아를 보는 리안.
이제야 보이는 핸드폰 속 사진. 포장마차 안 해성과 수아, 함께 거리
를 걷는 해성과 수아 등 두 사람이 함께 있는 장면들을 몰래 찍은, 마
치 교사와 학생이 밀회를 즐기는 듯한 분위기의 사진들이다...!

#33. 병문고 이사장실 (낮)

책상 의자에 앉아 차를 마시고 있는 명주.

명주   하여튼 조선 것들, 말로 하면 말을 안 들어요. (차 마시고)

#34. 병문고 해성의 반 (낮)

안으로 들어오는 수아. 멈칫 보면, 학생들 전부 자신을 바라보고 있다.
한없이 무거운 분위기 속, 실망과 의문 가득한 얼굴 표정의 학생들.
수아, 그런 학생들 바라보다가,

수아　　…수업 시작하자. 저번 시간 어디까지 했지? (애써 침착하게 교과서
　　　　　펴는데)

호진　　선생님, 그 사진 뭐예요?

수아　　(멈칫, 표정)

호진　　정말 학생이랑 사귀는 거예요?

수아　　(아무 말 못 하고)

수진　　(채린에게) 말 못 하는 거 보니까 맞는 듯.

채린　　내가 저번에 병원 말했지. 둘이 맞다니까?

유정　　(어떡하지 싶은 얼굴로 수아 바라보고)

"이건 선 넘은 거 아니냐?", "수아샘 개실망.", "어떻게 선생이 저래?"
등등,
점점 커지는 수아에 대한 야유와 조롱, 웅성거림. 그런 학생들 보며
아무 말도 못 하는 수아인데, 그때 드르륵 교실 문 열리고, 재문이 안
으로 들어온다.

재문　　오수아 선생님? 이사장님께서 찾으십니다.

수아　　(애써 당당한) 수업 중입니다. 이따 가겠습니다.

재문　　더 이상 수업 안 하셔도 됩니다.

수아　　…!!

재문　　(다가가 수아의 손에 교과서 슥 빼앗는) 나오시죠.

수아, 어쩔 수 없이 밖을 향해 걸음 옮기려 하는 그때,

해성(E)　　누가 선생님 수업을 방해해.

곧이어 교실 안으로 들어오는 한 사람. 다름 아닌 해성이다...!
해성을 보곤 표정 놀라는 학생들과 수아. 니가 왜 여기? 인상 찡그리
는 재문.

해성   (교탁에 서서) 며칠 안 됐지만 반갑다 얘들아. 정해성이야.

학생들, 정적 속에서 뭐라 할 말 잃은 채 멍하니 해성 바라보고...

윤철   (눈치... 범식에게) 박수 쳐야... 되는 건가?
범식   (벌떡 일어나 짝짝짝!) 박수!!

와아... 서로서로 이게 뭐야 쟤가 여기 왜 있어 눈치 보며 박수 치는
학생들.
그사이 수아, 해성에게 다가가, 작게,

수아   너 미쳤어? 니가 여기 왜 있어...!
해성   내가 알아서 할게. (학생들에게) 내가 오늘 여기 선 이유는, 너희들에
게 진실을 말해주기 위해서야.
재문   (교실 밖으로 나가는)
해성   니들이 본 그 사진은 진짜가 맞아. 근데 너희가 오해하지 말아야 될
건, 선생님은 밖에서 미성년자를 만난 게 아니라는 거야.
학생들   (뭔 소리야?, 당황스레 서로 바라보고)
해성   미안하다 얘들아. 내가 너희를 속였어.
수아   (설마 싶어 해성 보는)

품에서 무언가를 꺼내 보여주는 해성.
학생들과 수아 보면, 해성의 예비군 사진이다...!

해성   대한민국 예비군 8년차. 진짜 나이는 올해 서른한 살.

학생들   ...!!
해성   무슨 말인지 알지? (씨익) 앞으론 나 형이라 불러라.

#35. 병문고 2학년 2반 (낮)

'체육 대신 자습!'이라 쓰여 있는 칠판. 그 앞 의자에선 리안이 꾸벅꾸
벅 졸고 있고.
문자 알림 진동 울리는 학생1의 핸드폰.
학생1, 리안 몰래 문자 확인하곤, 이내 놀란 얼굴로 벌떡!

학생1   (학생들에게) 야! 1반에 정해성 왔대!
학생들   (다 같이 교실 밖으로 뛰어나가는)
리안   (이제야 정신 차리곤) 어, 어? 뭐야? 왜 그래?!

#36. 병문고 이사장실 (낮)

책상 의자에 앉아있는 명주. 잠시 후 똑똑 노크, 급히 안으로 들어오
는 재문.

재문   이사장님, 정해성이...

#37. 병문고 해성의 반 (낮)

세상에... 입 떡 벌린 채 해성을 바라보는 학생들. 걱정스레 해성을 보
는 수아.
교실 밖 복도엔 학생들 우르르 몰려와 서 있고.

해성	질문 있는 사람?
채린	(슬며시 손들면)
해성	(채린이 지목) 채린이.
채린	나이까지 속이면서 우리 학교에 온 이유가... 뭐예요?
해성	이걸 얘기 안 했구나. 사실 나는 대한민국 국가...
수아	(헉!) !!

!! 황급히 연습장 들어 보이는 유정. 연습장엔 **'국정원 X', '멈춰!!'** 쓰여 있고.

해성	국가... (힐끔 수아 보면)
수아	(절대 안 돼!, 고개 도리도리)
해성	...국가의 기본 교육을 받지 못한 상처가 있다.
윤철	뭔 소리야?
범식	중졸이래.
해성	삶이 녹록지가 않았거든. 고등학교는 졸업해야겠다 싶어서 신분 속이고 여기... 그런 거야.
동민	그럼 샘이랑 사진은? 둘이 무슨 사이야?
해성	학교생활 적응할 수 있게 많이 도와주신 분. 그리고... (수아 보는)
수아	(해성 바라보고)
해성	...좋아해. 내가 많이.
수아	!!

우와아!! 난리 나는 교실과 복도의 학생들.
"정해성!", "정해성!" 학생들 미친 듯 해성의 이름 연호하는 가운데,
해성, 놀란 수아를 향해 찡긋 윙크 날리고...!
문득 해성, 교실 문 밖 복도에 서 있는 명주를 본다. 걸음 옮겨 명주에게 다가간다.

#38. 병문고 복도 (낮)

교실 밖으로 나와 명주의 앞에 서는 해성.

명주	추문을 로맨스로 만드셨네?
해성	장르는 바뀌기도 하는 거라. 주인공이 어떤 선택을 하냐에 따라.
명주	(서늘히 해성 바라보고)
해성	표정 풀어요. 열받은 거 다 티나. 아, 그리고. (명주에게 가까이 다가가) 이젠 제 차례입니다.
명주	(해성 보면)
해성	기대하세요. (웃으며 걸음 옮기는)
명주	(그런 해성 노려보고)

#39. 병문고 교정 (낮)

교문을 향해 걸음 옮기는 해성. 그런 해성을 뒤에서 부르는 수아.

수아	정해성!
해성	(뒤돌아 수아 바라보고)
수아	(해성이 고맙고 두근거리고…)
해성	왜 불러놓고…?
수아	(해성 보다가) …교문까지 데려다줄게.
해성	(미소로) 가시죠, 선생님.

함께 걸음 옮기는 두 사람의 뒷모습에서.

#40. 병문고 이사장실 (낮)

차 마시며 책상 의자에 앉아있는 명주. 그 앞엔 재문이 서 있고.

명주 …한 가지 이상한 게 있어요. 정해성은 어떻게 이렇게 빨리 대처할 수 있었을까.

재문 사전에 미리 알지 않고선 불가능한 일이라 생각합니다.

명주 문제는 '누가'냐는 거예요. 사진의 존재 아는 사람은 저랑 선생님밖엔… (멈칫)

플래시백 10화 26씬 연결

명주 (다시 들어오는) 예나야, 엄마 기다리는데?

예나 (태블릿 피씨 제자리에 놓으며) 가요.

명주 (예나구나 싶은, 표정에서)

#41. 카페 (낮)

테이블 사이에 두고 마주 앉아있는 해성과 예나.

해성 아침에 전화 준 거 고마워.

#42. 회상, 해성의 집 거실 (아침)

10화 27씬 연결

해성 핸드폰 보면, **'이예나'**에게 온 전화.
애가 왜? 잠시 핸드폰 바라보다가, 전화 받는 해성.

해성 (받는) 여보세요?

예나(E)   할 말이 있어. 너랑 수아샘 얘기야.

해성   (표정)

#43. 회상, 병문고 교문 (낮)

해성을 기다리며 서 있는 예나. 잠시 후 예나에게 다가오는 해성.
두 사람 함께 학교 향해 걸음 옮기는데,

경비   (해성에게) 무슨 일로 오셨어요?

예나   제 친구예요.

해성   (예나 보는)

경비   아! 예예, 들어가세요.

예나   가자.

#44. 카페 (낮)

예나   아니야. 수아 선생님은 나한테도 소중한 사람이라. 아, 이제 존대해야
          되는 건가?

해성   (피식 미소)

예나   내 맘대로 편하게 할게. 상관없지?

해성   원하시는 대로. …왜 나한테 미리 알려준 거야?

예나   …모르겠어.

해성   (보는)

예나   그냥 이래야 할 거 같았어.

해성   (그런 예나 바라보고)

예나   병원 갔다 온다 한 거라 다시 학교 가봐야 해. 갈게. (일어서 걸음 옮
          기다 멈칫, 해성 보는) 나도 질문 하나. 우리 학교 왜 온 거야?

해성   (보는)

예나   혹시 우리 엄마 때문이야?

해성   ...기회 되면 얘기해줄게.

#45. 명주의 집 거실 (밤)

안으로 들어오는 예나. 멈칫 보면, 소파에 앉아있는 명주 보이고.

예나   ...다녀왔습니다.

명주   왜 그랬니.

예나   (보는)

명주   정해성한테 왜 그랬어.

예나   (바라보고)

명주   (꾹 화 참곤) 예나야, 엄마 묻는데 대답해야지? 너 요즘 왜 이렇게 엇
          나가고 엄마 속상하게... (하는데)

예나   해성이도 저한테 똑같은 거 물어봤어요.

명주   (예나 보는)

예나   그땐 모르겠다 했는데 이젠 알 거 같애. 엄마 때문이었어.

명주   (뭐?, 예나 보는데)

예나   엄마 요즘 너무 위험해 보여요. 내가 알던 엄마 아닌 거 같애.

명주   (예나 바라보다가) ...안 되겠다. 너 유학 준비하자.

예나   !! 엄마!

명주   최대한 빨리, 일주일 안에.

예나   (단호한) 저 안 갈 거예요. 여기 있을 거예요.

명주   어리광 부리지 마. 내가 지시하면 넌 따르면 돼.

예나를 바라보다가 서재로 걸음 옮기는 명주.
명주 나가면, 예나, 괴로운 얼굴로 작게 한숨 내쉬고.

#46. 명주의 집 서재 (밤)

서재 안으로 들어오는 명주. 재문에게 핸드폰 전화 건다.

재문(E) 예, 이사장님.
명주 내일이 2차 대금 지급일이에요. 오늘 안에 본관 전체를 뒤집어서라도
무조건 찾으세요.

살짝은 초조한 얼굴로 핸드폰 내리는 명주.
책상 위 노트를 보면, 지금까지 구절을 풀기 위해 노력한 흔적들 역력
하고.

#47. 수아모의 가게 (밤)

한자리에 모여 감자탕과 밥 먹고 있는 안 팀장과 영훈, 미정.

영훈 (밥 먹으며, 남 일인 양) 인터넷 보셨어요? 어디 고등학교에 웬 삼십 대
미친놈이 학생인 척했다던데?
미정 세상에, 웬일이야. 변태래?
안팀장 이렇게 보면 세상 말세라니까? 다 큰 놈이 뭔 할 짓이 없어서 참... (쯧
쯧 고개 젓는데)
해성 (밥 먹으며) 그거 난데?

세 사람 보면, 이제야 보이는 테이블 한쪽, 밥 먹고 있는 해성이 보이고...
헐... 벙찐 얼굴로 해성을 보는 세 사람. 그러거나 말거나 평온히 밥
먹는 해성인데,

수아 (서빙 차림으로 해성의 앞에 공깃밥 놔주는) 많이 먹어.

해성	땡큐. (한 그릇 더 먹으려 하면)
안팀장	(정신 차리곤) 아니 아니 그만 먹고 얘기 먼저. 그니까 이... 지금 인터
	넷에 찌라시 돌고 있는 게 너라고.
영훈	(핸드폰 보는) 애들 앞에서 대놓고 커밍아웃 하셨네?
해성	국정원 요원인 건 얘기 안 했다. (안 팀장에게) 잘했죠.
안팀장	(뒷목 잡는) 아, 피 올라온다. (영훈에게) 나 물, 물.
미정	갑자기 왜 그르셨어요.
해성	서명주가 나랑 수아, 아니 선생님 사진 갖고 있어서 어쩔 수 없었어.
	나 때문에 민간인이 피해 보게 할 순 없잖아.
안팀장	너 솔직히 말해 봐. 수아샘이랑 뭐 있지.
수아	(지나가며 해성의 앞에 화채 놓아주는) 서비스.
해성	고마워.
영훈	있네.
미정	쌍방이네.
해성	(큰 헛기침, 진지한 톤으로 말 돌리는) 어쨌든 중요한 건 이게 아니에
	요. 오늘 밤 금괴 확보하지 못하면 서명주한테 뺏길 수도 있어요.
미정	오늘 밤 금괴 확보를 저희가 무슨 수로요?
안팀장	학교는 이사장이 지키고 있고 우린 대기발령이야. 영장을 칠 수 있는
	것도 아니고 움직이긴 힘들어.
영훈	다시 몰래 들어가기엔 보안도 빡세졌을 거고요.
해성	맞아. 그래서 우린 지금부터, 당당하게 학교를 들어갈 거야.
세사람	(갑자기 뭔 소리?, 해성 보는)
해성	(다 죽었어... 씨익 웃음 짓는 데서)

#48. 명주의 집 서재 (밤)

태블릿 피씨로 교육시티 관련 뉴스 기사들을 보고 있는 명주.

'계속 미뤄지는 교육시티 준공, 이유는 자금난?'

명주, 책상 위 노트를 본다. 구절을 풀기 위해 노력한 흔적들을 바라
본다.

명주   어딨는 거야 대체...

노트에 필기한 내용들 펜으로 직직 선 긋다가, 솟구치는 짜증에 쫙쫙
마구 선 긋다가, 신경질스레 확 노트를 던져 버리는 명주.

#49. 회상, 명주의 집 앞 (밤)

세차게 부는 찬바람 속, 슬립 차림에 맨발로 서 있는 고등학생 명주.
손에 들고 있는 성적표엔 '**서명주**', '**전교 석차 2등**' 적혀있고.
추위에 덜덜 떨며 서 있는 고등학생 명주의 모습. 그 위로

명주부(E) 1등하기 전까진 이 집에 발붙일 생각조차 하지 마.

#50. 명주의 집 서재 (밤)

순간 떠오른 괴로운 옛 기억에, 눈 감고 한숨 고르는 명주.
그러다 문득 태블릿 피씨 보면, 눈에 띄는 뉴스 기사.
'**병문재단 서명주 대표의 흉상이 놓이기로 한 곳은 여전히 쓸쓸한 공
터로 남아있는...**' 물끄러미 뉴스 기사를 보는 명주. 어느 순간 번뜩 떠
오르는 생각.

명주   본인을 대표하는 것... 본인을 상징하는 것...

기사 속 단어 '**흉상**'을 보는 명주의 표정. 그 위로

사람들(E) 뭐?!

#51. 수아모의 가게 (밤)

놀란 얼굴로 해성을 바라보는 안 팀장과 미정, 영훈.

해성   왜요? 이상해?
영훈   (사람들 동의 구하듯) 이상한 건 둘째치고 이게... 이게 말이 되는 거
         예요?
안팀장   백번 양보해 말이 된다 쳐도 우리론 안 돼. 서포트할 인력 당장 어디
         서 구할 거야.
미정   김 국장 몰래 하는 거라 회사에 헬프 칠 수도 없고요.
해성   (작게 한숨 내쉬며 고민에 잠기는데)
수아모(E) 제가 도와드릴까요?

해성과 사람들 돌아보면, 화사한 미소 띤 채 서 있는 한 사람. 수아모다?

해성   어머님이요?
수아   (다가와) 주문 밀린 거 안 보여? 여기서 뭐 해.
수아모   님들에 대해선 딸한테 대충 얘기 들었어요. (해성 보는) 우리 애 지켜
         줘서 고마워 정 서방.
해성,수아 (정 서방?, 당황스레 서로 바라보고)
수아모   (사람들 보는) 작전 꾸미는 데 사람 필요하시다며. 몇 명이면 돼요?

#52. 불법 오락실 (밤)

각각 기계 앞에 앉아 게임 중인 덩치들.

잠시 후, 위풍당당 안으로 들어오는 한 사람. 가죽잠바에 선글라스 걸친 수아모다…!
일제히 하던 일 멈추곤 수아모에게 다가가는 덩치들.
덩치들, 험상궂게 수아모 노려보다가, 갑자기 어느 순간!

덩치들   (90도 인사) 식사하셨습까, 누님!
덩치1   (덩치들 사이에서 비집고 나와) 아이고, 누님. 은퇴하신 분이 이런 누추한 곳까진 어떻게.
수아모   간만에 우리 봉천동 피통닭파. (선글라스 벗곤) 일 하나 같이하자.

#53. 명주의 집 앞, 병문고 복도 교차 (밤)

멈춰 서있는 명주의 차. 그 앞엔 기사가 서 있고.
핸드폰 통화하며 밖으로 나오는 명주. 차량 뒷좌석에 올라타며,

명주   초대 이사장님 흉상. 금고가 있는 곳은 흉상이에요.

병문고 복도. 1층 로비를 향해 걸음 옮기며 핸드폰 통화 중인 재문.

재문   흉상 들어내겠습니다.
명주   지금 학교 갈 거예요. 중장비 동원해서라도 당장 진행시키세요.

#54. 수아모의 가게 앞 (밤)

벙찐 표정의 해성과 수아, 국정원 사람들. 옆엔 선글라스 쓴 수아모가 서 있다.
그들 앞엔 양복 차림의 덩치들이 사열종대로 모여 서 있고…

해성	어머니 과거 알고 있었어?
수아	이제 알았고 안 개기려고.
안팀장	(미정에게) 근데 왜 이름이 피통닭파야?
미정	피바다는 촌스럽고 그때 사장님 통닭집 했대요. 그래서...
영훈	양념통닭파라 할 순 없으니까요.

영훈의 말에 일동 멈칫, 험상궂게 영훈을 노려보는 덩치들.
수아모 또한 슥 영훈을 바라보고...

영훈	...죄송합니다.
수아모	(덩치들에게, 우렁찬) 준비됐지?! 가자아!!
덩치들	예, 누님! (일제히 저쪽에 멈춰 서있는 승용차들에 오르는)
수아모	(부드러운) 그럼 요원님들? 이따 봬요~. (수아에게, 카리스마) 넌 따라올 생각 말고 집에 가 있어라.
수아	(경례 붙이는) 알겠습니다, 어머님.

사람들, "이따 뵙겠습니다.", "안전 운전하세요." 수아모에게 정중히
인사 올리고.

안팀장	후우... 뭔 폭풍 한바탕 쓸고 간 거 같네. 우리도 출발할 테니까 현장에서 보자.
해성	금방 갈게요.
영훈	(??) 정 선배는 왜 같이 안 가고...
미정	넌 쫌 분위기 쫌...! (영훈의 옆머리 붙잡곤 끌고 가는)

걸음 옮기는 안 팀장과 영훈, 미정. 이제 가게 앞엔 해성과 수아 두 사
람뿐.

수아	이제 정말 끝인가 보네? 학생 정해성 보는 건?

해성	(피식 웃고)
수아	그렇게 생각하니까 왠지 아쉽기도? 너 교복 은근히 잘 어울렸는데.
	...넌 어때? 애들이랑 헤어져서 아쉽거나 그런 거.
해성	애들 바쁘잖아. 나 같은 건 금방 잊어버릴 거야.
수아	(기억해주길 바라고 있구나, 해성 바라보고)
해성	...가볼게. (차에 타려 하는데)
수아	해성아.
해성	(멈칫, 수아 보는)
수아	(나름의 데이트 신청) 이 작전 잘 끝나면... 밥이나 먹자.
해성	(??) 방금 밥 먹었잖아.
수아	아니 그런 밥 말고.
해성	무전기 주파수 문자로 보내줄게. 그래도 파트넌데 공유는 해야지.

차에 올라타는 해성. 시동 걸곤 차 출발시킨다.
떠나가는 해성의 차 바라보며 미소 짓는 수아.

#55. 명주의 차 안 (밤)

도로를 달리고 있는 명주의 차. 초조한 얼굴로 뒷좌석에 앉아있는 명주.
핸드폰 진동 울린다. 명주 보면, 재문에게 온 전화.

명주	(받는) 흉상 들어냈나요?
재문(E)	이사장님, 빨리 여기 와보셔야 될 거 같습니다.
명주	(무슨 일이지 싶은)

#56. 병문고 교문 (밤)

끼익 멈춰 서는 명주의 차. 차에서 내리는 명주. 놀라 보면, 멈춰 서있는 검은 승용차들. 그리고 양복들(수아모의 부하들)이 재문, 경비원들과 대치 중인 모습 보이고.

수아모 (장군님 포스) 이 자식들 여기서 밤샐 거야?! 빨리빨리 들어가서 잡아야 된단 거 몰라?!

명주 (수아모에게 다가가) 제 학교에서 무슨 소란이죠?

해성(E) 얘기는 저랑 하시죠.

명주 보면, 다가오고 있는 정장 차림의 두 사람. 해성과 안 팀장이다.

해성 서명주 이사장님.

명주 지금 이게 다... 뭐 하는 짓거리일까?

해성 미리 말씀 못 드려 죄송합니다. (국정원 신분증 보여주는) 국정원에서 나왔습니다. 다름이 아니라 병문고에 간첩이 침투했단 첩보가 들어와서요.

안팀장 (부끄러움에 차라리 눈 감아버리고...)

명주 (잘못 들었나 싶은) 방금 뭐라고...?

해성 전문용어론 남파공작원. 대남정보수집을 목적으로 이제 막 인천 앞바다를 건너왔단 첩보입니다.

인서트

병문고 교정. 수풀 속에서 모습 드러내는 한 사람.

위장크림과 길리슈트 차림의 영훈이다...!

명주 (피식) 재밌는 짓을 하시네. (김 국장에게 핸드폰 전화 거는)

#57. 골프연습장 (밤)

골프 연습에 매진 중인 김 국장.
옆에 공 팀장은 "국장님 나이샷!" 호들갑스레 물개 박수 치고 있고.
테이블 위 진동 울리는 김 국장의 핸드폰. 'S'에게 온 전화.
지나가며 자연스레 핸드폰을 가져가는 누군가. 미정이다.

미정   (받는, 내연녀 톤) 여보세요? 형배 오빠 샤워 중인데. 사모님이세요?

#58. 병문고 교문 (밤)

명주   (핸드폰 내리는, 기가 차 말도 잘 안 나오는) 지금 이딴, 이딴 허접한
        방법으로 나를... (하는데)
해성   첩보의 진위 여부는 저희가 조사 후 판단하겠습니다. 그동안 이사장님
        은 안전을 위해... (명주의 차 가리키는, 타 있어라)
명주   지금 일어나고 있는 모든 일... 각오는 하고 벌인 일이길 바래요.
해성   뭘 또 부담스레 제 걱정까지. 오늘 지나면 그쪽이 각오하셔야 될 거
        같은데.
명주   (재문에게) 사람 불러요. 지금 당장.
재문   (떨어진 곳으로 가서 어딘가로 전화를 거는)
안팀장   이쪽으로. (명주의 팔 잡으려 하면)
명주   (건들지 마라 안 팀장의 손 치우곤, 자신의 차 향해 걸음 옮기는)
안팀장   (명주 사라지면, 그제야 미치겠네...) 야, 이거 사람 부른다는데 괜찮
        겠냐?
해성   그러게요, 클났네.
안팀장   (당황) 어?
해성   (명쾌한) 빨리 찾아올게요. 고종 황제의 금괴.

#59. 병문고 본관 앞 (밤)

걸음 옮겨 본관 건물 앞에 다다르는 해성.

해성, 잠시 본관 건물 바라보다가, 현관문 열곤 안으로 들어간다.

#60. 병문고 1층 (밤)

걸음 옮겨 서병문의 흉상 앞에 다다르는 해성.

해성(E) 내가 서병문이라면. 수수께끼와 보물찾기를 좋아했다면. 직접 괴담을 만들고 이를 푼 사람에게만 금괴에 접근을 허락했다면.

흉상을 바라보는 해성.

해성(E) 당신 호기심 많은 사람이잖아. 당신은 죽어서도 보고 싶었을 거야. 내가 만든 퍼즐을 푸는 사람이 누군지, 그게 내 후손일지 아님 나랑 아버지 같은,

해성 모든 걸 바로잡고 싶은 사람일지.

해성, 다가가 흉상을 붙잡는다. 짧게 심호흡, 이내 힘껏 힘을 주면, 해성의 힘을 따라 함께 움직이기 시작하는 흉상.

해성(E) 첫 번째는 구관.

해성, 구관 쪽을 향해 흉상을 돌리면, 이내 흉상 안에서 들려오는, 철컥, 무언가 잠금이 풀리는 소리.

해성(E) 두 번째는 학생회실.

해성, 학생회실을 향해 흉상을 돌리면, 또 한 번 안쪽에서 철컥 소리

들려오고.

해성(E)   세 번째, 음악실.

음악실을 향해 흉상을 돌리면, 역시나 들려오는 철컥 소리.

해성(E)   구슬 품은 자 붉은 해 향하면,

해성, 마지막으로 흉상을 동쪽을 향해 돌리면,
잠시 후, 드르륵 소리와 함께 뒤로 밀려나기 시작하는 흉상 받침대.

해성(E)   황금 빛나리.

이윽고 모습을 드러내는 무언가. 받침대 밑에 숨어있던, 지하로 향하는 계단이다...!
해성 계단을 내려가면, 잠시 후 서병문의 흉상, 드르륵 원위치를 찾아가기 시작한다.
해성이 돌려놨던 흉상의 방향도 다시 현관문을 바라본다.
아무 일도 없었다는 듯 적막만이 가득한 병문고 1층. 그리고 서병문의 흉상.

#61. 병문고 지하 복도 (밤)

저쪽에 보이는 커다란 문을 향해 걸음 옮기는 해성.
해성, 힘껏 문을 열면, 서서히 모습을 드러내는 서병문의 비밀 금고.

#62. 병문고 비밀금고 (밤)

안으로 들어오는 해성. 문 근처에 있던 조명 전원을 올린다.
환하게 밝아지는 금고 내부.
해성, 금고 중앙 쪽을 본다. 표정 심각해진다.

해성　　　(무선 이어폰 누르는) 정해성입니다.
안팀장(E)　(지지직 노이즈 섞인) 어떻게 됐어. 찾았어?
해성　　　처음부터 금괴... 없었던 거 같아요.

이제야 보이는 금고 내부. 아무것도 없이 텅 비어있다. 금괴는 온데간
데도 없다.

#63. 수아의 집 방 안 (밤)

이어폰 꽂은 채 책상 의자에 앉아있는 수아.
책상 위엔 무전 공유 프로그램이 깔려있는 노트북이 놓여있다.
금괴가 없다고? 놀란 수아의 표정.

안팀장(E)　무슨 말이야. 금괴가 없다는 게 대체...

#64. 병문고 비밀금고 (밤)

지지직 노이즈 들려오다가 뚝 끊기는 무전.
해성, 금고 안을 둘러보기 시작한다. 천천히 걸음 옮기다가 멈칫, 한
쪽을 본다.
벽에 기댄 채 앉아있는 무언가. 백골시신이다.
백골을 향해 다가가는 해성. 시신을 살핀다. 그리고 본다.
백골의 손목, 어렸을 적 자신이 아버지에게 선물한 캐릭터 시계...

그토록 찾아 헤매던 아버지. 이젠 볼 수도 말할 수도, 웃을 수도 없는
아버지.
아버지의 시신 바라보는 해성의 모습에서...!!

- 10화 끝 -

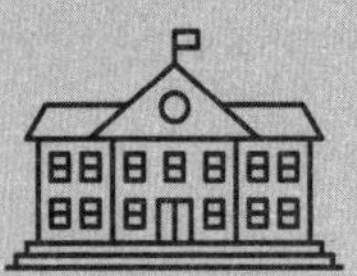

11화
제가 끝내야 할 문제예요

#1. 병문고 교문 (밤)

교문 일각에 서 있는 안 팀장과 미정.
명주는 한쪽 멈춰 서있는 자신의 차 안 뒷좌석에 타 있다. 차 옆엔 재
문이 서 있고.

미정   금괴가 없다는 게 무슨 말이에요?
안팀장   (난감한) 무전이 끊어져서 자세한 건 못 들었어. 해성이가 나와 봐야
          알 거 같다.
미정   (푸우... 한숨 내쉬고)
안팀장   해성이랑 연락되기 전까진 최대한 시간 끌어야 돼. 특히 서명주한텐
          이 정보 절대 새 나가지 않게...

          하는 그때, 속속 도착하는 몇 대의 검은 승용차. 각각 차에서 내리는
          수 명의 양복들.

안팀장   야야야, 올 것이 왔다.
미정   어쩌죠?

차에서 내리는 명주. 양복들을 대동한 채 안 팀장과 미정에게 다가가,

명주   장난은 여기까지예요. 아님 끝까지 가보든가.
안팀장   (어쩔 수 없다 싶은, 미정에게) …사장님한테 말씀드려서 비키라 해.

학교 안으로 걸음 옮기는 명주와 재문.
미치겠다 싶은 안 팀장과 미정.

#2. 병문고 1층 (밤)

안으로 들어오는 명주와 재문.
두 사람, 흉상이 뒤로 물러나 있는 걸 본다.
비밀금고다. 잠시 지하로 향하는 계단 바라보다가… 재문과 함께 계
단 내려가는 명주.

#3. 병문고 비밀금고 (밤)

금고 안으로 들어오는 명주와 재문. 해성과 백골시신은 어디론가 사
라진 상황.
명주, 금괴는 온데간데없이 텅텅 비어있는 금고를 본다.

명주   (충격에 말 잇지 못하는) …이게 뭐야.

터덜터덜 앞으로 걸음 옮기는 명주.

명주   아냐, 이건. 이게 이럴 리가… 이게 뭐야!!

명주, 경악스런 절규 터뜨리고.

#4. 해성의 집 거실 (밤)

불 꺼진 어두운 거실.
탁자엔 아버지의 재킷과 옷, 캐릭터 시계, 유골이 담겨있는 함이 놓여
있다.
물끄러미 어렸을 적 자신과 아버지가 함께 찍은 사진 바라보며 있는
해성.
해성, 그렇게 잠시 사진 속 아버지 바라보며 차분한 슬픔 속에 있다
가... 손에 쥐고 있는 무언가를 본다. 찌그러진 총탄이다.

플래시백 10화 64씬 연결
아버지의 백골시신 근처에 떨어져 있던, 찌그러진 총탄을 줍는 해성.

꾸욱 찌그러진 총탄 손에 쥐는, 복수를 다짐하는 해성의 모습에서.

#5. 장례식장 전경 (낮)

#6. 장례식장 빈소 (낮)

환하게 웃고 있는 아버지의 영정 사진.
해성, 사진 속 아버지 바라보며 있으면, 잠시 후 해성에게 다가오는 수아.

수아   아버님 좋은 곳으로 가셨을 거야.
해성   (사진 속 아버지 바라보고)

수아   너 이렇게 힘들어 하는 거... 아버님 보시면 슬퍼하실 거야, 해성아.

해성   (사진 바라보고)

수아   그니까 뭐라도 먹자. 아님 조금이라도 쉬든가. 응?

해성   괜찮아. 걱정 고마워.

수아   (해성 보면)

해성   정말 괜찮아.

잠시 해성 바라보다가... 조용히 해성의 옆에 앉는 수아.
해성, 그저 물끄러미 아버지의 사진 바라보고...

#7. 장례식장 식당 (낮)

사람 하나 없이 휑한 테이블 자리들.
테이블 한쪽, 무거운 분위기 속 소주 마시며 앉아있는 미정과 영훈, 장여사.

영훈   선배 아버님 정황상 타살인 거죠?

미정   정확한 건 감정 나와 봐야 알겠지만 총탄이 나왔으니까. (자기 잔에 소주 따르는) 그 안에 왜 계셨는진 조사해 봐야 되고.

영훈   ...저흰 뭐한 걸까요.

미정   (영훈 보는)

영훈   (울컥한 마음에 울먹이는) 그 빌어먹을 금괴 찾겠다고 지금까지 생고 생했는데... 결과가 이러는 건 선배가 너무... (차마 말 잇지 못하고)

장여사   (영훈 토닥이며 위로해주고)

미정   (씁쓸한 얼굴로 영훈의 잔에 술 따라주고)

영훈   처음부터 없었던 거면 그때 금괴 사진은요? 분명 우리 확인했잖아.

미정   미끼가 아니었나 싶다. 우리 팀 작전 투입시키기 위해 국장님이 만든 가짜 미끼.

| 영훈 | (쓰게 소주 마시는) |
| 장여사 | (비어있는 테이블 자리들 보는) 그나저나 아저씨 가는 마지막 길인데 |

자리가 너무 휑하다. 그래도 좀 북적북적해야 해성이한테도 위로될
텐데.

무거운 분위기 속 앉아있는 미정과 영훈, 장 여사인데, 그때 안으로 들
어오는 사람들.
조문객을 맞이하기 위해 일어서는 세 사람. 들어온 이들을 보곤 의외
라는 듯 표정 놀라고.

#8. 장례식장 빈소 (낮)

아버지의 영정 사진을 보며 앉아있는 해성. 그 옆에 앉아있는 수아.

| 장여사 | (빈소 입구에 서서) 해성아. |

해성과 수아 돌아보면, 빈소 안으로 들어오는 사람들. 유정과 예나,
친구들이다.
놀란 얼굴로 일어서는 해성과 수아.

해성	니들이 여긴 어떻게... (수아 보면)
수아	(난 아니다, 고개 젓고)
유정	애들이 오고 싶다 해서 데려왔어.
해성	(친구들 보는)
예나	(학생들에게) 아버님께 인사드리자.

해성부의 영정 사진 앞에 국화꽃 놓는 예나. 일동 묵념.
그사이 해성, 아이들 바라보다가, 아버지의 영정 사진 보며,

해성(E)　인사해요, 아버지. 제 친구들이에요.

해성의 어깨 두드리고, 안아주고… 각자의 방법으로 해성을 위로해주
는 아이들.
이제야 입가에 옅게 미소 짓는 해성.
수아, 그런 해성을 다행이라는 듯 바라보고.

#9. 장례식장 밖 (낮)

끼익 멈춰 서는 안 팀장의 차.
서류봉투 든 채 차에서 내리는 안 팀장. 급히 안으로 뛰어 들어가고.

#10. 장례식장 복도 (낮)

아무도 없는 복도. 마주 서 있는 해성과 안 팀장.

안팀장　(서류봉투 건네주는) 니 말대로 국장님 눈은 피했어. 국과수 말고 사
　　　　설에 맡겨 나온 감식 결과야.

봉투 안에서 **'탄피 감식 결과'** 서류 꺼내는 해성.
한 장 한 장 페이지를 넘기다 멈칫, 표정 차가워진다.
서류 내용, **'9mm 구경 글록17에서 발사된 것이 유력.'**

해성　　글록 세븐틴에서 발사된 총탄.
안팀장　22년 전 당시 국정원 팀장급 이상만 쓰던 총기야.
해성　　그 당시 저희 아버지 팀장이면,

그때, 복도로 들어서는 근조화환. 리본에 적혀있는 이름. 김형배.
그 이름 바라보는 해성과 안 팀장.

안팀장 …그래서 나도 확인해봤는데, 2003년 10월 당시 국장님이 탄피분실
신고한 적이 있더라.

해성 (표정)

안팀장 아무래도 해성아, 국장님이 용의자 같다.

화환에 적혀있는 이름 바라보는, 살기 어린 표정의 해성.

#11. 국정원 김 국장 사무실 (밤)

불 꺼져 있는 어두운 사무실. 홀로 자리에 앉아있는 김 국장. 초조한
얼굴 표정.

#12. 명주의 집 거실 (밤)

테이블 위에 배달 음식이 잔뜩 놓여있다. 피자, 파스타, 치킨, 샐러드
등등. 와인 원샷하는 명주, 지켜보는 재문.

명주 (와인 들이켜고는) …금괴는 어디 있을까요.

재문 (표정 멈칫, 명주 보면)

명주 (강박적으로 생각하는 얼굴)

재문 (조심스레) 이사장님, 조사 결과 그 방은 처음부터 금고가 아니었다
합니다.

명주 (다시 와인 따르는)

재문 초대 이사장님께서 친일 인사들 간 야합을 위해 만든… 일종의 비밀

회의룸 같은 곳이었다 합니다. 제 생각엔 그 당시 인사들이 초대 이사
장님께 드렸던 선물들이... 금괴로 와전된 것이 아닐까... (하는데)

명주　(와인 단숨에 들이켜고) 금괴는 있었어요.

재문　(보는)

명주　내가 알아. 분명 금괴는 있었어. 근데 어디 갔을까. 누가 가져갔을까.

재문　(걱정스런) 이사장님...

명주　...정해성.

재문　(보는)

명주　(게걸스럽게 음식들 퍼먹으며) 아~ 그놈 정말 대단해. 유능해. 인정.
아니, 그 짧은 시간에, 그 많은 금괴를, 어디로, 어떻게 빼돌린 거야?

재문　(보는)

#13. 국정원 김 국장 사무실 (밤)

책상 의자에 앉아있는 김 국장. 잠시 고민하다가, 결심한 듯 공 팀장
에게 핸드폰 전화를 건다.

공팀장(E)　예, 국장님.

김국장　인사팀 소집해. 안건은 국내4팀 정해성 요원에 대한 인사처분.

공팀장(E)　인사처분 사유는...?

김국장　그 자식이 사고 친 게 한두 개야? 어제 학교에서 벌인 일 포함해서 적
당히 몇 개 집어넣어.

핸드폰 내리는 김 국장. 어딘지 모르게 근심과 걱정 어린 표정.

#14. 명주의 집 거실 (밤)

초토화된 식탁 앞에 앉아있는 명주, 와인을 마시고 입을 닦는.

명주   교장 선생님, 어떻게든 내 금괴 다시 찾아오세요. 정해성을 납치하든
         고문하든, 수단과 방법을 가리지 말고.
재문   이사장님...
명주   교장 선생님... 이제 선생님도... 자신의 가치를 증명하세요.

         명주, 자리에서 일어나 식탁을 벗어나고,
         재문, 난장판이 된 식탁 옆에 우두커니 서 있고.

#15. 몽타주

/ 화장터 (낮)

화로로 들어가는 아버지의 관.
유리 너머로 그 모습 슬픔 속에서 바라보는 국내4팀, 수아와 수아모,
장 여사.
그리고... 아버지의 영정 사진 든 채 서 있는 해성.

/ 국정원 추모관 (낮)

새롭게 추가된 이름 없는 별. 그 별을 바라보며 서 있는 해성.
그때 문자 알림 진동 울리는 핸드폰. 해성 보면, 문자가 와 있다.
'현 시간부로 국정원 국내4팀 정해성 요원에 대한 파면을 결의함'
담담한 얼굴로 핸드폰 바라보다가 품에 넣는 해성.

/ 해성의 집 방 안 (낮)

장롱 깊숙한 곳에서 자신의 총기를 꺼내는 해성.
철컥 철컥, 탄창 안 총알과 노리쇠 점검하는 모습.

플래시백 2화 50씬

김국장   나중에 아버지 찾으면 뭐라 그러게. 작전 중 일 못해서 짤렸다 그러게?

마지막으로 철컥. 총기 점검을 끝낸, 서늘하고도 결연한 해성의 얼굴 표정.

#16. 해성의 집 앞 (낮)

해성의 집 대문 앞에 서 있는 수아.
수아, 대문 벨 누르려는 그때, 덜컹 문 열고 밖으로 나오는 해성.

해성   (수아 보면)

수아   어디 가게?

해성   무슨 일이야?

수아   (해성의 분위기 살피는) 아, 그… 밥 먹으러 갈래? 가게에 사람들 모여 있는데 팀장님이 너 데려오래.

해성   …나중에.

수아   (보는)

해성   나중에 간다 전해줘. (걸음 옮기는데)

수아   해성아.

해성   (멈칫, 수아 보면)

수아   괜찮은 거 맞지?

해성   …내가 너한테 말했었나?

수아   (보는)

해성   (미소로) …고마웠어. (걸음 옮기는)

수아   (그런 해성 보는, 마지막 말이 묘하게 걸리고)

#17. 수아모의 가게 (낮)

한자리에 모여 있는 안 팀장과 미정, 영훈. 그리고 수아모.

영훈 ...총탄 주인이 국장님 같다고요.

안팀장 지금까지 결과로는.

미정 (무거운 한숨) 대체 그날 무슨 일이 있었길래...

안팀장 (자신도 모르겠는, 작게 한숨 내쉬는데)

수아 (가게 안으로 들어오는) 저 왔어요.

수아모 왜 혼자야? 정 서방은.

수아 어디 갈 데 있대.

수아모 그래도 데려왔어야지, 상 치르고 기운 하나도 없을 건데.

수아 그럼 엄마가 직접 데려오든가. (냉장고 향해 가며) 가뜩이나 신경 쓰여 죽겠구만.

미정 신경 쓰이다니 뭐가요?

수아 ...해성이 마지막 말이요.

안팀장 (??, 수아 보는)

수아 저한테 고마웠대요. 무슨 꼭 멀리 가는 것처럼.

미정 (불길한) 팀장님, 설마 정 선배...

영훈 에이, 선배가 아무리 그래도. 설마 김 국장 머리에 총 막 들이대고 그러겠어요?

순간 싸-해지는 분위기 속, 서로를 바라보는 수아와 안 팀장, 미정과 영훈, 수아모.

#18. 승합차 안, 해성의 차 안 교차 (낮)

도로를 달리고 있는 승합차.

운전석엔 영훈, 조수석엔 안 팀장, 뒷좌석엔 수아와 미정이 앉아있고.

안팀장　(해성과 핸드폰 통화 중인) 해성아 우리 좀만 진정하고, 만나서, 만나
　　　　서 얘기하자.

해성의 차 안. 안 팀장과 핸드폰 통화하며 운전 중인 해성.

해성　　죄송해요 아저씨. 이 방법밖엔 없는 거 같아요.

안팀장　야, 그래도 니가 이러면은... 너 이럼 안 되는 거 알잖아...!

해성　　(결연한 표정)

안팀장　우리 차 돌리자 해성아. 다 같이 모여 상의부터 먼저 하고... (하는데)

해성　　제가 끝내야 할 문제예요. 따라오지 마세요. (전화 뚝 끊는)

안팀장　여보세요, 여보세요! (미정에게) 김 국장 어딨어.

미정　　(노트북 보는) 방산안보 컨퍼런스 땜에 인천 호텔이요.

수아　　(초조한 얼굴 표정)

더욱 속도를 내며 달리기 시작하는 승합차.

#19. 호텔 로비 (낮)

서류봉투 든 채 안으로 들어오는 해성. 안내데스크에 서 있는 직원1에
게 다가가면,

직원1　　반갑습니다, 무엇을 도와드릴까요?

해성　　국장님께서 서류를 놓고 가셔서요. 급한 건데 전화를 안 받으시네?

직원1　　투숙객님 성함은요?

해성　　김형배입니다.

직원1　　(키보드 두드리는) 김형배 님... 확인됐고 저희가 전달 드리겠습니다.

수화기 들고 객실번호 누르는 직원1. 1201호.
1201호. 바라보는 해성의 표정.

#20. 호텔 룸 안, 호텔 로비 교차 (낮)

호텔 전화기 울리면, 전화를 받는 공 팀장. 한쪽에선 김 국장이 서류
보며 앉아있고.

공팀장   예.
직원1   김형배 님께 전달 드릴 서류가 와 있습니다. 전달하신 분은 누구라고…

하며 해성 보면, 어느새 사라져 버린 해성.

#21. 호텔 복도 (낮)

엘리베이터 안에 들어가는 공 팀장.
엘리베이터 내려가면, 잠시 후 해성, 비상구에서 나와 룸을 향해 걸음
옮긴다.
성큼성큼 걸음 옮기는, 서늘한 얼굴 표정의 해성.

#22. 호텔 룸 안 (낮)

테이블 위 진동 울리는 김 국장의 핸드폰. 안 팀장에게 온 전화.
김 국장 전화 받으려 하는 그때, 띵동 울리는 호텔 룸 벨소리.
핸드폰 내려놓곤 문을 향해 걸음 옮기는 김 국장.

김국장   (문 열며) 카드키 안 갖고 나갔어?

김 국장 멈칫 보면, 서 있는 한 사람. 해성이다.
안으로 밀고 들어와 거세게 김 국장을 벽에 몰아붙이는 해성. 곧바로
총 꺼내 김 국장의 머리에 들이박으며,

해성   아버지한테서 당신 총탄이 나왔어.
김국장   !! (눈에 띄게 당황하는)
해성   왜 죽였어. 우리 아버지를 왜.
김국장   난... 난 죽은 줄 몰랐어. 최근까지도 나도 찾고 있었다고.
해성   개소리 닥쳐. 당신 처음부터 실종 아닌 거 알고 있었잖아.

슬금슬금 해성 몰래 손을 뻗는 김 국장. 호텔 전화기의 프런트 호출
버튼을 누르고.

#23. 호텔 로비 (낮)

안내데스크 앞. 직원1에게 서류봉투를 건네받는 공 팀장.
공 팀장 봉투 열어 보면, 그 안, 아무것도 안 들어있고.

공팀장   이거 전해준 사람 어디 갔어요?
직원1   갑자기 사라져서 저희도 잘...
공팀장   (뭔가 기분 꺼림직한데)

그때 벨소리 울리는 데스크 전화기.

직원1   1201호입니다. (전화 받는) 감사합니다, 로비입니다.
김국장(E) 정말이야, 이러지 마. 너 여기서 나 죽이면 뒷감당 못 해.

직원1   (표정 놀라 공 팀장 보면)

공팀장   (나한테 넘겨라 손짓, 수화기 건네받는)

김국장(E) 정해성 요원, 우리 진정하자. 진정하고 앉아서 얘기하자.

공팀장   !! (수화기 막곤, 직원1에게) 보안팀 불러요. 당장.

#24. 호텔 룸 안 (낮)

김국장   이러면 상황 더 악화될 뿐이야. 지금이라도 총 내리고... (하는데)

해성   (총구 더 세게 드밀며) 닥치고 말해. 2003년 10월 11일 아버지 죽던
          그날 밤 무슨 일 있었던 건지, 모든 진실을 말해.

          바싹 긴장한 채 해성을 바라보는 김 국장.
          해성, 그런 김 국장 죽일 듯 노려보고.

#25. 호텔 로비 (낮)

          급히 안으로 뛰어 들어오는 수아와 국내4팀 사람들. 멈칫 보면,
          "빨리 움직여!" 엘리베이터 향해 뛰어가고 있는 공 팀장과 보안들 여
          섯 정도가 보이고.

미정   한발 늦은 거 같은데요.

          큰일 났다 싶은 표정의 수아와 국내4팀 사람들.

#26. 호텔 룸 안 (낮)

김국장   아직 안 늦었어, 정해성 요원. 지금이라도 마음 돌리고... (하는데)

해성   셋.

김국장   ...!!

해성   둘.

김국장   (두려운 얼굴로 해성 바라보고)

해성   하나.

김국장   말할게!

해성   (김 국장 보는)

김국장   사실 그날... 그날 너희 아버지는,

그 순간 쾅! 문을 박차고 안으로 들어오는 공 팀장과 보안들.
공 팀장, 해성을 향해 총 겨눈 채,

공팀장   총 내려 정해성. 안 그럼 발포한다.

해성   (김 국장 노려보고)

공팀장   총 내려!

끓어오르는 분노로 김 국장을 노려보다가... 결국 총을 내리는 해성.
그런 해성을 붙잡아 바닥에 쓰러뜨리는 보안들.

공팀장   괜찮으십니까?

김국장   이 새끼 내 눈앞에서 치워. 당장 끌고 가!

#27. 호텔 복도 (낮)

땅-. 12층에 도착하는 엘리베이터.
엘리베이터 안에서 튀어나오는 수아와 국내4팀 사람들.
사람들 힐끔 모퉁이 너머 객실 복도 보면,

때마침 룸에서 나오고 있는, 보안들에게 붙잡힌 해성 보이고...!

공팀장 (뒤따라 나와) 경찰 오면 바로 인계할 수 있게 준비해. (해성에게) 새
끼가 미쳐가지고 국장님한테 총을.

김 국장한테 총을? 놀라 서로를 바라보는 수아와 국내4팀 사람들.
수아와 사람들이 있는 곳 반대 방향으로 해성을 끌고 가는 보안요원
두 명.
즉시 작전 회의 들어가는 수아와 국내4팀 사람들.

영훈 이제 어떡하죠?
안팀장 다음 일은 다음에 생각하고 일단 해성이부터 빼내자.
미정 그러려면 저 마운틴고릴라부터 재껴야 되는데 할 수 있을까요?
안팀장 (끄응... 어떡하지 싶은데)
수아 이렇게 해보는 건 어떠세요?

룸 앞 복도. 보안들의 어깨 두들겨주며 수고했다 격려해주는 공 팀장.
그때,

안팀장 (영훈과 미정과 함께 다가오는) 아이고, 공 팀장님. 여기서 뵙네요?
공팀장 대기발령 패거리가 여긴 웬일이냐?
안팀장 그냥 오다가다. 여기 세미나 있다길래.
공팀장 니들 혹시 정해성이 구하러 왔냐?
영훈,미정 (긴장한 얼굴로 복도 저쪽 바라보고)
공팀장 이봐, 이봐 이럴 줄 알았어. 같이 엮여서 조사받기 싫으면 가라. (보안
들에게) 야, 이것들 허튼짓 못하게 무조건 막아.
안팀장 (복도 반대편 보며) 어?! 송혜교다!
공팀장 (고개 확 돌리고) 어디?!

이야아아!! 소리 지르며 공 팀장과 보안들에게 달려드는 국내4팀 사
람들!
서로가 한데 뭉쳐 머리끄댕이 잡고 몸싸움 벌이고 난리도 이런 난리
가 없는데,
어느 순간 안 팀장, 뒤를 돌아보며!

안팀장   지금이야! 오 선생님!

안 팀장의 말이 끝나기 무섭게 저쪽 모퉁이에서 힘껏 달려 나오는 수아.
"헛!" 기합 넣으며 받침대 만들 듯 양손바닥 모으는 미정.
수아, 미정의 손바닥 밟으며 점프! 마치 허공답보하듯 영훈의 등과 안
팀장의 어깨, 공 팀장의 얼굴 밟으면서 스크럼을 뛰어넘는다!
이내 멋들어지게 착지! 해성이 사라진 방향을 향해 뛰어 나가는 수아!

공팀장   (그 모습 멍하니 보다가) 계속 느낀 건데 저분은 누구냐?
안팀장   우리 팀의 와일드카드.

#28. 호텔 계단 (낮)

보안들에게 양팔 붙잡힌 채 계단을 내려가고 있는 해성.

해성   가기 전에 화장실 한번 씁시다.
보안1   (해성이 수상한) 이럴 때 화장실 가면 꼭 무슨 일 생기던데.
해성   (뜨끔하지만) 무슨 말도 안 되는, 영화도 아니고. 그러지 말고 잠시만.
내가 뭘 짓을 하겠다는 게 아니라…

하는 그때, 갑자기 위에서 들려오는 수아의 목소리. "잠깐!!"
사람들 뒤돌아보면, 숨 헐떡이며 소화기를 들고 있는 한 사람. 수아다…!

해성   (엥?) 오수아?

수아, 대꾸 없이 이야아아! 보안들을 향해 소화기 난사하면!
!! 갑작스런 분말 공격에 허우적거리는 보안과 해성!
그 틈을 이용해 해성의 손 붙잡곤 계단 아래로 뛰어 내려가는 수아.

#29. 호텔 계단-2 (낮)

계단 뛰어 내려오다 걸음 멈추는 해성과 수아.

해성   뭐야, 뭐야? 니가 왜 여깄어?
수아   잠깐만 나 숨, 숨 좀 쉬고.
해성   (번뜩 떠오른) 팀장님도 같이 왔어? 우리 팀 전부?
수아   (괜히 열 뻗치고) 그래, 같이 왔다. 너 말리려고 나랑 니네 팀 전부 다
           같이 왔어.
해성   (세상에... 수아 보는)
수아   너 생각이 있니 없니. 아무리 화딱지 난다 해도 그렇지 어떻게 이렇게
           막무가내로... (하는데)
해성   미쳐버리겠다 증말... 따라오지 말랬는데 참 말 안 들어.
수아   무슨 말이야?

그때 계단 위쪽에서 들려오는 보안들의 목소리. "어디야?", "이쪽으로
내려갔습니다!"

해성   일단 튀자. (다시 계단 뛰어 내려가는)

#30. 호텔 로비 (낮)

비상구에서 로비로 튀어나오는 해성과 수아.
분말가루 잔뜩 뒤집어쓴 상태의 해성을 보곤 놀라는 사람들.

수아   …괜찮아. 자연스럽게 행동해.
해성   (황당히 수아 바라보고)
수아   가자.

밖을 향해 걸음 옮기는 해성과 수아.
한쪽에 서 있던 보안요원2. 어떤 공지가 내려온 듯 인이어에 집중한다.

무전(E) 강력범죄 용의자, 남녀 한 쌍 현재 호텔 내에서 도주 중.

주위를 살피다가 멈칫, 걸음 옮기고 있는 해성과 수아를 발견하는 보안2.

보안2   (해성과 수아에게 다가와) 실례합니다. 신원확인 부탁드립니다.

하나둘 해성과 수아에게 접근해 오는 보안들.
긴장하는 해성과 수아인데, 그때! 띵-! 때마침 옆에 있던 엘리베이터
문 열리고,
밖으로 나와 해성과 수아를 보호하듯 그들 앞에 서는 세 사람.
머리 산발에 엉망진창 몰골이지만 그 눈빛만큼은 비장한, 안 팀장과
영훈, 미정이다!

안팀장   여긴 우리가 막을게. 먼저 가라.
해성   (감동) 팀장님.
영훈   그동안 선배한테 묻어갔던 거, 여기서 싹 갚겠습니다.
해성   영훈아.
미정   걱정하지 말고 가세요. 이젠 우리가 선밸 지킬 차례니까.
해성   미정아.

안팀장　　아직도 안 가고 뭐 해! 어서 가. (해성이 반응 없자) 빨리 가라니…

하며 보면, 이미 저만치 달려 나가고 있는 해성과 수아 보이고…
그런 해성을 보는… 왠지 모르게 아쉬운 안 팀장과 미정, 영훈…

미정　　가란다고 진짜 가네.

그때, 머리 산발한 채 비상구에서 로비로 튀어나오는 공 팀장.

공팀장　　(보안들에게) 뭘 멀뚱히 보고 있어, 안 잡아?!

그 순간 퍽, 퍽, 퍽! 순식간에 쓰러지는 보안요원 세 명!
공 팀장 흠칫 놀라 보면, 방금까지와는 전혀 다른 분위기와 눈빛으로,
서로 등을 맞댄 채 서 있는 안 팀장과 미정, 영훈 보이고…!
호텔 출입문 열려다 멈칫, 걱정스레 세 사람을 보는 수아.

수아　　진짜 우리끼리 가도 돼?
해성　　내가 아는 우리 팀이라면.
수아　　(무슨 말인가 싶어 해성 보면)
해성　　우리 팀 특징이 뭔지 알아? 둘까지는 바본데 셋이 되면, (세 사람 보는)
　　　　　　일당백이 된다는 거.

일제히 세 사람에게 달려드는 보안들.
서로서로 막아주고 피해주고 때려주고 환상의 삼인조 호흡을 자랑하
며 보안들을 제압해 나가는 세 사람. 그 모습 입 떡 벌어져 바라보는
공 팀장과 수아. 웃음 짓는 해성.
결국 마지막 보안까지 쓰러뜨리는 세 사람. 위풍당당한 얼굴과 포즈
로 서 있으면,
"와아아!" 그들에게 쏟아지는 사람들의 박수와 환호. 짝짝짝 물개박수

치는 수아.
공 팀장은 슬며시 비상구 안으로 다시 들어가고...

안팀장   (손으로 얼굴 가리는) 어우야, 쪽팔린다. 가자, 가자.

세 사람 손으로 얼굴 가린 채 쪼르르 출입문 향해 가면,
"수고하셨어요." 지나가라 출입문 열어주는 해성.

안팀장   넌 치사하게 도와주지도 않고.
해성   셋이 잘하던데? 가, 가.

밖으로 나가는 안 팀장과 영훈, 미정. 그 뒤를 따라 나가는 해성과 수아.

#31. 병문고 이사장실 (밤)

책상에 앉아 업무를 보고 있는 명주, 앞엔 재문이 서 있다.

명주   (업무 보며, 무심히) 학교 장학제도와 사배자 지원금 전부 폐지하세요.
        등록금도 50프로 인상 책정하시고.
재문   (난감한) 이사장님 그럼 당장 다음 학기부터... 많은 학생들이 학교
        를 못 다닐 수도 있습니다. 그리되면 당연히 이사회에서도 문제 제기
        를 할 것이고... (하는데)
명주   그런 애들은 어차피 교육시티에 편입 못 하고 도태될 거예요. 미리 걸
        러낸다 치죠.
재문   ...이사장님, 외람되지만... 혹시 교육시티 자금조달 때문에 내린 결정
        이시라면..... 일단은 일보후퇴하시는 게 어떻겠습니까. 지금은 여론
        도, 국회상황도 좋지 않은 게 사실입니다. 잠시 숨을 고르시고 추후에
        기회를 만들어서 다시...

명주　　아뇨, 아뇨, 약해 빠진 소리! 약해 빠진 소리! 일보후퇴니, 추후니, 어
　　　　쩌니 저쩌니 하는 말들 다 약해빠진 놈들이 하는 소리예요. 시작을 했
　　　　으면 보란 듯이 끝을 봐야죠. 어떻게든 금괴 찾아오세요. 금괴만 찾으
　　　　면 다 해결돼.

재문　　(걱정스레 명주 바라보는)

#32. 해성의 집 거실 (밤)

소파에 앉아있는 국내4팀 사람들과 수아. 각각 반성하듯 공손한 자세
와 표정들...
그들 앞엔 해성이 쯧쯧쯧 한심하다는 듯 사람들 바라보며 서 있고.

해성　　그니까 님들 말은, 내가 국장님을 죽이려는 줄 알았다? 그래서 그렇게
　　　　우당탕쿵탕 쫓아오셨다? 아니 설마 내가 그 정도로 무식했겠냐고, 나
　　　　전교 10등이야...!

안팀장　(소심한 항변) 우린 정말 그런 줄 알았지이... 그럼 말이라도 그렇게
　　　　하지 말지 그랬어...

해성　　제가 무슨 말이요?

수아　　(해성 보는)

플래시백 11화 16씬

해성　　　...내가 너한테 말했었나?

수아　　　(보는)

해성　　　(미소로) ...고마웠어. (걸음 옮기는)

해성　　(하아... 할 말 잃고 잠시 있다가) 일단 저는 주윤발이 아니고요, 아버
　　　　지 장례식 발인까지 지켜봐줘서 고맙단 소리였어요.

국내4팀　(헐... 다 같이 수아 바라보면)

수아	(벌떡 일어나, 억울한) 야, 그럼 니가 말을 똑바로 했어야지, 목소리 깔고 그런 말 하면 사람 헷갈리지이~!
해성	아~ 그니까 선생님 말씀은 이게 다 제 잘못이다?
수아	내 잘못은 아니라고 봐.
해성	와, 이걸 이렇게 받으시네. (맷돌 굴리는 시늉) 제가 어이가 없습니다.
안팀장	됐어, 됐어. 그만, 그만. 그럼 김 국장은 왜 찾아간 거야. 것부터 말해 봐.
해성	아버지 현장에서 김 국장 총탄이 나왔지만 석연찮은 점이 있었어요.
안팀장	석연찮은 점?
해성	...서명주요.
사람들	...!!
해성	일전에 사망한 김현호 씨, 김현호 씨가 들고 있던 아버지의 수첩, 아버지의 죽음. 전부 병문고에서 일어난 일이에요.
사람들	(해성 바라보고)
해성	이런 생각을 해 봤어요. 저를 작전에 투입시킨 게 서명주와 김 국장이었다면, 과거 아버지를 투입시킨 것 역시 두 사람이 아니었을까.
사람들	(보는)
해성	만약 그렇다면, 만에 하나 아주 작은 확률일지 몰라도, 아버지 죽음에 서명주도 연관 있는 거 아닐까.
안팀장	(해성 보는)
해성	김 국장을 잡기 전에 제 생각이 맞는지 먼저 확인해야 됐어요. 그래서 직접 찾아가서... (사람들 바라보는 데서)

#33. 회상, 호텔 룸 안 (낮)

11화 22씬 연결

안으로 밀고 들어와 거세게 김 국장을 벽에 몰아붙이는 해성. 곧바로 총 꺼내 김 국장의 머리에 들이박으며,

해성   아버지한테서 당신 총탄이 나왔어.
김국장   !! (눈에 띄게 당황하는)
해성   왜 죽였어. 우리 아버지를 왜.

하며 자신의 핸드폰을 김 국장 핸드폰 옆에 놔두는 해성.
이내 각자의 핸드폰 액정에 뜨는, 서서히 차오르기 시작하는 복사 게이지.
해성의 핸드폰에서 김 국장의 핸드폰으로 해킹 프로그램이 복사되는 느낌.

김국장   난... 난 죽은 줄 몰랐어. 최근까지도 나도 찾고 있었다고.
해성   개소리 닥쳐. 당신 처음부터 실종 아닌 거 알고 있었잖아.

#34. 해성의 집 거실 (밤)

영훈   김 국장 핸드폰을 좀비폰으로요.
해성   도청이랑 위치추적 필요하면 문자와 전화까지 전부 통제할 수 있게.
         서명주랑 연관성이나 그날 무슨 일이 있었는지 알기 위해선 이 방법 밖엔 없었어.
안팀장   김 국장이 뜻대로 움직여 줄까?
해성   총탄 나왔다고 발등에 불은 붙였습니다. 어떤 식으로든 반드시 끄려 할 거고 그때 분명 뭔가 나올 거예요.

#35. 호텔 룸 안 (밤)

테이블의자에 앉아있는, 초조한 얼굴 표정의 김 국장.

해성   아버지한테서 당신 총탄이 나왔어.

김국장   (핸드폰 전화 거는) …나야. 내일 세미나 참석 취소해.

#36. 병문고 교무실 (낮)

자리에 앉아 업무 중인 수아와 리안.

수아   (피곤한 듯 하품하면)

리안   웰케 피곤해 보여? 주말에 못 쉬었어?

수아   어마어마한 일이 있었습죠. 아주 그냥 하루 종일 도파민 돌아서 잠을
못 잤네.

리안   (수상쩍게 수아 보는) 이거 이거 냄새나. 정해성 씨랑 뭐 있었지.

수아   갑자기 웬 씨?

리안   서른한 살이라며. (샤랄라한 시선으로 허공 보는) 나는 그 공개고백
아직도 꿈에 나온다. (수아 보며, 해성 흉내) 좋아해. 내가 많이. 우리
키스할까?

수아   뒤엔 약간 확대재생산 같은데? 그리고 리안샘이 해성이 꿈을 왜 꿔요.

리안   (억울한) 왜, 꿈은 자유잖아.

수아와 리안 장난스레 투닥거리고 있으면,
잠시 후 교무실 안으로 들어오는 광두.

광두   선생님들 주목! 이사장님한테 특별지시사항이 내려왔어요.

수아   (무슨 일인가 싶은)

#37. 병문고 해성의 반 (낮)

어수선한 분위기 속, 각자 모여 웅성대고 있는 학생들.

윤철　이게 말이 되는 거야? 뭔 놈의 학교가 갑자기 이딴 식으로 나오는 게 어딨어!

범식　(걱정스런) 야, 이동민. 너 괜찮겠냐?

동민　아니. 큰일 난 거 같아.

윤철　동민이만 아니라 우리 다 문제거든? 와, 이거 진짜 다음 학기 난민 되게 생겼네.

예나와 유정이 앉아있는 자리. 두 사람 앞엔 채린과 수진이 앉아있고.

채린　어으, 없어보이게 호들갑들은. 까짓거 등록금 50프로 오르는 게 뭔 대수라고.

유정　(어두운 얼굴 표정)

수진　채린아, 눈치 챙기자.

채린　!! 아, 미안, 유정아, 내가 그런 뜻이 아니라...

애써 웃음 짓지만 어두운 표정 숨길 수 없는 유정.
예나, 그런 유정을 바라보다가, 살며시 유정의 손 잡으며,

예나　괜찮아. 너무 걱정하지 마.

유정　(애써 미소로 예나의 손 꼭 잡는)

#38. 병문고 교무실 (낮)

수아, 굳은 얼굴로 자리에 앉아있으면,

리안   (조심스레) 수아샘 이건 노파심에 하는 말인데... 이걸로 이사장님 찾
        아가거나 그러진 않을 거지?

수아   (자리 박차고 일어나 성큼성큼 밖으로 나가는)

광두   (자기 자리에서) 오 선생 또 어디가?!

리안   (아이고야...)

#39. 병문고 이사장실 (낮)

교육시티 모형도를 소중한 듯 하나하나 꼼꼼히 닦고 있는 명주. 잠시
후 노크 소리.

명주   네~.

수아   (안으로 들어와 명주 바라보면)

명주   (수아 보곤, 다시 모형도를 닦으며) 우리가 약속을 잡았던가요?

수아   드릴 말씀이 있습니다.

명주   (외면한 채 계속 모형도를 닦는)

수아   지원금 전면 삭제에 등록금 50% 인상 방침, 재고해 주십시오.

명주   (수아 보는)

수아   이대로면 아이들의 30프로, 아니 40프로 정도는 다음 학기 학교를 못
        다닐 수도 있습니다. 적어도 최소한 150명 이상의 학생들이요.

명주   (무시하고 다시 모형도를 닦는)

수아   같은 학군 어디에도 그 많은 학생들 한 번에 받아줄 학교, 없습니다 이
        사장님. 자칫 잘못하면 아이들이 학교 자체를 못 다니는 교육 난민이
        될지도... (하는데)

명주   그래서요?

수아   여긴 학교입니다, 이사장님. 모두에게 공평한 기회를 주고 배움을 통
        해 더 나은 방향으로 나아갈 수 있게 하는 곳이요.

명주   세상은 원래 불공평해요. 왜 그걸 모른 척하지? 선생님만 해도 그렇

잖아. 같은 교무실 쓰고 있지만 누구는 정교사, 누구는 기간제. 내 학
교에 다니려면 조건은 간단해요. 유능. 그게 부모의 능력이든, 돈이
든. 권력이든, 스펙이든.

수아　(더 이상 말이 안 통한다는 걸 느낀) ...교육자가 되겠다 했을 때, 다짐
했던 것이 있습니다. 자기 이득을 위해 아이들을 외면하는 정신 나간
어른만큼은 되지 말자.

명주　세상엔 계급이 있고, 차별이 있고, 등수가 있어요. 이건 그냥 인류의
본성이야. 아이들에게 노력해서 될 것과 안 될 것을 미리 구분시켜 주
는 것. 남의 것 넘보지 말고 자기 처지 안에서 최선을 다하도록 독려
해주는 것. 저는 이게, 진정으로 어른이 해야 할 일이라 생각해요.

수아　...교육은, 차별과 구분 없이 모두가 어울려 살 수 있는 세상을 만드
는... (하는데)

명주　제발 '모두' 같은 무책임한 소리. 지키지도 못할 약속 남발하지 마세요.
그런 공허한 약속 때문에 애들이 더 상처받는 거야, 그걸 왜 모르지?

수아　이사장님 저는... (말 꺼내려 하는데)

명주　책임져주지도 않을 거면서 어설픈 평등의식이나 심어주는 오 선생 같
은 어른이야말로 진짜 위선자야. 착한 척, 순진한 척, 정의로운 척 지
키지도 못할 약속이나 남발하는 나르시스트! 위선자!!

수아　...나치 독일에 장애우가 없던 이유.

명주　(바라보고)

수아　그 이유와 지금까지 이사장님의 말씀, 뭐가 다른 건지 모르겠네요.
(밖으로 나가다가 멈칫) 아, 독재자의 말로가 얼마나 비참한진 알고
계실 겁니다. 히틀러가 권총 자살 전 마지막으로 본 모습이 (명주의
옆에 놓여있는 전신 거울 보는) 거울 속 자신이었다는 것도요.

결연한 얼굴로 밖으로 나가는 수아.
명주, 전신거울을 본다. 수아의 말 전혀 타격 없다는 듯 옷 정돈과 머
리 정돈, 다시 열심히 교육시티 모형을 닦기 시작하는 데서.

#40. 병문고 교무실 (낮)

안으로 들어와 자신의 자리로 걸음 옮기는 수아.
수아, 자신의 가방을 챙긴다. 그대로 밖으로 나간다.
그런 수아를 이러지도 저러지도 못하고 걱정스레 보는 리안.

#41. 병문재단 건물 앞 (낮)

끼익 멈춰 서는 택시. 뒷좌석에서 내리는 수아.
수아, 건물 입구 보면, 병문재단 현판이 붙어있다.
잠시 그 현판 바라보다가 건물 안으로 걸음 옮기는 수아.

#42. 병문재단 건물 로비 (낮)

성큼성큼 안내데스크를 향해 걸음 옮기는 수아.

수아   (서 있는 직원에게) 이사회에 드릴 말씀이 있습니다. 서명주 이사장에
대해서요.

#43. 명주의 집 앞 (밤)

멈춰 서는 김 국장의 차. 차에서 내리는 김 국장. 급히 명주의 집 벨을
누르고.
띵동, 띵동.

#44. 해성의 집 거실 (밤)

헤드폰을 쓰고 있는 해성. 그 앞엔 도청 프로그램이 깔려있는 노트북 놓여있다.
헤드폰에서 들려오는, 명주의 집 대문 벨소리. 띵동, 띵동.
이내 대문 열리는 소리와 김 국장의 발걸음 소리. 그러다가 잠시 후,

명주(E)   연락도 없이 웬일이세요?

#45. 명주의 집 거실 (밤)

소파에 앉아 차 마시고 있는 명주. 그 앞엔 김 국장이 서 있고.

김국장   정재현이 백골시신에서 제 총탄이 나왔습니다.
명주   (담담히 차 마시는) 그래요?
김국장   타살 증거가 나온 이상 정해성, 가만있지 않을 겁니다. 그전에 저희가
먼저 정해성을 처리해야... (하는데)
명주   절대. (찻잔 내려놓는) 금괴 찾기 전엔 절대 안 돼요.
김국장   (기가 차 명주 보다가, 결국) 이대로 두면 제가 곤란해집니다.
명주   국장님 반백살이에요. 앞가림 정돈 혼자 할 때 아닌가?
김국장   뭐라고요?
명주   (일어서는) 정해성은 내가 알아서 해요. 그동안 국장님은 총탄이나 신
경 쓰는 걸로.
김국장   (명주 노려보는) 당신이 이럼 안 되지.
명주   (보면)
김국장   나한테 이래선 안 되는 거야.
명주   무슨 말씀하시는 건지?
김국장   당신이잖아. 재현이 니가 죽였잖아.

#46. 해성의 집 거실 (밤)

해성   …!!
김국장(E) 당신이 정재현 요원을 죽였어.

#47. 명주의 집 거실 (밤)

김국장   총을 쏜 건 당신이야. 재현이를 죽인 건 당신이라고!

#48. 과거, 해성의 집 밖 (밤)

2화 55씬 연결
대문을 나와 걸음 옮기는 해성부. 그때,

어린해성 (대문 밖으로 나와) 아빠! 이거 가져가야지. 아빠 수첩.

아버지에게 스티커가 붙어있는 낡은 수첩을 건네는 어린해성.
고맙다는 듯 미소로 어린해성의 머리 쓰다듬는 해성부. 걸음을 옮긴다.
어느 순간, 뒤돌아 아들을 보며 손을 흔든다.
웃으며 손 흔드는 어린해성. 대문이 닫힌다.
걸음 옮겨 자신의 차에 올라타려 하는 해성부. 그때,

김국장   재현아.

해성부 멈칫 보면, 김 국장이 뒷짐 진 채 천천히 다가오고 있고.

해성부   (경계) 팀장님께서 여긴 어쩐 일로.

김국장   그냥 뭐... 조용한 데서 얘기나 나눌 수 있을까 해서.

해성부 보면, 이제야 보이는 김 국장의 한쪽 손, 자신에게 총을 겨누고
있고.

해성부   ...역시 팀장님이었군요. 서명주랑 내통하고 있는 사람.
김국장   생각해 보면 인생이 그래, 재현아. 그놈의 돈이 뭐길래.
해성부   (바라보고)
김국장   그 정도 금괴면 적은 돈도 아니고... 이해해 줄 거라 믿는다.

#49. 과거, 병문고 옥상 (밤)

난간 밖 학교를 바라보며 서 있는 명주. 옆엔 재문이 서 있다.
잠시 후 안으로 들어오는 해성부와 김 국장.
김 국장은 여전히 해성부에게 총 겨눈 상태.

명주   우리 김재영 선생님, 아니 정재현 요원. 진작 애기 나눴어야 했는데
          미안해요.
해성부   인사는 됐고 용건이나 말하시죠.
명주   학생들이 왜 좋아하나 했더니 이유가 있었네. 성격이 시원시원해.
해성부   (바라보고)
명주   내 금괴 어딨어요?
해성부   무슨 금괴?
명주   (픽 냉소)
김국장   재현아, 우리 좋게 가자. 어디 있는지만 말해.
해성부   ...금괴는 처음부터 없었어.
김국장   !!
명주   (안 믿는, 담담히 해성부 바라보고)

해성부   초대 이사장 서병문이 만든 비밀금고. 애초에 그 안엔 아무것도 없었
        다고. 지금까지 모든 건 당신의 미친 망상이 만든... (하는데)

명주   시현이라 했던가요? 요원님 아들.

해성부   !! 내 아들한테 손끝 하나만 댔다간...! (발끈해 달려들려 하면)

그런 해성부를 제압하며 바닥에 찍어누르는 재문.
해성부, 이 악문 채 명주 노려보면, 명주, 재문에게 일으켜 세워라 손짓.

명주   마지막으로 물을게요. 어딨어.

해성부   (어쩔 수 없다 싶은) 어딨는지 알려주기 전에, 원하는 거 하나만 들어
        주십시오.

명주   뭐든지요.

해성부   제가 원하는 건 하나입니다. ...당신들의 이 더러운 협잡모의가 만천
        하에 드러나는 것.

말이 끝나기 무섭게 빠른 속도로 김 국장의 팔을 꺾는 해성부.
바닥에 떨어지는 김 국장의 총.
재문, 해성부에게 달려들려 하면, 해성부, 재빨리 명주를 붙잡곤 목에
펜을 겨누고.

명주   뭐 하는 짓이에요?

해성부   당신이 그토록 바라던 것.

김국장   (총 주워들곤 해성부 겨누는)

명주   쏘지 마!

해성부   당신은 영원히 못 찾아.

명주를 확 밀치곤 뒤돌아 달리기 시작하는 해성부. 그런 해성부를 겨
누는 김 국장.
하지만 차마 쏘지 못하는... 결국 방아쇠 당기지 못하고 총 내리는데,

그 순간 김 국장의 총을 빼앗는 명주. 망설임 없이 방아쇠를 당긴다.
탕-! 탕-!

김국장   (명주 저지하는) 무슨 짓입니까! 진짜 죽일 셈이에요?!
명주   (오히려 김 국장이 이상한) 그러려고 쏜 건데?
김국장   ...!!
명주   어차피 금괴는 학교 안에 있어요. (총 건네주는) 국고 환수시키느니
        숨통 끊는 게 나아.
김국장   (두려운 얼굴로 명주 보는)
명주   안 잡으러 가고 뭐 하세요?

#50. 과거, 병문고 1층 (밤)

현관문 열고 안으로 들어오는 해성부. 복도로 통하는 문으로 나가려
다가 멈칫,
유리문 너머 보면, 재문과 양복들이 곳곳을 수색하며 다가오고 있다.
해성부 본관 2층을 보면, 역시나 몇몇 양복들이 곳곳을 수색 중인 모
습이 보이고.
숨을 곳을 찾아 주위를 두리번거리다 멈칫, 서병문의 흉상을 바라보
는 해성부.

(경과)
1층 한곳에 모이는 재문과 양복들.

재문   아직 못 찾았어?
양복1   죄송합니다.
재문   멀리 못 갔을 거다. 찾아.
양복1   예. (다른 양복들과 함께 흩어지는)

재문   (어디로 갔을까... 심각한 얼굴로 주위 둘러보고)

#51. 과거, 병문고 비밀금고 (밤)

금고 안으로 들어오는 해성부.
해성부, 비어있는 금고를 의미심장한 얼굴로 바라보는데, 순간 찾아
오는 통증에 휘청.
자신의 배를 보면, 피가 흘러나오고 있다. 명주가 쏜 총이 사실은 배
에 맞았던 것.
걸음 옮겨 한쪽에 앉는 해성부. 자신의 운명을 직감한 듯 작게 한숨.
손목의 캐릭터 시계를 보면, 12시가 지났음을 알리는, 순간 바뀌는 날짜.

해성부   ...약속 지키려 했는데.

점점 옅어져 가는 호흡. 서서히 눈감는 아버지의 모습에서.

#52. 명주의 집 거실 (밤)

김국장   당신이 죽여 놓고 이제 와 나보고 다 안고 가라. 그렇게는 못 하지.
명주   그래요, 내가 죽였어. 비록 그땐 죽은 건 몰랐지만 어쨌든.
김국장   (노려보고)
명주   근데 증거가 있나요? 내가 정재현에게 총을 쐈단 증거, 국장님 갖고
            계시냐고.
김국장   (아무 말 못 하고 명주 노려보고)
명주   영치금은 넉넉히 넣어드릴게요. 감옥에서 돈 없으면 무시당한다던데
            그럼 내가 미안하잖아.
김국장   당신 말대로 증거는 없어. 하지만 남아 있는 게 있지. 살아있는 증인

의 진술.

명주　　(표정 서늘해지고)

김국장　재밌겠네요. 살인자가 만든 교육시티. 완성이나 될 수 있을까 몰라?
　　　　(걸음 옮기다 멈칫, 명주 보는) 아, 그리고. 정해성이 말입니다. 자기
　　　　아버지가 어떻게 죽었는지 꽤 많이 궁금해하더라고? 그래서 내가 알
　　　　려주려고.

명주　　(그런 김 국장 바라보고)

명주를 노려보다가 밖으로 나가는 김 국장.
그런 김 국장을 바라보다가... 핸드폰 들어 재문에게 전화를 거는 명주.

명주　　저예요. 정해성 입 열게 할 방법 찾은 거 같애.

#53. 명주의 집 밖 (밤)

밖으로 나와 자신의 차에 오르는 김 국장. 빠르게 출발하는 김 국장의 차.

#54. 해성의 집 거실 (밤)

드디어 마주하게 된 진실.
해성, 헤드폰을 벗는다. 일어선다. 차 키를 챙겨 밖으로 나간다.

#55. 김 국장의 차 안, 해성의 차 안 (밤)

도로를 달리다가 끼익, 갓길에 차를 멈춰 세우는 김 국장.
김 국장, 클락션 마구 울리며 분통 터뜨리는데, 어느 순간 울리는 핸드

폰 진동. 해성에게 온 전화다.

김국장　(의외라는 듯 번호 바라보다가, 전화 받는)

도로를 달리고 있는 해성의 차. 핸드폰 통화하며 운전 중인 해성.

해성　서명주한테 버림받은 기분 어떻습니까?
김국장　너 지금 무슨 소릴... (멈칫, 자신의 핸드폰 보는)
해성　만나서 얘기 나누시죠. 어디로 갈까요.
김국장　...너한테 할 말이 많아. 장소 문자 보내줄 테니 바로 오도록 해.

핸드폰 통화 끊는 해성. 결연한 얼굴로 액셀 꾹 밟고.

#56. 한강 다리 밑 (밤)

일각에 멈춰 서는 해성의 차. 차에서 내리는 해성.
해성 보면, 저쪽, 멈춰 서있는 김 국장의 차가 보인다.
성큼성큼 김 국장의 차 운전석을 향해 걸음 옮기는 해성.
해성, 멈칫 차 안을 본다. 이내 표정 얼어붙어 운전석 문 열면,
그안, 칼에 찔려 피투성이 된 채 숨 몰아쉬고 있는 한 사람. 김 국장이다...!

해성　국장님.

핏발 선 눈으로 해성을 바라보다가... 이내 툭 떨어지는 손. 절명하고
마는 김 국장.
그런 김 국장을 얼어붙은 채 바라보는 해성인데,
순간 퍽! 야구방망이로 해성의 뒤를 가격하는 누군가.
갑작스러운 공격에 그대로 기절하고 마는 해성.

#57. 수아의 집 방 안 (밤)

책상 위 펼쳐져 있는 대자보. **'병문고는 누구를 위한 학교인가.'**
결연한 얼굴로 대자보를 쓰고 있는 수아.
'아이들의 꿈을 짓밟지 말아 주십시오. 교육은 특권이 아닌 권리입니다. 서명주 이사장의 일방적 학교 정책은 지극히 부당한 처사이자 학생들의 권리를 빼앗는...'
수아, 계속해 글을 써 내려가다가 툭, 책상 한쪽에 놓여있던 머그컵 건드리면,
쨍그랑! 바닥에 떨어져 산산조각 나는 머그컵.
왠지 모를 불길함. 깨진 머그컵 바라보는 수아의 표정.

#58. 한강 다리 밑 (아침)

김 국장의 차 안. 정신을 잃은 채 조수석에 앉아있는 해성.
그런 해성의 모습 위로 들려오는, 시끄럽게 조수석 차창을 두드리는 소리.
애써 힘겹게 눈을 뜨는 해성. 운전석을 본다. 절명한 김 국장이 앉아있다.
그리고... 자신의 손에 들려 있는 칼, 옷에 묻어있는 피.
바깥엔 자신을 향해 총을 겨눈 채 소리치고 있는 형사들.
이 모든 상황이 너무나도 혼란스러운 해성인데,
그 순간, 와장창 조수석 문을 깨부수는 형사들. 억지로 해성을 끌어내 바닥에 눕힌다.

조형사   (해성의 손목에 수갑 채우는) 김형배 씨 살인혐의로 현장에서 긴급체포합니다. 변호인을 선임할 수 있으며 변명할 기회가 있고, 불리한 진술 거부할 수 있습니다. 아시겠습니까?

해성   (혼란스러운 표정에서)

#59. 병문고 복도 (낮)

핸드폰 든 채 울먹이며 교무실 향해 달려가는 유정.

#60. 병문고 교무실 (낮)

교사회의 중인 수아와 광두, 리안, 선생님들. 그때,

유정   (안으로 들어와) 선생님!!

수아에게 다가와 핸드폰 보여주는 유정.
수아와 선생님들 보면, 뉴스가 나오고 있다.
뉴스, 해성이 형사들에게 붙들려 경찰서에 들어가는 모습. 그 밑에 자막,
'상급자 보복 살인 혐의 전직 국정원 요원 긴급체포'

수아   ...!!
기자(E)   오늘 아침 전직 국정원 요원 정 씨가 상급자 김 씨를 흉기로 살해한 혐
           의로 현장에서 긴급체포 됐습니다.

#61. 병문고 해성의 반 (낮)

다 같이 모여 핸드폰으로 뉴스 보고 있는 예나와 학생들.

기자(E)   최근 자신의 파면과 관련, 김 씨에게 앙심을 품어온 정 씨는 어젯밤 김

씨를 만나 말다툼을 벌이다 격분, 미리 준비한 흉기로 김 씨를 살해한
혐의를 받고 있습니다.

#62. 마트 (낮)

장바구니 든 채 핸드폰 뉴스를 보고 있는 장 여사. 충격과 경악.

기자(E) 경찰은 김 씨의 정확한 사망원인을 밝히기 위해 국립과학수사연구원
에 부검을 의뢰하는 한편, 정 씨에 대한 구속영장을 신청할 계획이라...

#63. 해성의 집 거실 (낮)

급히 거실 안으로 들어오는 안 팀장과 미정, 영훈.

안팀장 해성이 저렇게 된 건 어제 분명 뭔가 있어서야. 어젯밤 행적 중심으로
단서 될 만한 건 뭐든 찾아.

미정 (노트북으로 다가가, 도청 프로그램 보곤) 팀장님.

노트북 향해 다가가는 국내4팀 사람들.

미정 (녹취파일 아이콘 가리키는) 여기, 녹취파일이요.

안팀장 (녹취파일 마우스 더블클릭하면)

김국장(E) 당신이 정재현 요원을 죽였어.

사람들 ...!!

#64. 해성의 집 앞 (낮)

해성의 집 앞에 멈춰 서는 경찰차들. 차에서 내리는 조 형사와 형사들.
몇몇 형사들은 품에 커다란 경찰 박스를 들고 있고.

#65. 해성의 집 거실 (낮)

녹취파일 플레이가 끝나면, 그제야 깊은 한숨 내쉬며 마른세수를 하
는 안 팀장.

미정   대충 각 나오네요. 두 사람 얘기 듣고 김 국장 만나러 갔다가,
영훈   거기서 함정에 빠졌다.

이를 어찌해야 하나 싶은 안 팀장. 그때 거실 안으로 들어오는 조 형
사와 형사들.
국내4팀 사람들, 놀라 형사들 바라보면,

조형사   (영장 보여주는) 김형배 씨 살해혐의로 정해성 씨 자택 압수수색 시작
하겠습니다.
영훈   예?!
안팀장   (미정에게, 작게) 서명주 녹취파일.

미정, 노트북 키보드 두드리면, 노트북에 꽂혀있던 USB로 파일 이동
게이지 뜨고.
(노트북 양옆 포트에 USB 각각 하나씩 꽂혀있단 설정입니다)

조형사   세 분은 참고인 조사 위해 서로 동행 부탁드립니다. (옆에 형사1에게)
시작해.
영훈   (시간 끄는) 잠시만요, 뭐가 그렇게 급해~. 아이고, 박스 많이도 갖고
오셨다. 제가 도와드릴까?

미정	(초조한 얼굴로 이동 게이지 다 차길 기다리고)

미정　　(초조한 얼굴로 이동 게이지 다 차길 기다리고)

조형사　이러시면 공무집행방해입니다. 일어나세요.

안팀장　(슬쩍) 미정이는 어때? 다리 아프다면서 일어날 수 있겠어?

미정　　(됐다!) 가시죠. (하며 한쪽 USB 뽑는 순간)

조형사　잠깐.

미정에게 다가가 USB를 빼앗는 조 형사. 걸렸다 싶은 미정의 표정.
"나가시죠." 국내4팀 사람들을 끌고 나가는 형사들.
나머지 형사들은 닥치는 대로 물건들 쓸어 담으며 압수수색 진행한다.
의미심장한 얼굴로 슥 거실을 한 바퀴 둘러보는 조 형사.

#66. 병문고 이사장실 (낮)

책상 의자에 앉아있는 명주. 앞엔 재문이 서 있다.

재문　　정해성 자택 샅샅이 뒤졌습니다만 금괴는 없었다 합니다.

명주　　(작게 한숨 내쉬는) 대체 어디다 숨긴 거야...

재문　　(그런 명주 보다가, USB 건네주는) 압수수색 중 나온 물건입니다. 정
　　　　해성이 김 국장 핸드폰을 도청하고 있었던 거 같습니다.

명주　　(살짝 놀라 보다가, 피식) 조 형사한테 수고했다 전해주세요. 수고비
　　　　적당히 챙겨주시고. (뜨거운 커피잔에 USB 떨어뜨리는)

재문　　이번엔 정해성이 빠져나오기 어려울 거라 생각됩니다만... 앞으로 어
　　　　찌하실 생각이신지...?

명주　　금괴를 갖고 있는 사람은 정해성이에요.

재문　　(명주 보는, 표정)

명주　　덫을 놔서 잡았으니까, 배 한번 갈라보죠.

#67. 경찰서 취조실 (낮)

자신의 손목에 수갑을 보며 앉아있는 해성.
이제야 판이 어떻게 돌아가고 있는지 알겠는... 피식 웃음, 한쪽 매직
미러 보며,

해성　　　어이, 밥 먹고 합시다.

#68. 수아모의 가게 (밤)

마주 서 있는 수아와 수아모.

수아모　　정 서방이?!
수아　　　경찰이 조사 중이래. 엄마 어떻게 경찰 쪽에 아는 사람...

하며 엄마 보면, 수아모, 어딘가에 핸드폰 전화 걸고 있고.

수아　　　(엥?) 어따 전화 중?
수아모　　이대로 가만있을 순 없잖아, 경찰서라도 털어야지. ...어, 난데, 당장
　　　　　애들 전부...
수아　　　(핸드폰 뺏어 끊어버리곤) 이제 그만 폭력의 시대에서 벗어나자?
수아모　　그럼 어떡해! 정 서방 억울하게 놔둬?
수아　　　(작게 한숨 내쉬는, 자기도 뭘 해야 할지 모르겠고)

#69. 경찰서 취조실 (밤)

자리에 앉아 설렁탕을 먹고 있는 해성.

국물까지 쭉 들이켜곤 식판 한쪽에 치우면, 잠시 후 안으로 들어오는
누군가.

해성   (이미 누군지 짐작한) 조금만 일찍 오시지.

해성의 맞은편에 앉는 한 사람. 다름 아닌 명주다.

해성   그럼 같이 먹었을 건데.
명주   상태 안 좋을 줄 알았는데, 괜찮아 보이네요?
해성   웬만한 거에 기죽는 스타일이 아니라.
명주   여전히 파이팅 넘치시고,
해성   죄가 없으니까. 이사장님이 잘 아시잖아.
명주   희망적이기까지. 사람이 필요 이상으로 희망적이면요, 정해성 씨. 그
       거만큼 불행한 일도 없답니다.
해성   (바라보고)
명주   잘될 거다, 문제없다. 포기 안 하면 이길 수 있다. (냉소) 희망은 악이
       에요. 고통을 연장시키기 때문에 모든 악 중 최악의 악.
해성   프리드리히 니체.
명주   역시 똑똑해. 예전에도 정해성 씨 같은 분이 한 분 계셨어요.
해성   (보는)
명주   자기가 곧 죽을지도 모르고, 쓸데없이 고집부리다 금고 안에서 객사
       한 사람.
해성   (서늘한) 아버지 얘긴 올리지 말지?
명주   무서워라. 그럼 다른 걸 올려볼까요? 금괴 어디로 빼돌렸어요?
해성   (뭐?, 명주 보는)
명주   평생 살인자 낙인찍히기 싫으시잖아. 말씀해주시면 누명 벗겨드릴게.
해성   (명주 보다가) ...왜 내가 갖고 있다 생각하지?
명주   당신이 갖고 있으니까.
해성   (명주 보는, 표정)

명주   (단호히, 확신으로 해성 바라보는)

해성   우리 이사장님, 괴물이 되셨네.

명주   (보는)

해성   그깟 교육시티가 뭐라고. 뭐가 당신을 이렇게 만들었을까.

표정 멈칫, 잠시 해성을 바라보는 명주. 그 위로

명주부(E) 아버지라 부르지도 마라. 2등이나 하는 너 따윈 내 딸이 아니야.

명주   ...난 인정받은 사람이니까.

명주부(E) 저런 모자란 애한테 재단을 맡겨야 한다니.

명주   난 최고이고,

명주부(E) 자식을 하나 더 낳았어야 했어.

명주   수많은 사람들 중 선택을 받았으니까.

해성   (보는)

명주   나한텐 이 나라의 교육을 걱정할 의무와 책임이 있어. 난 앞으로 100년
       대한민국을 이끌어 갈 최고의 인재들을 내 손으로 키울 거야. 그게 내
       꿈이고, 그래서 사업은 완성돼야만 해.

해성   ...당신의 그 말 같지도 않은 꿈.

명주   (보는)

해성   그 꿈 때문에 지금도 피해 입는 아이들, 당신 때문에 죽은 사람들은.

명주   난 먼 길 떠나는 마차야. 벌레 몇 마리 밟히는 거쯤이야.

해성   당신의 꿈은 꿈이 아니야. 욕망이고 집착이지.

명주   (타격 없는) 그렇다 치자. 자, 그럼 다시 물을게요. 내 금괴 어딨어요?

해성   ...당신의 망상 속.

명주   (해성 보다가, 작게 한숨) 역시 피는 못 속인다니까. 나쁜 건 유전이
       돼. (일어서는) 앞으로 정해성 씨 주변 사람들, 재밌는 일이 많이 일어
       날 거예요.

해성   ...!!

명주   약속드리죠. 다음엔 정해성 씨가 절 찾게 될 거예요. 제발 그만해주세

요, 만나주세요. 물어보는 건 다 대답해드릴게요. 울면서 저한테 빌게
될 거예요.

해성 사람들은 건들지 마.

명주 (피식) 너 건드렸으면 넌 진작에 죽었어.

해성 (분노로 명주 노려보는)

명주 눈에서 빔 나오겠다. (나가는) 제 번호 그대로니까 연락해요~.

혼자 남은 해성. 분노 가득 서린 표정에서.

#70. 경찰서 밖 (밤)

조 형사와 형사1에게 양팔 붙들린 채 밖으로 나오는 해성.
구치소 호송 승합차에 오르는 해성과 형사들.

#71. 호송 승합차 (밤)

도로를 달리고 있는 호송 승합차.
운전석엔 호송관, 뒷좌석엔 해성이 조 형사와 형사1 사이에 앉아있고.

해성 … 일단 미안합니다.

형사1 뭐?

해성 조금 아플 거예요.

말 끝나기 무섭게 퍽! 형사1의 얼굴을 팔꿈치로 가격하는 해성.

조형사 이 새끼가!

권총을 꺼내는 조 형사. 그런 조 형사의 팔을 꺾어 권총 떨어뜨리게 만드는 해성.

위태롭게 비틀거리는 승합차 속, 이어지는 형사들과 해성의 격투.

운전석의 호송관, 백미러로 그 모습 당황스럽게 바라보고.

결국 형사들을 제압하는 데 성공하는 해성. 떨어져 있던 권총 집어 들곤 천장을 향해 탕! 탕! 공포탄 두 발을 쏜다. 곧바로 호송관을 겨눈다.

해성 이제부터 실탄이다. 차 세워.

호송관 (이러지도 저러지도 못하겠고)

해성 차 세워!!

그 순간! 빠아앙-! 경적을 울리며 다가오는 맞은편 차!

호송관, 일촉즉발의 상황 속에서 급히 핸들을 꺾으면!

끼이이익! 승합차 도로를 벗어나 비탈길 너머로 굴러떨어지고...! 쿵!

#72. 비탈길 (밤)

전복된 승합차 안. 힘겹게 눈을 뜨는 해성. 머리에선 피가 주르륵 흐르고.

해성, 기절한 조 형사의 품을 뒤진다. 수갑 키를 꺼내 수갑을 푼다.

고통에 신음하며 힘겹게 승합차 밖으로 몸을 꺼내는 해성. 비틀비틀 걸음 옮겨 어둠 속으로 사라지는 데서.

#73. 병문고 이사장실 (밤)

심각한 얼굴로 핸드폰 내리는 재문.

재문, 책상 의자에 앉아있는 명주 보면, 명주, 기가 찬 듯 피식 웃음 짓고.

#74. 건물 화장실 (밤)

벌컥 문 열고 안으로 들어오는 해성. 머리와 셔츠는 피로 범벅이 되어
있고.
해성 세면대 물을 트는 순간, 갑자기 삐- 울리는 머릿속 이명.
벽에 몸 기댄 채 쏟아지는 고통 참아내는 해성.

#75. 거리, 공중전화 교차 (밤)

심란한 얼굴로 걸음 옮기고 있는 수아.
그때 진동 울리는 수아의 핸드폰.

수아   (모르는 번호다, 받는) 여보세요?

으슥한 곳 공중전화. 애써 정신 붙잡으며 수아와 통화 중인 해성.

해성   ...나야.
수아   !! 해성이? 해성이니?
해성   미안해. 전화 걸 데가 너밖에 없더라.
수아   어떻게 된 거야? 니가 왜 밖에...
해성   (점점 정신 잃어가는) 수아야, 나 좀 도와주라.
수아   너 어디 다친 거야? 어딘데, 바로 갈게. (택시 잡기 위해 손 뻗는)

대롱대롱 흔들리고 있는 공중전화 수화기.
정신 잃은 채 쓰러져 있는 해성.

수아   여보세요? 해성아. 정해성!

다급한 얼굴 표정의 수아.
공중전화 박스 안 기절한 채 쓰러져 있는 해성.
해성과 수아, 두 사람의 모습에서...!!

- 11화 끝 -

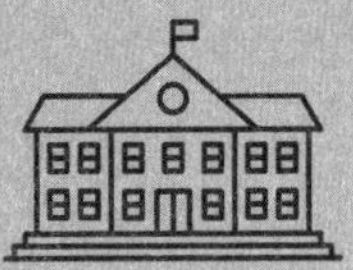

12화
이제, 다 같이 죽는 거예요?

#1. 거리, 공중전화 교차 (밤)

심란한 얼굴로 걸음 옮기고 있는 수아.
그때 진동 울리는 수아의 핸드폰.

수아   (모르는 번호다, 받는) 여보세요?

으슥한 곳 공중전화. 애써 정신 붙잡으며 수아와 통화 중인 해성.

해성   …나야.
수아   !! 해성이? 해성이니?
해성   미안해. 전화 걸 데가 너밖에 없더라.
수아   어떻게 된 거야? 니가 왜 밖에…
해성   (점점 정신 잃어가는) 수아야, 나 좀 도와주라.
수아   너 어디 다친 거야? 어딘데, 바로 갈게. (택시 잡기 위해 손 뻗는)

대롱대롱 흔들리고 있는 공중전화 수화기.
정신 잃은 채 쓰러져 있는 해성.

| 수아 | 여보세요? 해성아. 정해성! |
| 해성 | (기절한 채 쓰러져 있고) |

핸드폰으로 **'공중전화 위치'**를 검색하는 수아. 때마침 수아의 앞에 멈
춰 서는 택시.
수아, 급히 택시에 올라타고.

#2. 경찰서 밖 (밤)

경찰서 밖으로 나와 빠르게 걸음 옮기는 안 팀장과 영훈, 미정.

안팀장	서명주가 그린 그림인 건 확실해. 해성이 누명 벗기는 게 최우선이니
	까 증거부터 찾자.
영훈,미정	예.

그때 진동 울리는 안 팀장의 핸드폰. 안 팀장 보면, **'공진상'**에게 온 전화.

안팀장	(받는) 야, 나 바쁘거든? 할 얘기 있음 나중에... (걸음 멈칫, 심각한)
	...해성이가 뭐?
영훈,미정	(??, 안 팀장 보면)
안팀장	(심각한 얼굴로 두 사람 바라보고)

#3. 공중전화 (밤)

"저기요, 저기요", 자신을 흔드는 손길과 목소리. 서서히 눈을 뜨는 해성.
해성 앞을 보면, 30대 남녀 커플이 빤히 자신을 보며 서 있고.

남자	괜찮으세요?
해성	(힘겹게 일어서는) 예, 괜찮습니다. 잠깐 어지러워서. (비틀하면)
여자	그냥 계세요. 구급차 불러드릴게요. (119에 핸드폰 전화 거는)
해성	(표정 긴장)
남자	사고가 크게 났나 봐요. 머리에 피가...
해성	예, 좀... (여자에게) 구급차 괜찮습니다, 제가 병원 갈 테니까... (하는데)
여자	여보세요? 예, 여기 사람이 다쳤어요, 빨리 와주세요. 여기 지금 장소가... (주위 둘러보는)

힘겨운 와중에 표정 긴장하는 해성인데, 그때 근처 도로에 멈춰 서는 택시 한 대. 차에서 내리는 한 사람. 수아다.

수아	진수야. (해성에게 다가가 부축하는) 진수야 괜찮아? 여기서 뭐 해.
여자	(핸드폰에) 잠시만요. (수아에게) 아는 분이세요?
수아	저희 반 학생이에요. (해성 부축하며) 신경 써주셔서 감사합니다. 병원은 제가 데려갈게요.
남자	예, 그러시다면. (여자에게 눈짓)
여자	(핸드폰에) 아무것도 아니에요. 죄송합니다.
수아	걸을 수 있겠어? 우리 택시까지만 가자.

해성을 부축해 택시로 향하는 수아.

#4. 모텔 전경 (밤)

동네 일각에 위치한 평범한 모텔.

#5. 모텔 객실 안 (밤에서 아침으로)

식은땀 흘리며 침대에 누워 잠들어 있는 해성.
해성의 상처 치료해주고 땀 닦아주고, 해성을 간호해주고 있는 수아.
해성, 잠결에 인상 찡그리면, 수아, 그런 해성의 손 따스히 잡아주고.
한결 편해진 듯 호흡에 안정 찾는 해성.
수아, 해성의 손 잡은 채 그저 오래도록 해성 바라보고.

(경과)
아침. 침대에 누워 잠들어 있다가 햇살에 눈을 뜨는 수아.
수아, 몸 일으킨 채 부스스한 눈으로 주위 둘러보면,
탁자 쪽, 믹스커피 담은 종이컵에 커피포트 물 담고 있는 해성 보이고.

해성	일어났어?
수아	언제 일어났어?
해성	한 시간 전쯤? (종이컵 건네는) 커피?
수아	땡큐. (호로록 커피 마시다가, 번뜩 정신 차리는) 아니 이게 아니지?
	어제 어떻게 된 거야? 니가 왜 밖에 있어?
해성	(담담한) 구치소 호송 중 탈출했으니까?
수아	뭐?!
해성	우리 아버지 죽인 사람 서명주였어.
수아	...!!
해성	(수아 바라보는 데서)

#6. 병문고 이사장실 (아침)

무거운 분위기 속, 책상 의자에 앉아 **'병문재단 임시 이사회 소집 공고문'**을 보고 있는 명주. 그 앞엔 재문이 서 있고.

재문	아무래도 재단에서... 이사장님의 교육시티 관련 행보를 심각하다 판

단한 거 같습니다.

명주　(이사회 안건 중 **'이사장 해임 건의안'** 보는, 표정)

재문　우호적이던 이사진들까지 등을 돌리고 있는 분위기입니다. 더 이상은 버티기가... (하는데)

명주　정해성은요?

재문　계속 경찰이 수색 중입니다. 지명수배까지 내려진 터라 오래 버티진 못할 겁니다.

명주　서두르세요. 반드시 금괴 찾아야 돼.

재문　(명주 보는, 표정)

명주　이제 답은 것밖에 없어. (나가라 손짓)

그런 명주를 보다가, 결국 꾸벅 인사, 밖으로 걸음 옮기는 재문.
재문, 이사장실 문을 열려다 멈칫, 뒤돌아 명주를 바라본다.

재문　(안타까이 명주 보다가) 이사장님?

명주　(재문 보면)

재문　전 이사장님이... 평안하셨음 좋겠습니다. (밖으로 나가는)

명주　(표정 변화 없이 잠시 있다가, 임시 이사회 소집 공고문 바라보고)

#7. 모텔 객실 안 (아침)

침대에 걸터앉아 있는 해성. 앞엔 수아가 서 있고.

수아　(기가 찬) 너희 아버님이랑 살해당했다는 국정원 그분, 전부 서명주가 벌인 짓이라고.

해성　내 누명까지.

수아　어떻게 사람이... 어떻게 그런 짓을...

해성　아마 지금쯤 나 찾으려고 혈안 돼 있을 거야. 금괴를 내가 갖고 있다 생각하거든.

수아　　(놀라 해성 보는)

해성　　서명주라면 금괴를 찾기 위해 무슨 짓이든 할 거야. 사람들이 더 위험
　　　　해지기 전에, 그 전에 막아야 돼. (수아 보는) 당분간 내 옆에 있어.

수아　　난 학교에 있을게.

해성　　(수아 보는)

수아　　니 말대로면 아이들도 위험할지 몰라. 애들 지키면서 학교에서 싸울게.

해성　　(그런 수아 보다가, 고개 끄덕이는)

수아　　근데 큰일이긴 하다. 아침에 약 사러 편의점 갔다가 발견했어.

하며 뒷주머니에서 무언가 꺼내 해성에게 건네주는 수아.
해성 보면, 자신의 지명수배 전단지다. 전단지 바라보는, 긴장 어린 해
성의 표정.

수아　　(걱정스런) 이제 어떡해?

해성　　...우리 팀. 우리 팀 좀 불러줘.

#8. 모텔 객실 안 (낮)

침대에 나란히 걸터앉아 있는 해성과 수아.
이 사람들이 돌았나? 해성, 변장 차림 벗고 있는 국내4팀 심각하게 바
라보다가,

해성　　대체 왜 이런 차림으로 오신 거예요?

안팀장　야, 말도 마. 경찰이 너 잡겠다고 우리까지 도매로 감시하고 있더라.

미정　　간신히 따돌리고 왔죠.

영훈　　(리모컨으로 TV 켜면)

TV, 야릇한 음악 및 신음 소리와 함께 성인영화가 나오고... (화면 모자이크)
아, 머리 아퍼... 이마에 손 짚는 해성.
두 손으로 얼굴 가린 채 손가락 사이로 영화 보는 수아.

영훈　　(당황) 어우, 뭐야 이거, 살색 왜 이래.

미정　　(리모컨 뺏어 TV 끄곤, 리모컨으로 영훈의 이마 딱!)

안팀장　잘했어, 더 때려. (해성에게 스포츠 백 건네주는) 필요할 거 같아서 갖고 왔다.

해성, 가방 안 보면, 대포폰과 모자, 옷가지 등 필요한 물건들 들어있고.

해성　　잘 쓸게요.

안팀장　그나저나 어디서부터 시작해야 되냐? 첩첩산중이라 감도 안 잡히네.

영훈　　유일한 카드였다면 녹취파일인데 것까지 뺏겼으니까요.

수아　　다른 카드는 없을까요?

미정　　원래 카드 살아있습니다.

사람들　(??, 미정 보면)

미정　　여러분들 내가 누구? 국내4팀 홍일점이자 유일한 브레인, 나 박미정이야.

#9. 회상, 해성의 집 거실 (낮)

11화 65씬 연결

미정　　(됐다!) 가시죠. (하며 한쪽 USB 뽑는 순간)

조형사　잠깐.

미정에게 다가가 USB를 빼앗는 조 형사. 걸렸다 싶은 미정의 표정.

하지만 동시에 미정, 노트북에 꽂혀있던 또 하나의 USB를 뽑는다. 다리 아픈 척 소파 짚고 일어서며, 소파 틈 사이에 USB를 숨긴다.
"나가시죠." 국내4팀 사람들을 끌고 나가는 형사들.

#10. 모텔 객실 안 (낮)

오... 감탄 어린 얼굴로 미정을 바라보는 해성과 수아, 안 팀장, 영훈.
그들의 시선 즐기며 한없이 거만한 표정 짓는 미정.

영훈	역시 내가 반한 여자.
미정	이쯤 되면 권고사직이지?
해성	고백공격 나중에 하고 팀장님, USB 확보하면 서명주 잡을 수 있어요. 것부터 갖고 올게요.
안팀장	니네 집에도 경찰 쫙 깔렸을 거야. 해성이 니가 움직이는 건 무리야.
해성	(살짝 당황스런) 그럼 뭐 어떻게 하자고. 셋이 갔다 올 수 있는 것도 아니잖아.
미정	여까지도 감시 피해 겨우 왔는데 거까지 가긴 힘들어요.
영훈	웬만하면 갔다 오겠는데 어렵지.
수아	명예현장요원인 제가 갔다 오는 건...?
해성	잘못하면 경찰들이 너마저 의심할 거야. (국내4팀에게) 이렇게 하죠. 저희 넷이 가위바위보 해서 진 사람 둘이 USB...

하다가 멈칫, 빤히 자신을 보고 있는 국내4팀 사람들 보는 해성.

해성	...아, 왜, 또.
영훈	왜 똑같이 위험한데 왜 우리만 가위바위보?
미정	인간적으로 너무 티낸다.
해성	아니 티를 내는 게 아니라~. 이 사람은 민간인인데 당연히 우리가 지

켜줘야지, 무슨 말이야. (진지한) 여튼 지금은 이런 말 할 때 아니에요.
시간 없으니 최대한 빨리 움직여야 됩니다.

영훈,미정 (해성 바라보는 표정들...)

수아 (뭐라 말은 못하겠고... 힐끔 해성 보는)

안팀장 넌 꼭 불리할 때 진지해지더라?

진지하고도 심각한 얼굴 표정의 해성. 그러다 결국, 슬쩍 시선 돌리고...

#11. 모텔 카운터 (낮)

라면을 먹으며 TV를 보고 있는 모텔 주인.
TV, 해성의 지명수배 뉴스가 음소거로 나오고 있다.
해성의 사진과 함께 뉴스 자막, **'도주 중인 살인 용의자, 경찰 지명수배'**
응? 유심히 TV 속 해성의 사진을 보는 주인.

#12. 회상, 모텔 카운터 (밤)

수아, 해성을 부축한 채 서 있으면, 그런 수아에게 모텔 키 건네주는
주인.
그러다가 주인, 상태 안 좋은 해성을 고개 갸웃 유심히 바라보고.

#13. 모텔 카운터 (낮)

한쪽에 놓여있는 전화기의 수화기를 드는 주인. **'112'** 누르기 시작하고.

#14. 모텔 객실 안 (낮)

커튼 살짝 젖힌 채 창밖을 경계하며 있는 해성.
영훈, 자기랑 똑같이 가위 낸 미정을 흐뭇하게 바라보고.

미정   꼭 애랑 가야 돼요?
안팀장   둘이 호흡 굉장히 잘 맞아. 믿는다, 내 새끼들.
영훈,미정 (변장 준비하며) 예.
수아   (해성에게) 난 학교 가볼게. 조심히 잘 있어.
해성   (미소로) 어제 고마웠어.

다시 창밖으로 시선 돌리는 해성. 순간 멈칫, 사악 표정 굳는다.
모텔 앞에 멈춰 서는 서너 대의 경찰 승합차. 내리는 조 형사와 수 명
의 형사들!

해성   팀장님, 큰일 난 거 같은데.

#15. 모텔 복도 (낮)

모텔 객실에서 복도로 뛰어나오는 해성과 수아, 국내4팀 사람들.

해성   엘리베이터.

순간 띵-. 5층에 도착한 엘리베이터. 조 형사와 형사들이 밖으로 나온다.

해성   !! 비상구.

사람들 휙 비상구 쪽 보면, 형사들 우르르 복도로 튀어나오고.

해성	!! 들어가, 들어가.
사람들	(우당탕 허겁지겁 다시 객실 안으로 들어가면)
조형사	잡아!!

형사들이 다다르기 전 간신히 전부 객실 안에 들어가는 해성과 사람들.
형사들, "문 열어!" 마구 객실 문 두드리고 문고리 흔들고.

#16. 모텔 객실 안 (낮)

덜컹덜컹 대는 객실 문. 몸으로 간신히 버티며 서 있는 해성과 수아,
국내4팀 사람들.

안팀장	해성이 너 잡히면 끝장이야. 수아샘 데리고 먼저 가.
해성	(엥?) 여기 5층인데?
영훈	아니 방을 왜 이렇게 높이 잡았어요!
수아	죄송해요, 제가 잡았어요.
영훈	(빠른 태세전환) 그럴 수도 있죠.
미정	팀장님, 이제 한계 같은데?
안팀장	어떻게든 빨리 가!
해성	미쳐버리겠네... (창밖으로 아래 확인하곤) 그럼 믿고 먼저 갑니다.
	(수아의 손 이끌고 창문에 서면)
수아	!! 여기서 뛰어내리자고?!

말없이 수아를 보호하듯 안는 해성. 그대로 힘껏 창밖으로 점프!
아래에 놓여있던 폐매트리스 더미 위에 떨어진다.
온몸으로 수아를 보호하다가 쿵! 폐매트리스에서 팅겨 밖으로 나가떨
어지는 해성.

해성   (충격에 힘들어하고)
수아   (급히 다가와) 괜찮아?!
해성   (힘겹게 일어서는) 빨리 가자.

모텔 객실 안. 쾅! 문을 박차고 안으로 들어오는 조 형사와 형사들.
국내4팀 사람들을 제압하며 수갑을 채우는 형사들.
그사이 조 형사, 창밖을 본다. 모텔 밖으로 뛰어나가고 있는 해성과
수아 보인다.
이런 씨…! 객실 밖으로 뛰어나가는 조 형사와 형사들.

#17. 모텔 밖 거리 (낮)

거리로 뛰어나오는 해성과 수아.
마침 지나가던 택시를 잡는 해성. 뒷좌석 문을 연다. 수아를 안에 태
운다.

수아   너는?
해성   같이 있으면 더 위험해. 먼저 가.
수아   해성아 그래도… (하는데)
해성   애들 지킨다며. 니가 지켜야 할 사람 지켜줘.
수아   (해성 보다가, 결연한) 연락 줘.

해성이 뒷좌석 문 닫으면, 부응 출발하는 택시.
택시와 반대 방향으로 도망치기 시작하는 해성.
뒤늦게 거리로 뛰어나오는 조 형사와 형사들. "저깄다!" 해성의 뒤를
쫓기 시작하고.

#18. 거리 (낮)

도망치는 해성과 그 뒤를 쫓는 형사들 간의 숨 막히는 추격전이 벌어진다.
빠앙-! 달려오는 차 피하고 물건 들고 가는 사람 피하고. 잽싸게 계속 도망쳐 나가는 해성. 하지만 그런 해성을 쫓는 형사들의 추격 또한 만만치가 않고.

#19. 골목길 (낮)

어느 복잡한 골목길. 들어서는 조 형사와 형사들.
주위 둘러보는 조 형사. 어디에도 해성은 보이지가 않는다.
형사들에게 둘둘씩 흩어져라 사인 보내는 조 형사.
형사들 흩어지는 모습을 숨어서 지켜보는 해성. 안도의 한숨 내쉬는데, 순간 시작되는 머릿속 이명에 비틀거리고.

#20. 병문재단 건물 앞 (낮)

병문재단 현판이 붙어있는 건물 입구. 멈춰 서는 명주의 차.
재문, 운전석에서 내려 뒷문 열어주면, 밖으로 나오는 명주.
건물 안으로 들어가는 두 사람. 그때 문자 알림 진동 울리는 재문의 핸드폰.
문자 확인하는 재문. 이내 명주에게,

재문   이사장님, 정해성 검거 실패했다 합니다.
명주   (작게 한숨) 한심한 새끼들.

#21. 택시 안 (낮)

도로를 달리고 있는 택시. 운전석엔 기사, 뒷좌석엔 수아가 앉아있다.

기사　　어디로 모실까요?
수아　　(생각에 잠긴 표정)
해성(T)　애들 지킨다며. 니가 지켜야 할 사람 지켜줘.
기사　　손님?
수아　　병문고. 병문고로 가주세요.

#22. 병문고 학생상담실 (낮)

상담실 안으로 들어오는 수아. 한쪽에 둘둘 말아 보관 중이던 대자보
를 꺼낸다.
대자보 바라보는, 결연한 수아의 표정.

#23. 병문재단 이사회실 (낮)

상석에 앉아있는 명주. 그 옆엔 재문이 서 있다.
명주의 양옆 자리로는 이사진들이 앉아있고.

이사1　단도직입적으로 말씀드리죠. 이제 그만 물러나시는 게 어떻겠습니까.
이사2　여론이 너무 안 좋습니다. 재단 내부 상황도 엉망이고요.
이사3　계속 버티시면 다음 정기 이사회 때 정식으로 해임안을 올릴 수밖에
　　　　없습니다. 그 전에 결단을 내려주시죠, 이사장님.

명주에게 이사장직에서 내려와라 성토를 쏟아내는 이사진들.

명주, 담담한 얼굴로 그런 이사진들 바라보다가, 앞에 놓인 물 마시곤,

명주 이사님들 마음은 잘 알겠어요. 학교 이사장 그만두게 하고 재단에서
완전히 나가리 시키겠다는 여러분들 의도도, 아주 잘 알겠고.

이사진들 (정곡 찔린 얼굴 표정들)

명주 근데 아시겠지만 이 자리는 여러분들 의견보다 재단의 내규가 우선되
는 자리예요. 만약 여러분들이 절 쫓아내고 싶다면 원칙대로 해야 될
거예요. 재단의 내규대로. 교사와 학생 4분의 3 이상 찬성. 그전까진
제가 여러분들의 장이자 주인이에요. 헛바닥들 조심해주시길.

아무 말 못 하는 이사진들을 보며 물컵의 물 마시는 명주.
그리고... 이제야 보이는 회의테이블 밑, 명주, 왼손 주먹을 쥐고 있다.
핏기가 사라질 정도로 꽉, 자신의 초조함과 위기감 애써 누르듯.

#24. 명주의 차 안 (낮)

도로를 달리고 있는 명주의 차. 운전석엔 재문, 뒷좌석엔 명주가 앉아
있다.

명주 버러지 같은 것들. 감히 누구를 쫓아내려고.

재문 외람되지만 최근 이사장님에 대한 학교 민심이 그렇게 좋지만은 않습
니다. 학생들을 다독일 대안이 필요할 것 같습니다.

작게 한숨 내쉬며 차창 밖 보는 명주. 그러다 문득 보면, 덜덜 떨고 있
는 자신의 왼손이 보인다. 잠시 그 손 바라보다가, 오른손으로 왼손
마사지하듯 꾹꾹 누르는 명주.

#25. 거리 (밤)

모자 눌러쓴 채 주변 경계하며 걸음 옮기고 있는 해성. 문득 앞을 보면, 경찰 두 명이 다가오고 있는 모습 보인다.

해성, 건물 골목 사이로 몸을 숨긴다. 경찰들이 지나가기를 기다렸다가, 안 팀장에게 핸드폰(대포폰)으로 전화를 건다. 하지만, "고객님의 전화기가 꺼져 있어…"

작게 한숨 내쉬며 핸드폰 내리는 해성.

#26. 경찰서 유치장 (밤)

유치장에 갇혀 있는 안 팀장과 영훈. 옆의 유치장엔 미정이 앉아있고.

안팀장 (책상에 앉아있는 경찰에게) 그러지 말고 내 폰 좀 달라니까? 같은 공무원들끼리 이럴 거야?

형사2 안 됩니다.

안팀장 (영훈에게) 야, 너 어떻게 연줄 없냐? 일단 나가야 해성이 도와줄 거 아냐.

영훈 (좌선 자세로 눈 감은 채) 평생을 청렴결백으로 살았습니다. 그런 게 있을 리가.

미정 인맥을 만들 능력이 없는 거겠지.

영훈 (눈 감은 채 표정 움찔)

안팀장 그럼 미정이는. 경찰이나 어디 아는 사람… (하며 미정 보면)

미정 (좌선 자세로 눈 감고 있고…)

돌겠네… 힘없이 창살에 기대어 한숨 내쉬는 안 팀장.

#27. 병문고 복도, 거리-2 (밤)

1층 로비를 향해 걸음 옮기며 핸드폰 통화 중인 수아. 품엔 대자보를
들고 있다.

수아　　그래서 몸은? 다치진 않았어?

거리-2. 주변 경계하며 핸드폰 통화 중인 해성.

해성　　다행히 잘 도망쳤어. 수아 넌?
수아　　나야 바로 학교 왔으니까. (대자보 보는) 지금은 애들 지키려 준비 중
이고.
해성　　(옅게 미소) 고생하네.
수아　　(옅게 미소) 고생해도 너만 하겠냐? 밥 한번 먹기 참 힘드네~.
해성　　끝나고 먹으러 가자. 약속.
수아　　엇, 기다려봐, 녹음해야지. (녹음버튼 누르곤) 방금 뭐라고요, 정해성
요원?
해성　　제가 사겠습니다. 선생님 같이 식사하러 가시죠.
수아　　(녹음 끝!) 오케이, 좋아~. 집에 어떻게 갈진 방법 찾았어?
해성　　찾은 거 같아. 가능성이 백 프로는 아니지만...

순간 시작되는 머릿속 이명. 비틀거리며 바닥에 주저앉는 해성. 격렬
한 두통에 소리 없이 비명 지르고.

수아(E)　　여보세요? 해성아.
해성　　(간신히 진정된) 아무것도 아니야. 연락할게.

핸드폰 내리는 해성. 갑자기 왜 이러는지 모르겠는... 혼란스러운 해
성의 표정에서.

#28. 병문고 1층 (밤)

복도로 통하는 문을 통해 1층으로 들어오는 수아. 묘한 불안함으로 핸
드폰 바라보다가, 정신 차리자. 게시판에 대자보 붙이기 시작하고.

#29. 해성의 집 거실 (밤)

불 꺼져 있는 어두운 거실. 현관문 열고 안으로 들어오는 남자의 구둣발.
소파 틈 사이를 뒤지는 남자. 미정이 숨겨놓은 USB를 꺼낸다.
이제야 드러나는 남자의 얼굴. 다름 아닌 공 팀장이다...!
흐음... 서늘한 얼굴로 USB 바라보는 공 팀장.

#30. 건물 옥상 (밤)

난간 밖을 바라보며 서 있는 해성. 잠시 후 철컥, 해성의 뒤를 겨누는
총구.
해성 뒤돌아보면, 총을 겨눈 채 서 있는 한 사람. 공 팀장이다.
서늘한 얼굴로 해성을 보는 공 팀장. 그런 공 팀장을 담담히 보는 해성.
긴장된 분위기 잠시 이어지다가... 어느 순간 공 팀장, 총 거두며,

공팀장   저번에 내 팔 꺾은 거 복수.
해성   (피식) USB는요?
공팀장   (품에서 USB 꺼내 보여주는) 안에 내용 들었어. 인정하긴 싫지만 니
　　　　말이 맞더라.
해성   (공 팀장 바라보는 데서)

#31. 회상, 해장국집 (밤)

사람 하나 없는 해장국집. 홀로 자리에 앉아 해장국을 먹고 있는 공
팀장.
잠시 후 안으로 들어와 맞은편에 앉는 한 사람. 해성이다.
공 팀장, 이놈이 무슨 꿍꿍이지? 해성 바라보면,

해성   드릴 말씀 있는데 식사부터 하시죠. (메뉴판 보곤) 같은 걸로.

(경과)
해장국을 먹고 있는 해성. 맞은편에 공 팀장은 기가 차다는 듯 해성
보고 있고.

공팀장   지금 나보고 니 말을 믿으라는 거냐?
해성   사실이니까요. (공 팀장 보는) 전부 서명주가 벌인 짓입니다.
공팀장   …그래, 좋아. 니 말이 맞다 치자. 당장 니 손모가지에 수갑 채울 수도
          있지만 그렇다 치자고. 증거는.
해성   저희 집에 USB가 있습니다. 갖고 와 주십시오.
공팀장   …그렇게 해서 내가 얻는 건?
해성   진실.
공팀장   증거가 없거나 내용이 가짜면.
해성   (수갑 채워라 손 내미는) 팀장님 실적.
공팀장   (해성 바라보는)

#32. 건물 옥상 (밤)

해성에게 USB를 건네주는 공 팀장.

공팀장   내가 할 수 있는 건 여기까지야. 누명은 니가 알아서 벗어. (나가는)
해성   공진상 팀장님. (공 팀장이 해성 보면) 팔 꺾은 거 미안했습니다.
공팀장   보통 이럴 땐 죄송합니다 아니냐? (밖으로 나가며, 고개 갸웃) 아, 애
        가 애매하게 버릇없네.

        피식 웃으며 USB 보는 해성. 이내 표정 결연히 난간 밖 야경 바라보는
        데서.

#33. 경찰서 강력계 사무실 (낮)

        안으로 들어오는 해성. 마침 지나가던 형사3에게,

해성   실례합니다.
형사3   어떻게 오셨어요?
해성   (게시판에 붙어있는 자신의 지명수배 전단지 가리키는) 자수하려고요.

        해성의 말에 일동 멈칫, 정적 속에서 벙찐 채 해성을 보는 형사들, 조
        형사.
        해성, 멋쩍게 웃음 지으며 손 흔들고.

#34. 병문고 1층 (낮)

        아무도 없는 1층. 안으로 들어오는 명주와 재문.
        명주, 걸음 옮기다 멈칫, 게시판에 붙어있는 대자보를 본다.

명주   (서늘한 얼굴로 대자보 바라보면)
재문   (황망한) 죄송합니다, 이사장님. 당장 누가 붙였는지... (하는데)

수아	제가 붙였습니다. (두 사람에 다가가는)
명주	오수아 선생님이요. ...이유나 들어보죠. 왜 이런 짓 하신 거예요?
수아	이사장님의 학교 정책은 아이들의 미래를 짓밟는 일이니까요.
명주	마음은 알겠어요. 근데 이런다고 바뀌는 게 있나?
수아	(보는)
명주	내가 궁금해서 그래. 오 선생은 정말 진심으로, 이딴 싸구려 낙서 따위로 학교가 바뀔 거라 믿는 걸까.
수아	언제나 세상을 바꾸는 건... 다수의 힘없는 사람들이었습니다.
명주	(보는)
수아	물론 이사장님께선 생각하실 겁니다. 기껏해야 기간제가 어쩌겠다고. 하지만 그게 제가 아이들을 포기할 이유는 되지 않는다 생각합니다.
명주	(흐음... 의미심장한 얼굴로 대자보 바라보고)
수아	발버둥 칠 겁니다. 할 수 있는 모든 걸 다 할 겁니다. 계란으로 바위 치는 거라도 그 바위 부서질 때까지 포기하지 않을 겁니다. 전 아이들의 선생이고, 아이들을 지킬 의무가 있으니까요.
명주	(대자보 보다가, 미소로 수아 보는) ...역시 오수아 선생님. 방금 선생님 말이 제 맘을 움직였어요.
수아	(뭐?, 의외라는 듯 명주 보는)
명주	정책 관련해선 전부 없던 일로 하는 걸로. 오 선생 말처럼 학교의 진정한 주인은 학생이니까.
재문	(작게 안도)
수아	(당황스럽지만) 감사합니다. 앞으로 제가 더 열심히... (하는데)
명주	대신 조건 하나. 학교 그만두세요.
수아	...!!
명주	아이들 지키고 싶다며. 설마 빈말이었어요?
수아	(차마 대꾸하지 못하는, 갈등하는 표정)
명주	(픽 냉소) 그럼 그렇지. 오 선생은 이 정도 인간이었던 걸로. (재문과 걸음 옮기는데)
수아	알겠습니다. (명주가 수아 보면) 제가 그만두는 대신 약속 꼭 지켜주

십시오.

그런 수아를 바라보다가 미소, 걸음 옮기는 명주와 재문.
결연한 얼굴로 자신이 붙인 대자보 바라보는 수아.
그리고 일각, 지금까지의 모든 이야기를 들은... 당황스러운 유정의
표정.

#35. 병문고 이사장실 (낮)

안으로 들어와 책상 의자에 앉는 명주. 그 뒤를 따라와 서는 재문.

재문   이제라도 마음 돌려주셔서 감사합니다, 이사장님. 이걸로 학생들도
         마음 편하게... (하는데)
명주   다음 주 정기 이사회에서 해임안 방어하고 나면,
재문   (멈칫, 명주 보는)
명주   정책은 다시 진행시킬 거예요.
재문   (난감한) 이사장님, 그리하시면 학생들의 반발이 더욱더... (하는데)
명주   지금까지 학생들이 실제로 반발한 적 있었나요?
재문   (보는)
명주   개미는 사람들의 발소리를 못 들어요. 근데 사람도 마찬가지야. 발등
         이라도 무는 거면 모를까 지들끼리 욕하고 넷상에서 떠드는 건, 사람
         한텐 안 들려요.
재문   (뭐라 말을 해야 할지 모르겠고)
명주   그렇게 보면 차라리 오 선생이 나아. 같은 개미라도 물려고 노력은 하
         잖아. (정리하듯) 방과 후에 학생들 전부 모아주세요. 해임안 대비해
         서 약은 쳐놔야 될 거 같으니까.

#36. 경찰서 취조실 (낮)

마주 앉아있는 조 형사와 해성.
테이블 위 노트북에선 김 국장과 명주의 대화 내용이 흘러나오고 있고.

조형사   (정지 버튼 누르곤) 이걸로 어쩌라고.

해성   (보는)

조형사   착각하나 본데 옛날 사건은 나랑 아무 상관이 없어요. 그쪽 김형배 국
장 살인용의자야.

해성   (쯧쯧쯧) 형사라는 사람이 이렇게 덤벙대서야... 당신 공부 못했지.

조형사   (응?, 해성 보는)

해성   (노트북 눈짓하며) 파일 길이 봐봐. 상식적으로 뒤에 뭐가 더 있다 생
각 안 드나?

조형사   (녹취 파일 보면, 타임라인 한참 남았고)

해성, 노트북 갖고 와 파일 뒷부분을 재생시키면, 이내 흘러나오는 김
국장의 목소리!

김국장(E) 교장 니가 웬일이냐?

조형사   ...!!

해성   (계속 들어라 손짓)

김국장(E) (칼에 찔린) 컥! ...너 이 새끼... 서명주가 시킨 거냐?

인서트

김 국장의 차. 조수석 시트 아래 떨어져 있는 김 국장의 핸드폰.

김국장(E) 대답해. 서명주가 시킨 거냐고!

재문(E)   그러게 말을 조심하셨어야지.

눈에 띄게 당황스러워하는 조 형사. 그런 조 형사를 보는 해성.
노트북, 잠시의 침묵 후,

재문(E)   예, 이사장님. 정리했습니다.

해성   (노트북 덮는) 우리도 정리합시다. 체포영장은 우리 쪽에서 청구할게.

조형사   그게 그래도 절차라는 게... 이렇게 하죠. 우리가 먼저 검토를 좀 하고... (하는데)

해성   (서늘한) 조상철 형사님. 서명주랑 붙어먹은 거 적당히 티 내. 더 듣기 역겨우니까.

조형사   ...!!

해성   내가 더는 말 안 할게. 그니까 형사님아, 너도 한마디도 하지 마?

해성 밖으로 나가면, 조 형사, 명주에게 핸드폰 전화 걸려다, 에이씨... 핸드폰 내리고.

#37. 경찰서 주차장 (낮)

멈춰 서있는 해성의 차. 운전석에 오르는 해성.
해성, 조수석에 글로브박스 열면, 자신의 국정원 신분증과 총기가 들어있다.
물건들 챙기는 해성. 결연한 얼굴로 차량 출발시키는 데서.

#38. 병문고 1층 (밤)

1층에 모여 웅성거리고 있는 수많은 병문고 학생들. 예나와 유정, 해성의 친구들.

채린	이사장님은 갑자기 뭔 말씀을 하시겠다는 거?
윤철	(수진에게) 아는 거 좀 있냐?
수진	나 너랑 같이 왔거든?
예나	(유정 보면)
유정	(무거운 얼굴로 생각에 잠겨있고)

그때 또각또각 구두 소리와 함께, 2층에 서서 아이들을 내려다보는 한 사람. 명주다. 명주를 올려다보는 학생들.

명주	사랑하는 병문고 학생 여러분. 오늘 여러분들을 이렇게 모이라 한 이유는… 여러분께 약속을 드리기 위해서예요.
유정	(명주 보는)
명주	더 이상 학교에서 내신조작 같은 불미스런 일은 없을 거라는 것. 등록금 인상과 장학제도 폐지 또한, 없었던 일이 될 거라는 것.

놀란 얼굴로 서로를 바라보며 웅성대는 학생들.
명주, 그런 학생들을 미소로 바라보며,

| 명주 | 병문고는 새로 태어날 거예요. |

#39. 병문고 교무실 (밤)

아무도 없는 교무실. 자신의 물건들을 박스에 담고 있는 수아. 책상 위엔 사직서가 놓여있다. 잠시 사직서 보다가, 마음 다잡곤 박스 든 채 걸음 옮기는 수아.

| 명주(E) | 여러분이 친구와 우정을 쌓을 수 있는 학교, 모든 이들이 동등한 기회와 교육을 제공받을 수 있는 학교. |

#40. 병문고 1층 (밤)

명주	저한테 가장 중요한 건 여러분들의 미래와 행복이에요. 앞으로 저 서명주는 최선을 다해... (하는데)
유정	오수아 선생님은요?
명주	(멈칫, 유정 보는)
유정	왜 이사장님 마음대로 선생님 그만두게 하세요?
동민	(놀란) 선생님 그만둬?

"수아쌤이 왜?", "대자보 붙였다고?", "이건 말이 안 되지." 등등 웅성대는 학생들.
그 모습 당황스레 보는 명주. 그리고... 1층 안으로 들어오다 그 모습 보는 수아.

유정	중요한 건 우리들 행복이라 하셨죠. 그럼 우리 담임쌤 건들지 말아주세요.
명주	여러분, 오 선생은 어디까지나 스스로의 의지로... (하는데)
유정	제가 다 들었어요! 이사장님이 수아쌤 관두라 하셨잖아요!
학생들	(진짜?, 각각의 놀라는 표정들)
명주	오해예요, 안유정 학생. 저는 그런 게 아니라... (하는데)
범식	아무리 이사장님이라도 사람을 막 그럼 안 되죠!
채린	수아쌤은 저희 위해 싸우신 거예요.
수진	저희가 이사장님 관두라 하면 좋겠어요?
유정	선생님은 저희를 포기할 수 없어서, 저희를 지키려고 이사장님께 대항한 거예요. 정말 물러나야 될 사람은 오수아 선생님이 아니라!

괜찮아? 예나를 보는 유정. 그런 유정을 보다가, 고개 끄덕이는 예나.

유정	이사장님이라 생각합니다!

윤철   옳소! 이사장은 물러가라! 물러가라!

학생들 사이 순식간에 들불처럼 번져나가는 이사장 퇴진구호. 하나가
된 학생들.
자신들의 의지로 일어선 학생들을 바라보는 수아.
그 모습 심히 당황스럽게 바라보는 명주.

#41. 국정원 국내4팀 (밤)

프린터기 앞에서 출력물이 나오길 기다리고 있는 해성.
한쪽에선 안 팀장과 미정, 영훈이 총기 점검하는 등 출동 준비를 하고
있고.
프린터기에서 나온 출력물을 드는 해성. 명주와 재문에 대한 체포영
장이다.

해성   서명주랑 박재문은?
미정   둘 다 현재 위치 학교입니다.
해성   가자.

밖으로 나가는 해성과 국내4팀 사람들.

#42. 병문고 1층 (밤)

여전히 명주의 퇴진구호를 외치고 있는 학생들.
2층에서 그 모습 바라보며 서 있는 명주. 그때, 명주에게 다가오는 재문.

재문   이사장님, 큰일 났습니다.

명주   (재문 보면)
재문   저랑 이사장님... 체포영장이 나왔다고 합니다.

         자신의 퇴진을 바라는 학생들, 그리고 체포영장.
         모든 게 끝났다는 것을 직감하곤 표정 싹 굳는 명주.

유정   (저쪽에 서 있는 수아를 발견하곤) 선생님!

         "선생님!!" 우르르 수아에게 달려가 안기는 학생들.
         눈물 섞인 웃음 지으며 학생들을 안아주고 쓰다듬어 주는 수아.

명주   (1층의 수아와 아이들 보다가) ...예나 데리고 먼저 가세요. 그 담에
         따로 몸 숨기시고.
재문   이사장님.
명주   부탁이야. 그렇게 해줘.

         1층. 아이들과 함께 있는 수아.

유정   선생님, 가지 마세요.
채린   저희들 위한다면서요. 저희 곁에 계서 주세요.
수아   으이그, 진짜. 니들 나 없으면 어떻게 살려고.

         문득 수아, 2층 난간을 본다. 명주가 자신을 보고 있다.
         당당하게 명주를 보는 수아. 그런 수아를 보는 명주.
         학생들과 함께 있는 수아. 아무도 없이 홀로 서 있는 명주.
         두 사람의 모습 대비되어 보여지면서...

#43. 해성의 차 안, 병문고 복도 교차 (밤)

도로를 달리고 있는 해성의 차. 운전석엔 해성이 앉아있다.

해성의 차를 뒤따르고 있는 국정원 승합차엔 국내4팀 사람들이 타 있고.

해성의 차. 핸드폰 진동이 울린다. 해성 보면, **'서명주'**에게 온 전화.

해성   (받는) 성격이 급하시네. 조금 있으면 얼굴 볼 건데.

어두운 병문고 복도. 벽면에 붙어있는 역대 이사장들의 초상화를 보며 핸드폰 통화 중인 명주. 다른 한 손엔 무언가를 들고 있다.

명주   제가 드린 약속 기억해요? 요원님 주변 사람들 재밌는 일 많이 생길 거라는.

해성   (표정 긴장)

명주   지금부터 보여드릴게.

손에 들고 있던 무언가를 보는 명주. 이제야 보이는 무언가. 빈 휘발 유통이다.

명주   다 잃은 미친년이 뭐까지 할 수 있는지.

꾸욱 액셀을 밟는 해성. 빠르게 치고 나가기 시작하는 해성의 차.

국정원 승합차. 쭉 치고 나가는 해성의 차 의아하게 바라보는 국내4팀 사람들.

안팀장   쟤 왜 저래?

#44. 병문고 복도 (밤)

빈 휘발유통을 아무 데나 던지는 명주. 마지막에 걸려있는 자신의 초상화를 본다.
자신의 초상화 물끄러미 바라보다가, 걸음 옮기기 시작한다. 그 서늘
한 명주의 모습.

#45. 병문고 1층 (밤)

책상 의자에 앉아있는 수아. 책상엔 **'서명주 이사장 해임 동의안'** 서류.
서류 맨 위엔 예나의 이름이 적혀있다.
일렬로 늘어선 채 한 명 한 명씩 서명을 하고 있는 학생들.

수아   여기 사인하면 돼. 고마워. (옆에 앉아있는 유정에게) 예나는?
유정   아까 교장샘이랑 집에요.

고개 끄덕이는 수아. 길게 늘어서 있는 줄 바라보는데,
갑자기 울려 퍼지는 화재경보기 소리. 무슨 소리인가 싶은 수아와 학
생들.
그 순간, 천장 위 스프링클러가 터진다.
쏟아지는 액체로 인해 순식간에 온몸이 젖는 수아와 학생들.

윤철   (킁킁 냄새 맡곤) 이거 무슨 냄새냐?
유정   기름 냄새 같은데?
수아   (대체 이게 어떻게 된 건가 싶은... 당황스러운데)
명주(E) 휘발유예요.

수아와 학생들 보면, 여전히 쏟아지고 있는 휘발유 온몸으로 맞는 채
계단 내려오는 한 사람. 다름 아닌 명주다...!
서서히 작동 멈추는 스프링클러. 계단에 서서 수아와 학생들을 내려
다보는 명주.

명주   우매한 벌레들 태우는 데 적합한.
수아   (분노로) 이사장님 뭐 하시는...! (하는데)

순간 들려오는 팅, 지포라이터 여는 소리.
수아와 학생들 보면, 명주, 지포라이터를 들고 있다...!
!! 표정 경악하는 수아와 학생들.

명주   자, 이제, 다 같이 죽는 거예요?

#46. 병문고 본관 앞 (밤)

본관 건물 앞에 멈춰 서는 해성의 차.
급히 차에서 내려 건물을 향해 가는 해성인데, 순간 시작되는 머릿속
이명과 두통.
해성, 비틀하며 차에 손 기댄다. 숨도 못 쉴 만큼 큰 고통이다.
잠시 후 사라지는 머릿속 이명. 애써 호흡 가다듬으며 건물 안으로 들
어가는 해성.

#47. 병문고 1층 (밤)

안으로 들어오는 해성. 진동하는 휘발유 냄새에 멈칫, 그러다 앞을 보면,
학생들을 보호하듯 앞에 서 있는 수아. 불 켜진 라이터 든 채 있는 명
주가 보인다.

명주   오셨어요.
해성   (곧바로 명주 겨누는) 라이터 내려놔.
명주   (보란 듯 지포라이터 불 켜는) 요원님 총부터.

해성   (노려보는)

명주   ...마지막으로 얘기나 할까 했는데. 아쉽네. (라이터 바닥에 던지려는
       순간!)

해성   그만.

어쩔 수 없이 총 내리는 해성. 바닥에 총을 내려놓고 명주에게 밀어준다.
해성의 총을 주워드는 명주. 그사이 유정, 재빨리 핸드폰 문자 쓰기
시작하고.

#48. 예나의 차 안 (밤)

도로를 달리고 있는 예나의 차. 운전석엔 재문, 뒷좌석엔 예나가 앉아
있다.
예나의 핸드폰 진동이 울린다. 문자를 보곤 얼굴 하얗게 질리는 예나.

예나   차 돌려요.

재문   (??, 백미러로 예나 보는)

예나   돌리라니까!!

#49. 병문고 1층 (밤)

명주   내가 이렇게 된 건... 다 너 때문이야. 니가 내 껄 훔쳐가지만 않았어도,
       (수아와 아이들 가리키는) 이깟 것들한테 관심 주고 쓸데없는 짓만 안
       했어도, 이런 일은 없었어.

해성   그래, 나 때문이야. 수아랑 애들은 보내줘.

명주   보내주면? 나한테 뭘 해줄 건데?

해성   뭐든지. 원하는 건 뭐든지 다.

명주   (해성 보는)

해성   당신이 미워하는 건 나잖아. 죄 없는 애들이야, 그냥 놔줘.

명주   다 끝난 마당에 이제 와서. 늦었어요, 정해성 요원.

수아   (설마 싶은)

명주   (분하고 억울하고) 너 내 꺼 다 뺏었잖아. 소중한 거 뺏기는 그 기분
       얼마나 더럽고 엿같은지, 너도 느껴봐.

해성   ...!!

지포라이터 불을 켜는 명주. 그대로 바닥에 던지려 하는 그때!
복도로 통하는 문을 열고 안으로 들어오는 예나와 재문.

재문   (충격으로 명주 보는)

예나   엄마!!

명주   !! (흠칫 예나 보는)

예나   안 돼요, 엄마. 엄마 제발...

명주   (차마 라이터 던지지 못하는데)

해성   당신한테 정말 소중한 것.

명주   (해성 보는)

해성   금괴는 허상이야, 서명주 씨. 소중한 건 옆에 있어.

갈등 어린 얼굴로 예나를 보는 명주.
그사이를 틈타 수아, 몰래 명주를 향해 움직이기 시작하고.

해성   (천천히 명주에게 다가가는) 더 이상 누구에게도 상처주지 마.

명주   (예나 보는, 표정)

해성   늦지 않았어. 돌아갈 수 있어. 부탁이니까 이제 그만... (하는데)

명주   아니. 난 안 돌아가.

해성   (표정 긴장)

명주   난 틀리지 않았으니까.

자신의 관자놀이에 총을 겨누는 명주. 그 모습 놀라 바라보는 해성과 학생들.

명주, 방아쇠에 힘주는 순간! 어느새 나타나 명주의 팔을 붙잡는 한 사람. 수아다!

탕-! 서병문의 흉상에 박히는 총알. 명주를 제압하며 총을 빼앗는 수아.

하지만 그 순간, 불 켜진 지포라이터, 바닥 휘발유 웅덩이를 향해 떨어지기 시작한다.

경악하는 해성과 수아. 눈 질끈 감는 유정과 아이들.

마침 1층 안으로 들어온 국내4팀 사람들도 놀란 얼굴로 눈앞의 광경 바라보고...!

학생들, 그러다가 서서히 눈 뜨고 보면, 아무 일도 없다?

몸을 날린 자세로 간신히 지포라이터를 잡고 있는 한 사람. 해성이다!

"해성아!" 해성에게 달려와 안기는 유정과 학생들. 아이들 괜찮다 안심시켜 주는 해성.

수아, 분노 서린 얼굴로 명주에게 다가간다. 다가가 짝! 세차게 명주의 뺨을 날린다.

명주　　　...!!

수아　　　(명주 노려보다가, 뒤돌아 학생들에게 가는)

품에서 수갑을 꺼내는 해성. 명주의 손목에 채우려다 멈칫, 슬픈 얼굴로 명주 보고 있는 예나를 본다. 잠시 그런 예나 바라보다가, 수갑을 도로 집어넣는다.

명주와 재문을 데리고 밖으로 나가는 국내4팀 사람들.

해성, 수아와 학생들을 보며 작게 안도의 한숨 내쉬는 데서.

#50. 병문고 본관 앞 (밤)

멈춰 서있는 국정원 승합차. 근처엔 경찰차들과 구급차들이 서 있고.
명주와 재문을 승합차에 태우는 국내4팀 사람들. 잠시 후 밖으로 나오
는 해성, 수아와 학생들.

안팀장 고생했다. 니가 학교랑 유정이, (멈칫, 저쪽에 수아와 함께 있는 유정
안쓰럽게 보다가) …애들 전부 살렸어.

해성 (수아와 학생들 있는 쪽 바라보는)

안팀장 어떻게 할래. 바로 회사 들어갈 거야?

해성 애들 괜찮은지 보고 갈게요.

안팀장 많이 놀랐을 거야. 오 선생이랑 같이 잘 챙겨주고… (멈칫, 해성 보는)
너 왜 그래. 얼굴 왜 이렇게 안 좋아.

해성, 금방이라도 쓰러질 듯 창백한 얼굴로 식은땀 마구 흘리고 있고.

해성 좀 피곤했나 봐. 세수 좀 하고 올게요.

해성, 본관을 향해 걸음 옮기기 시작하는데, 순간 다시 시작되는 머릿
속 이명.
결국 해성, 힘없이 비틀비틀대다가, 쿵, 기절한 채 바닥에 쓰러지고 만다.
"해성아!" 기겁해 해성에게 달려가는 국내4팀 사람들, 수아와 학생들.

#51. 해성의 꿈, 해성의 집 다락방 (낮)

위편에 난 창문을 통해 따스한 햇살 스며들고 있는 다락방.
작은 사다리에 올라탄 채, 천장에 별모양 스티커를 붙이고 있는 해성부.
어린해성은 옆에서 스티커 하나씩 아빠에게 건네주고 있고.

어린해성 (스티커들 중 북두칠성 가리키는) 어? 북두칠성이다!

해성부	오~ 우리 아들, 북두칠성도 알고 박사 다됐네?
어린해성	(고개 갸웃) 근데 아빠, 북극성은?
해성부	북극성?
어린해성	북두칠성이 있으면 북극성도 있어야지~. 북극성은 어딨어?
해성부	음... 시현이 니가 찾는 북극성은, (미소로 어린해성 보는 데서)

#52. 병원 해성의 입원실 (낮)

서서히 눈을 뜨는 해성. 앞엔 수아와 국내4팀 사람들, 장 여사가 서 있다.

수아	정신이 들어?
해성	(힘겹게 몸 일으키는) ...어떻게 된 거야?
수아	뇌출혈이래. 조금만 늦었어도 큰일 날 뻔했어.
안팀장	너는 임마, 상태가 이렇게 될 때까지...! (하는데)
장여사	(안 팀장 등짝 찰싹!) 아픈 애한테 왜 큰 소리를!
미정	제발 몸 생각 좀 하세요. 팀원으로서 진짜 살 떨립니다.

사람들의 걱정이 고마운 해성. 그러다 옆에 침대를 보면, 쓰러진 채 링겔 맞고 있는 영훈이 보이고...

해성	...재는 왜 저래?
안팀장	니 옆에 있겠다고 며칠 밤새다 쓰러졌어. 애가 모자라서 그러지 의리는 있더라.
미정	(명복 빌듯 영훈의 가슴에 국화꽃 한 송이 놔주고...)
해성	아니 뭐 죽지도 않은 애한테 저런 걸... (문득 떠오른) 서명주랑 박재문은요?
안팀장	재판 넘어갔고 공판 중이야.
미정	근데 문제는 22년 전 사건부터 지금까지, 박재문이 전부 지 혼자 벌인

짓이라 주장하고 있단 거에요.

인서트

국정원 취조실. 자리에 앉아있는 재문. "전부 제 독단이었습니다."

재문을 보며 한숨 내쉬는 영훈과 미정.

해성   (작게 한숨 내쉬다가, 결심한 듯) 박재문 제가 만나볼게요.

#53. 국정원 취조실 (낮)

자리에 앉아있는 재문. 잠시 후 안으로 들어와 맞은편에 앉는 한 사람.
해성이다.

해성   확실히 어색하긴 하네. 서명주가 옆에 없는 박재문은.

재문   (해성 바라보고)

해성   내가 생각을 좀 해봤어. 당신한테 서명주는 뭘까. 어떻게 이렇게까지
한 사람을 위해 헌신할 수 있는 걸까.

재문   (바라보고)

해성   알아보니까 둘이 꽤 오래됐더라고? 고아였던 당신이 그쪽 집안에 픽
된 게 아홉 살이니까 적어도 사십 년 이상. (재문 보는) ...가족인 거지?
당신한테 서명주.

재문   (표정)

해성   목숨을 걸고서라도 지키고 싶은 존재. 근데 어쩌나? 내가 봤을 땐 지
키기는커녕 망가뜨리고 있는 거 같은데.

재문   쉽게 말해.

해성   금괴가 없다는 걸 안 이후의 서명주.

재문   ...!!

해성   당신이 보기엔 어땠어. 행복해 보였나?

재문   (보는)

해성   예나는. 엄마의 그런 모습을 보는 게 그 아이가 바라던 거였나?

재문   (눈빛 흔들리는)

해성   이대로 당신이 모든 죄를 뒤집어쓰고 서명주가 밖에 나오면, 장담할게.
그때 학교에서 있었던 일 분명 다시 일어날 거야.

재문   하고 싶은 말이 뭐야.

해성   당신이 원하는 게 가족의 행복이고 그걸 지키는 거라면, 지켜. 더 이
상 그 사람을 불행하게 만들지 마.

재문   (해성 보는)

해성   (일어서는) 결정은 당신 몫이야. 무엇이 진정으로 동생을 위한 길인지,
잘 생각해 보길 바래. (밖으로 나가는)

재문   (표정에서)

#54. 법원 (낮)

재판장석에 앉아있는 세 명의 판사.
방청석엔 해성과 수아, 국내4팀 사람들, 유정과 예나, 학생들이 앉아
있다.
어두운 얼굴 표정의 예나. 그런 예나의 손 잡아주는 유정.
피고인석엔 구치소 수인복 차림의 명주, 증인석엔 재문이 서 있고.

검사   증인, 피고석에 앉아있는 서명주 씨에 관해 증언할 사실이 있습니까?

재문   (주저하고 갈등하는)

판사   증인, 검사의 질문에 답하세요.

재문, 명주를 본다. 믿고 있다는 듯 미소로 재문을 보는 명주.
재문, 방청석의 예나를 본다. 해성을 본다. 차분한 시선으로 재문을
보는 해성.

검사	증인, 증인은 분명 정재현, 김현호, 김형배 씨 살인 사건에 대해 증언

검사　증인, 증인은 분명 정재현, 김현호, 김형배 씨 살인 사건에 대해 증언할 것이 있다 했습니다. 제 말 맞습니까?

재문　(갈등하는)

검사　대답하세요, 증인. 제 말 맞습니까?

재문　(갈등하다가, 결국) 22년 전 서명주 이사장은… 당시 국정원 요원이었던 정재현 씨를 살해했습니다.

명주　…!!

재문의 증언에 웅성웅성 놀라는 방청객들. 증언을 메모하는 기자들.
차분한 얼굴 표정의 해성.

재문　저는 서명주 이사장의 지시로 김현호 씨 살해는 물론,

명주　(벌떡 일어나) 오빠!!

판사　피고인, 정숙하세요.

재문　국정원 김형배 국장마저 살해,

명주　거짓말이야, 다 거짓말이야!!

재문　정해성 씨에게 누명을 씌웠습니다.

명주　박재문 너 왜 이래! 니가 어떻게 나한테, 어떻게 나한테!

판사　피고인! 조용하세요!

명주　니가 이럼 안 되지, 내가 너한테 얼마나 잘해줬는데! 키워준 은혜도 모르는 새끼. 이 개새끼야!!

판사　법정이 소란스러운 관계로 30분간 휴정 후, 선고하도록 하겠습니다.

법정경위들에게 끌려 나가면서도 끊임없이 재문에게 욕설을 퍼붓는 명주.
그런 명주를 보며 해성, 작게 한숨 내쉬고.

(경과)
멍한 표정으로 피고석에 앉아있는 명주.

판사　　사건번호 2025고합9606 선고하겠습니다. 피고인 서명주에게, 무기징
　　　　역을 선고한다.

　　　　법정경위들과 함께 일어서는 명주. 밖으로 나가다가 문득 방청석 쪽
　　　　을 보곤,

명주　　잠시만요.

　　　　이제야 보이는 방청석. 해성이 앉아있다. 해성의 주위엔 수아와 학생
　　　　들, 국내4팀 사람들까지 전부 모여 있다.
　　　　물끄러미 함께 모여 있는 해성과 사람들을 보는 명주. 그러다 예나와
　　　　눈이 마주친다.
　　　　명주의 시선을 외면하며 고개 숙이는 예나. 그런 예나를 위로해주는
　　　　유정.
　　　　철저하게 혼자인 명주. 사람들과 함께 있는 해성.
　　　　해성과 명주, 두 사람의 모습 대비되어 보여지면서... 서서히 화면 암전.

#55. 국정원 전경 (밤)

안팀장(E) 비록 금괴 환수라는 본연의 목적은 달성치 못했지만,

#56. 국정원 국내4팀 (밤)

　　　　회의테이블 의자에 앉아있는 해성과 미정, 영훈. 테이블 앞엔 안 팀장
　　　　이 서 있다.

안팀장　정 선배도 찾았고 서명주도 끝장냈고. 그래도 여러 가지로 얻은 게 많

은 작전이었다 생각한다. 해성이랑 미정이, 고생했어.

영훈　　(나는?, 안 팀장 보면)

안팀장　너는 고생만 했다.

영훈　　(욕이야? 칭찬이야?)

미정　　서명주가 판결에 불복해 항소를 했다 하던데, 설마 형량이 깎이진 않
　　　　　겠죠?

해성　　지은 죄가 워낙 많으니까. …앞으로도 서명주는 지금의 서명주 그대
　　　　　로일 거야. 반성하지 못하고 끝까지 자신은 옳다 생각하면서, 용서 받
　　　　　을 기회조차 스스로 거부한 채 평생을 외롭게 살다 가겠지.

영훈　　그렇게 생각하니까 뭔가 안타깝긴 하네요.

미정　　그래봤자 나쁜 년이다. 동정하지 마라.

안팀장　미정이 말이 정답. (사람들에게) 자, 그럼 종례, 아니 회의는 여기서
　　　　　끝. 내가 쏠 테니까 고기나 먹으러 가자.

영훈　　소고기집 예약하겠습니다!

미정　　한우 특등!

안팀장　어, 미안, 나 소 알러지. 돼지로 가, 돼지.

"아, 뭐예요~!", "그럼 회, 회! 방어!",
"어, 나 발가락 없는 거 못 먹어." 등등 투닥대는 국내4팀 사람들.

해성　　(그 모습 미소로 보다가) 저는 먼저 일어날게요.

안팀장　같이 안 먹고 왜.

해성　　내일 가볼 데가 있어서.

#57. 병문고 해성의 반 (아침)

조회 시작 전 교실. 각자 모여 이야기 나누고 있는 학생들. 잠시 후 들
어오는 수아.

수아	자, 자, 자리에 앉아. 조회 시작하자.
학생들	(자리에 앉는)
수아	오늘은 너희들에게 손님이 왔어. 마지막에 제대로 인사 못한 거 같다고 꼭 하고 싶다네? (교실 문 보는) 들어와.

안으로 들어오는 해성. 그런 해성을 표정 변화 없이 담담히 바라보는 친구들.

해성	안녕? 퇴학당한 주제에 꽤 많이 오지.
학생들	(가만히 해성 보는)
수아	(애들 반응이 왜 이러지?)
해성	(괜히 민망하고) 일어나자마자 할 말 많이 준비했는데, 긴장해서 다 까먹었네. ...너희들과 함께해서 즐거웠고 재밌었어.
학생들	(심드렁한 얼굴로 해성 바라보고)
해성	...갈게. 선생님 말 잘 듣고 공부 열심히 해라.

#58. 병문고 교정 (아침)

교문을 향해 걸음 옮기고 있는 해성과 수아.

해성	(무겁고 아쉬운 얼굴 표정)
수아	그... 애들이 아직 그때의 충격에서 못 벗어났나 봐. 한참 예민할 때잖아, 너무 신경 쓰지 마.
해성	(애써 미소) 위로해주는 거야?
수아	(뭐라 말을 건네야 할지 모르겠고)
해성	가서 애들 잘 챙겨줘. 애들 아직 트라우마 클 테니까...

하는 그때, 툭 해성의 발밑에 떨어지는 무언가. 종이비행기다.

종이비행기를 줍는 해성. 날개 쪽, 메시지가 적혀 있다.
'고마웠어. 나랑 친구해줘서.'
메시지 바라보는 해성의 표정. 그때,

유정(E) 정해성!!

해성과 수아, 뒤돌아보면, 창문 밖으로 일제히 종이비행기 날리는 학
생들 보이고...!
하늘을 날아 해성에게 다다르는 수십 개의 종이비행기들.
해성에 대한 고마움과 작별의 아쉬움, 마지막 인사. 날개에 쓰어 있는
메시지들.
뭉클한 얼굴로 아이들 바라보는 해성. 그런 해성을 보며 미소 짓는 수아.
손 흔들며 해성에게 인사를 건네는 학생들. 그런 학생들 바라보는 해
성의 모습에서.

#59. 교도소 전경 (낮)

#60. 교도소 면회실 (낮)

면회실 안으로 들어오는 명주. 멈칫 보면, 맞은편에 앉아있는 한 사람.
예나다.
흐트러진 머리 정리하곤 애써 태연히 자리에 앉는 명주.

명주 이 시간에 웬일이니? 학교는.
예나 저 자퇴했어요.
명주 ...!!
예나 처음부터 다시 시작하려고요. 이번엔 온전한 제 실력으로.

명주	너 지금... 너 지금 제정신이니? 어우, 예나야, 니가 이럼 어떡해애! 너라도 학교를 지키고 있어야지, 그래야 엄마 돌아갔을 때... (하는데)
예나	사랑해요, 엄마.
명주	(멈칫, 예나 보는)
예나	(눈시울 붉어진) 엄마 사랑하는데... 이해하는 건 시간 걸릴 거 같애.
명주	(따뜻함과 다정함으로) 이해할 필요 없어, 우리 딸. 엄마가 만들어놓은 길 따르면 돼.
예나	(엄마 보는, 표정)
명주	엄만 틀리지 않았어. 엄마 여기 있는 거? 그저 살짝 모자랐을 뿐이야. 근데 넌 아니잖니. 넌 엄마가 모자랐던 부분들 채울 수 있어. 넌 나보다 뛰어나니까, 나보다 우수하니까. 내 딸이니까.
예나	(바라보고)
명주	교육시티는 니가 완성시켜야 돼. 생각해 봐 얼마나 멋있니, 딸이 엄마 꿈 대신 이뤄준다는 게. 그니까 우리 딸 학교 다니자. 엄마가 교감한테 전화할게.
예나	(그런 엄마 아프게 보다가, 애써 미소로) 또 올게요. (나가는)
명주	(당황) 엄마 얘기 안 끝났는데? 딸, 예나야.

애타게 예나를 부르는, 무척이나 외롭고 쓸쓸해 보이는 명주의 뒷모습.

#61. 샌드위치 가게 (낮)

테이블 의자에 앉아 옛날 학생회 문집을 보고 있는 수아.
맞은편엔 해성이 앉아있고.

수아	(옛날 학생회 문집 보다가) 아버님 표정이 좋다.
해성	학생들이랑 좋으셨나 봐.
수아	(해성에게 문집 밀어주는) 지금의 너처럼?

해성	(미소로 대답 대신하곤, 다시 수아에게 문집 밀어주는) 잘 보관해줘.
수아	이걸 왜?
해성	본인이 학교에 남기고 싶어 했던 추억이니까.
수아	음, 글쎄? 난 이게 왠지 아버님이 너한테 남긴 말 같은데. (손으로 톡톡 문집 표지에 **'길쓸별'** 가리키는) 길쓸별. 혜성을 달리 이르는 말.
해성	(문집 표지에 **'길쓸별'** 보는, 표정)

수아, 해성에게 가져가라 문집 건네면, 결국 미소로 문집 건네받는 해성.
주방 오븐에선 샌드위치 빵이 노릇노릇 구워지고 있다.
이내 띵동, 매장 내 모니터에 뜨는 주문 도착 알람.

수아	갔다 올게. 보고 있어.
해성	(문집 보고 있으면)
수아	(샌드위치 갖고 오는) 자, 그럼 길쓸별 씨, 먹어볼까요? (한 입 먹곤, 감탄) 음! 따뜻해서 되게 맛있다! (장난스레 흘기는) 이 맛있는 걸 작전 중 내내 혼자 먹었다는 거지?
해성	(미소로 샌드위치 먹는)
수아	나 먹고 하나 더 먹어도 돼?
해성	많이 먹어.

웃으며 샌드위치 먹는 두 사람의 모습에서.

#62. 해성의 집 거실 (낮)

거실에 있던 물건들을 박스에 넣고 있는 해성.
어느 순간 해성, 아버지와 어렸을 적 자신이 함께 찍은 사진액자를 든다.
가라앉은 얼굴로 사진 속 아버지를 바라보는 해성.

해성(E)   이 작전하면서 많은 일이 있었어요, 아버지. (피식) 꼬맹이들이랑 어울리고 말도 안 되는 상황도 겪고. ...솔직히 모르겠어. 나는 대체 왜 이렇게까지 모순과 부조리를 뒤집고 다닌 걸까.

해성, 고개 들어 보면, 주위엔 이미 물건들 채운 박스들이 곳곳에 놓여 있고.

해성(E)   내 한 걸음으로 세상은 바뀌지 않는데. 여전히 세상은 어두운데.

사진 속 아버지를 바라보는 해성.

해성(E)   제가 걸은 길에 대한 답... 찾을 수 있겠죠?

해성, 사진을 박스에 넣는다. 박스 뚜껑을 덮는다.
잠시 생각에 잠긴 듯 있다가, 다락방 쪽을 본다.

#63. 해성의 집 다락방 (낮)

안으로 들어오는 해성. 작은 사다리를 갖고 와 스티커를 떼어내기 시작한다.
어느 순간 멈칫, 과거 아버지가 스티커로 만들어놓은 북두칠성을 보는 해성.
이 별자리... 물끄러미 북두칠성 바라보는 해성의 표정.

#64. 회상, 해성의 집 다락방 (낮)

12화 51씬 연결

어린해성 북두칠성이 있으면 북극성도 있어야지~. 북극성은 어딨어?

해성부 음... 시현이 니가 찾는 북극성은, (미소로 어린해성 보는) 아빠가 숨겨놨어.

어린해성 아빠가 별을 왜?

해성부 (작은 사다리에서 내려와, 아들과 시선 맞추는) 나중에 시현이가 찾아보라고.

#65. 해성의 집 다락방 (낮)

천장에 붙어있는 북두칠성 스티커를 바라보다가, 북두칠성의 국자 끝부분의 두 별을 짚는 해성. 이를 기준으로 쭉 선을 긋듯, 천장에서부터 아래로 시선을 이동시킨다. 여러 가지 물건들 쌓여있는 벽이 보인다. 물건들을 치운다. 물건들 너머 보면, 벽 한쪽, 북극성 별모양 스티커가 붙어있다.

해성부(E) 언제나 같은 자리에 있는 별.

잠시 스티커 바라보다가, 지렛대를 이용해 나무 벽을 뜯어내기 시작한다.

해성부(E) 어둠 속에서 길을 밝혀주기 위해,

이윽고 벽을 뜯어내면, 벽 안쪽, 지금껏 숨겨져 있던 공간이 모습을 드러낸다.

해성부(E) 밤하늘에 항상 밝게 빛나는 별.

공간 안쪽, 무언가 들어있다. 물끄러미 그 무언가를 바라보는 해성의

표정.

해성부(E) 우리 아들이 그 별을 따라가다 보면, 답을 찾을 수 있을 거야.

이윽고 모습을 드러내는 무언가. 고종 황제의 국새직인이 찍혀있는 금괴들이다...!
해성, 무수히 쌓여있는 금괴들 바라보다가, 그 위 놓여있는 메모를 집어 든다.
'훗날 나의 아들이, 나의 임무를 대신해주길.'

해성   (메모 보다가, 핸드폰 전화 거는) ...예, 팀장님. 임무 완수했습니다.

따스한 햇살 속, 아버지를 떠올리며 미소 짓는 해성.
그리고 한쪽에 붙어있는 북극성 별모양 스티커, 햇살에 반짝 빛나면서...

해성(E)   내 이야기는 여기까지야. 다른 사람들은 어떻게 지내냐고?

#66. 몽타주

/ 거리 (낮)

멈춰 서있는 수아의 차.
운전석에 앉아 웹소설 단행본 **'언더커버 하이스쿨'**을 보고 있는 수아.
표지엔 **'작가 이동민'**, **'국정원 에이스 요원 정해성의 좌충우돌 N차 고딩 활약기'**
수아, 미소로 표지에 주인공의 이름 **'정해성'**을 보고 있으면,
잠시 후 조수석에 오르는 한 사람. 민지다. "선생님."

수아   왔어? (조수석 대시보드에 책 올려놓는)

민지	선생님 웹소설 좋아했어요?
수아	이거 쓴 작가가 내 제자거든. 그건 그렇고 짠! (교원자격증 보여주면)
민지	오~ 드디어. 축하드려요.
수아	선생님 약속 지켰다. (차량 시동 거는) 밥 먹으러 갈까?
해성(E)	수아는 자신의 꿈을 이뤘어. 비록 살짝 오래 걸리긴 했지만.

/ 국정원 면접장 (낮)

국정원 엠블럼이 붙어있는 면접장. 응시표를 가슴에 붙인 채 면접관들 앞에 앉아있는 유정. 열심히 면접관들의 질문에 답하는 모습.

| 해성(E) | 유정이는 꿈을 위해 노력 중이야. (숙연한) 동생이랑 같은 직장을 다닐 수도 있다니. 세상에. |

/ 화실 (낮)

왼손 손목의 흉터 훤히 드러낸 채, 반팔 차림으로 그림(유화)을 그리고 있는 예나.

| 해성(E) | 진짜 하고 싶었던 것에 매진 중인 예나. |

진동 울리는 예나의 핸드폰. **'내 사랑 유정♥'**에게 온 전화.

| 예나 | 어, 쩡~. 면접 잘 봤어? |
| 해성(E) | 물론 유정이랑도 오케이. |

/ 국정원 안 국장 사무실 (낮)

책상 위 명패, **'국장 안석호'**
의자에 앉아 업무 중인 안 팀장. 지금까지와는 다르게 깔끔하고 댄디한 모습.
잠시 후 똑똑 노크 소리. 결재서류철 든 채 안으로 들어오는 공 팀장.

공팀장　국장님. (결재서류철 내밀면)

안팀장　(서류 보곤) 수고했어.

해성(E)　아저씨는 멋있어졌어. 자리가 사람 만든다는 게 사실인가 봐.

/ 국내4팀 사무실 (낮)

미정, 책상 의자에 앉아 업무를 보고 있으면, 잠시 후 영훈이 미정에게
다가온다.

지금까지와는 다르게 매우 멋있는... 잘생겨 보이기까지 한 영훈의 모습.
그런 영훈을 가만히 바라보는 미정.

해성(E)　영훈이는 드디어 미정이를 포기했어. 근데 재밌는 건.

영훈　(서류 건네주며, 사무적인) 아무래도 이놈들 해외에 계좌를 판 거 같
습니다.

뭐라 뭐라 심각하게 설명을 하는 영훈. 하지만 미정에게 들리지 않는다.
그저 가만히... 영훈의 깊은 눈과 콧날, 붉은 입술을 바라보는 미정.

영훈　당장 인터폴에 수사 협조 요청해서... (하다가, 미정 보는) 선배?

벌떡 일어나 영훈의 손 박력 있게 덥석! 그대로 영훈을 끌고 밖으로
나가는 미정.

해성(E)　조만간 조카가 생길지도 모르겠어.

/ 수아모의 가게 (밤)

다 함께 모여 맥주잔 건배하는 해성과 수아, 국내4팀 사람들, 유정과
장 여사, 수아모.
왁자지껄 떠들고 웃으며 즐거운 시간을 보내는 사람들.
사람들을 바라보며 미소 짓는 해성. 그 위로

해성(E)   생각해 보면 보물이란 건... 그렇게 멀리 있는 게 아닌 거 같아. 나한
테 보물은 이 사람들이야. 이들과 함께했던 과거, 함께하는 지금, 함
께할 미래. 매순간이 반짝이고 있거든. 너희들도 너희들만의 보물을
찾기를, 시간이 걸리더라도 가장 따스히 반짝이는 빛을 찾기를,
진심으로 바랄게.

#67. 천문대 (밤)

별이 가득한 밤하늘. 나란히 앉아 밤하늘의 별을 보고 있는 해성과 수아.

수아   똑같은 별인데 여기서 보는 건 또 다르네. 예뻐.

해성   난 니가 더 예쁜데?

수아   (표정 놀라 해성 보는)

해성   (수아 바라보고)

수아   (해성 보다가, 피식) 몇 년 사이 많이 변했네? 우리 정해성 씨.

해성   (옅게 웃음 짓다가) ...아, 맞다. 건 대체 언제 얘기해줄 거야? 내가 왜
인생의 원순지.

수아   그게 그렇게 궁금해? (장난스레 흘기는) 들으면 후회할 건데.

해성   (표정 진지해지는) 심각한 거야?

수아   (주변 둘러보곤, 속닥속닥 귓속말)

해성   !! 정말?

수아   응. 원수 맞지?

해성   (픽 웃음 짓는) 내가 잘못했네. 사과할 테니까 눈 감아 봐.

수아   (살짝 기대로) 눈은 갑자기 왜?

해성   감아 봐.

눈 감았다가... 잠시 후 슬며시 눈 뜨는 수아.
수아, 자신의 왼손 약지 보면, 프러포즈용 예쁜 반지가 끼워져 있고.

수아   (해성 보면)
해성   (부끄럽고 민망하고) 옛날에 약혼은 했으니까... 지금은 프러포즈.

서로를 바라보며 웃음 짓는 두 사람.
어느 순간 해성, 살며시 수아에게 다가간다.
서로의 입술이 떨리듯 맞닿고, 키스를 나누는 두 사람의 모습에서.

#68. 에필로그, 고등학교 교실 (낮)

병문고와는 정반대의, 한눈에 봐도 꼴통학교 느낌 물씬 풍기는 어느
고등학교 교실.
하나같이 불량하고 껄렁한 모습으로 자리에 앉아있는 학생들.
잠시 후 교실 문 열리고, 안으로 들어와 교탁에 서는 한 사람. 다름 아
닌 해성이다...!
오... 해성을 보고 웃음 짓는 여학생들. 아니꼬운 표정의 남학생들.

해성   오늘부터 너희들의 담임을 맡게 된, 정해성이다.
학생들   (해성을 바라보는 표정들)
해성   ...잘 부탁한다.

학생들을 바라보며 웃음 짓는 해성. 그런 해성의 모습에서 언더커버
하이스쿨 엔딩!!

- 언더커버 하이스쿨 끝 -

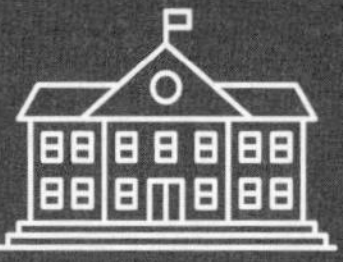

이어지는 그들의 이야기

#1. 도로 (낮)

차량들을 제치며 빠른 속도로 도로를 달리고 있는 해성의 바이크.
신랑 예복을 입은 채 바이크를 운전 중인 해성.
그때 핸드폰 진동. 해성 핸드폰 보면, '아저씨'에게 온 전화다.
미치겠네... 전화 받지 않은 채 더더욱 강하게 바이크 스로틀을 당기
는 해성.

#2. 예식장 로비 (낮)

혼주 차림으로 하객들과 인사를 나누며 서 있는 장 여사.
옆에 안 팀장은 걱정스런 얼굴로 해성에게 전화를 걸고 있는 중이고.

안팀장   (핸드폰 내리면)

장여사   해성이 어떻게 됐어? 전화 안 받아?

안팀장   보면 몰라? 아, 이 자식은 어떻게 된 게 지 결혼식도 늦게 와~?

그때 안 팀장과 장 여사에게 다가오는 두 사람. 영훈과 미정이다.
영훈은 품에 쌍둥이 애기멜빵을 메고 있고.

미정	선배는요? 아직 안 왔어요?
영훈	아니 그 사람은 뭐 자기 결혼식도 늦게 와~?
안팀장	그 멘트 방금 내가 했거든?
영훈	설마 선배 혹시 말이에요. ...도망간 건 아니겠죠?
사람들	(가만히 영훈 바라보고)
안팀장	(미정에게) 너 남편 관리 안 하냐?
미정	죄송합니다. (으르렁 영훈 째려보면)
영훈	(쌍둥이 아기들에게, 말 돌리듯) 우리 채아랑 채윤이 쉬 쌌네? 아빠랑 화장실 가자. (걸음 옮기는)
장여사	그나저나 좀 있으면 식 시작인데 큰일이네. 수아샘은?

#3. 예식장 신부대기실 (낮)

웨딩드레스를 입은 채 소파에 앉아있는 수아의 뒷모습. 아직 얼굴은
보이지 않는다.
잠시 후 똑똑 노크소리. 안으로 들어오는 수아모.

수아모	(난감한) 야, 딸 어떡하냐? 정 서방 아직 안 왔다는데?

수아, 손에 쥐고 있던 부케를 부서질 듯 우드득 부여잡고.

#4. 예식장 (낮)

식이 시작되지 않아 웅성거리는 분위기 속,

자리에 앉아있는 예나와 유정, 병문고 학생들, 그리고 리안과 광두.
주례석엔 공 팀장이 서 있고.

예나	지금까지 시작하지 않은 건 문제 있는 거지?
유정	정해성답다고 해야 되나... (예식장 문 보는) 쉽게 가는 게 없네.
윤철	이거 이럼 완전히 나가린데...
범식	근데 궁금한 게, 결혼식 나가리 되면 축의금 환불해주냐?
채린	3만 원 낸 애가 할 말은 아닌 거 같다.

#5. 도로 (낮)

부아아아아앙-! 빠른 속도로 도로를 달리는 해성의 바이크!

#6. 예식장 (낮)

말끔하게 정장을 차려입은 채 사회자석에 서는 동민.

동민	하객 여러분께 안내 말씀 드리겠습니다. (난감한) 아직까지 신랑이... 식장에 오지를 못했다 합니다.
사람들	(웅성웅성)
광두	도망갔네.
리안	(아오, 쫌!)
동민	이후 다른 분들의 식이 열리는 바 시간 관계상 더 이상의 진행은 어려울 것 같습니다. 바쁜 시간 찾아와 주신 하객 여러분들껜 진심으로 죄송하지만... 신랑 정해성 군과 신부 오수아 양의 결혼식은 여기에서...

하는 그때, 벌컥 문을 열고 안으로 들어오는 한 사람. 해성이다!

해성　　신랑 왔습니다!

예복 상의를 입으며 걸음 옮겨 주례석 앞에 서는 해성.
그런 해성을 보며 놀라는 병문고 학생들과 사람들.
그사이 안 팀장과 장 여사, 수아모는 혼주석에 자리하고.

동민　　(놀란 얼굴로 해성 보고 있으면)

해성　　뭐 해? 시작해.

동민　　!! 예, 그럼... (문득 식장 한쪽 보면, 직원1이 시간 없다는 듯 자기 손
　　　　목시계 가리키고 있고) 예, 그럼 시간 관계상 준비해온 멘트들 전부
　　　　생략하고... 신부 입장!

곧바로 문이 열리고, 신부입장 음악과 함께 안으로 들어오는 수아.
너무나도 아름다운 수아의 모습에 놀라는 사람들.
해성은 설레는 미소로 다가오는 수아 바라보고.

수아　　왜 이렇게 늦은 거야?

해성　　교사가 쉬운 게 아니더라.

수아　　이제 알았냐? 일 때문이라니까 봐준다.

해성, 그런 수아를 보며 옅게 미소 짓고.

(경과)
기념사진을 찍기 위해 서 있는 해성과 수아, 병문고 학생들과 사람들.

해성　　수아야.

수아　　(해성 보면)

해성　　우리 행복하자.

수아　　그걸 말로만?

서로를 보며 미소 짓는 해성과 수아. 이내 이어지는 두 사람의 키스.

그 모습을 보며 박수치고 환호하는 병문고 학생들.

눈물 훔치는 장 여사와 수아모. 흐뭇한 미소의 안 팀장과 공 팀장.

행복한 웃음을 짓는 해성과 수아, 사람들.

그 모습 찰칵! 영원한 사진으로 남으며 **〈언더커버 하이스쿨〉** 끝!!

〈언더커버 하이스쿨〉을 처음 구상할 때 스스로 다짐한 세 가지가 있었습니다.
어렸을 적 아버지의 실종으로 인한 상처와 외로움. 그로 인해 몸만 자란 어른
아이가 진정한 '한 사람'으로서 성장해 가는 이야기를 만들자.
과연 '보물'의 의의는 무엇일까. 어쩌면 우린 가까이 있는 '진짜 보물'을 놓치
고 있는 건 아닐까 하는 질문을 던지자.
"어딘가에서 해성이가 지금도 잠입 임무를 하고 있을 거 같아!"라고 생각하게
만드는, 마치 실제로 존재하는 것만 같은 살아있는 인물들을 만들자.
하루하루 한순간도 다짐을 잊지 않고 이야기를 써 내려갔습니다.
평생 운을 다 썼다 해도 좋을 정도로 멋진 배우님들이 손을 들어주셨습니다.
어디서 이런 분을 또 만날 수 있을까 할 정도로 좋은 감독님을 만났습니다.
부족한 이야기에 수많은 기적이 모였습니다.
그렇게 〈언더커버 하이스쿨〉이 만들어졌습니다.

기적 같던 순간이 지나고 이야기는 막을 내렸습니다.
해성과 수아와 함께 울고 웃고 했던 시간들,
이제 그 여운을, 여기 〈언더커버 하이스쿨〉 대본집 속에 조심스레 담아보려
합니다.

대본집을 읽으시며 다시 한번 해성이가 살던 세상을 떠올려 주신다면,
해성과 수아, 명주, 국내4팀 사람들과 병문고 아이들까지 한 명 한 명 미소와
함께 기억해 주신다면, 작가로서 그보다 더 감사한 일은 없을 것 같습니다.

더운 여름날부터 추운 겨울날까지 드라마를 위해 한 몸 불살라주신 최정인 감
독님과 조감독님들, 스텝님들.
서강준, 진기주, 김신록 배우님을 비롯한 전체 배우님들.
네오엔터테인먼트의 이향봉 대표님과 배익현 부사장님, 회사 식구들.
MBC 문화방송 관계자님들과 남궁성우 CP님, 이월연 PD님.
제 첫 데뷔 작품에 이어 본 작품도 함께 해준 박미정, 김리안 작가.
마지막으로, 〈언더커버 하이스쿨〉을 사랑해주신 시청자분들에게 진심으로
감사의 말씀을 드립니다.

- 작가 임영빈 드림.

" 언더커버 하이스쿨"을 사랑해주셔서
감사합니다 !!

－작가 임영빈 드림

4화, 해성의 예비군 소동부터 옥탑방까지.

본방으로 드라마를 보며 한참을 소리 내어 웃었던 부분입니다.
정말 〈언더커버 하이스쿨〉에서 가장 웃겼던 씬!
현장에서의 감독님과 배우님들의 아이디어로 대본에 쓰여 있던 내용 그 이상
을 보여줬던 씬! (영훈 역할의 조복래 배우님의 곰 인형인 척하기는 최고였어
요. 거기에 윤가이 배우님의 귓방맹이까지!)
거기에 해성과 수아의 환상의 케미, 미정과 영훈의 환장의 케미까지.
몸을 아끼지 않는 몸개그도 모자라 로맨스까지 기깔나게 말아주신 우리 배우
님들, 감사하고 사랑합니다.
해성아, 너의 '병자병정'은 최고였어.
감독님, 현장에서 '해성이 춤추게 하자!' 아이디어 내주셔서 감사합니다.

9화, 학생들에게 학교를 대신해 사과를 표하는 수아.

오직 자신이 정교사가 되겠다는 것에만 집중했던 수아. 그런 수아가 처음으
로 학생들에게 진심을 보이고, 처음으로 사과를 표합니다. 자신의 잘못이 아

님에도 한 사람의 어른으로서요.

이후 수아는 거침없이 달려나갑니다. 학생들을 지키기 위해 그토록 바라던 정교사 자리까지도 포기하겠다 합니다. 사람으로서, 선생님으로서 한 단계 성장한 것입니다.

이런 수아의 성장과 변화를 너무나도 설득력 있게 잘 표현해주신 진기주 배우님, 제가 극본 집필 중 입원한 적이 있었을 때, 배우님께서 감독님께 "작가님 위해서라도 수아를 잘 만들고 싶다." 하셨다 들었어요.

배우님께선 제가 생각했던 것 그 이상으로 수아를 잘 만들어주셨어요.

종이 위 활자로만 존재하던 수아를 한 명의 살아있는 인간으로 만들어주셔서 감사합니다. 언제나 배우님께 행운만 가득하길!

10화, 아버지의 백골 시신을 발견한 해성.

'금고 안에서 숨을 거둔 아버지.'

이는 〈언더커버 하이스쿨〉을 처음 구상할 때부터 픽스를 해놓은 설정이었습니다. 주인공을 괴롭혀야 하는 작가로서 해성이란 인물에게 줄 수 있는 가장 큰 비극 포인트였기 때문입니다.

특히 해성 역할의 서강준 배우님의 연기...

'작가는 거들었을 뿐 배우가 다 했다.' 하는 생각이 들 정도로 멋진 감정 연기...

금고 안에서 아버지를 발견한 순간의 해성의 눈빛, 떨리는 표정과 이어지는 오열...

서강준이라는 배우가 아니면 누가 해성의 감정을 이렇게 아프게 표현할 수 있을까요.

이 자리를 빌려 대본에 쓰여 있던 감정을 100프로 이상 표현해주신 서강준 배우님, 배우님은 제가 '난 캐스팅 운이 정말 좋은 작가구나' 생각하게 만든 배우님이세요. 그동안 고생 많으셨습니다. 해성이를 연기해주셔서 감사합니다.

그리고 〈언더커버 하이스쿨〉의 어머니 최정인 감독님, 이미 개인적으로 말씀드렸지만 다시 한번 말씀드리자면, 이 씬에서 어린 해성과 해성부의 회상씬 음악을 쓴 건 정말 최고였습니다.
감독님의 연출 덕분에 더더욱 가슴 아픈 씬이 되었다 생각합니다. 감사합니다.

12화, 교도소 면회실에서의 명주와 예나.

〈언더커버 하이스쿨〉은 대본과 다르게 현장에서 감독님과 배우님들이 아이디어를 모아 만든 씬들이 종종 있습니다. 앞서 말씀드린 '병자병정'을 포함해 특히 이 씬이 그러한 씬인데요.
제가 쓴 씬, 그러니까 대본집에 있는 씬에서 명주는 끝까지 뉘우치지를 못하는 인물이었습니다. 하지만 드라마에선, 명주에게 희망을 주었습니다. 12화까지 이어지는 긴 이야기 동안 오직 1등이라는 목적에만 미쳐있었던 명주. 극 중 모든 인물이 성장했음에도 (심지어 재문마저도!) 유일하게 성장하지 못한 그녀였지만, 어쩌면 앞으로 변할 수도 있겠다는 희망을요. 그녀의 하나뿐인 딸을 통해서.
이야기와 인물에 책임을 져야 하는 작가로서 드라마를 보며 많이 반성하였습니다.
명주와 예나 두 사람의 감정을 고려했을 땐 드라마에서 보여진 흐름이 맞다, 왜 나는 서명주라는 캐릭터를 제대로 이해하지도 못한 채 글을 썼을까 했기 때문입니다.
처음으로 엄마에게 사랑한다는 말을 건네는 예나. 그리고 명주의 회한의 눈물. 12화 동안 쌓아온 모녀의 갈등을 해결하는 씬이기에, 그러면서도 명주라는 캐릭터에게 당신도 변할 수 있다는 희망을 주는 씬이기에, 저의 최애씬 중 하나로 선정하는 바입니다. 김신록, 김민주 두 분 배우님 감사합니다!
난 이제 두 분이 아닌 명주와 예나는 상상할 수가 없어!

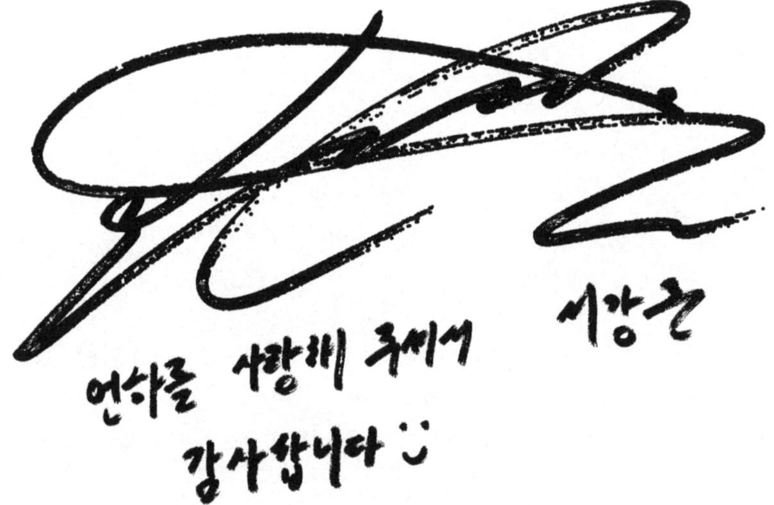
언하를 사랑해 주세서   서강건
감사합니다

새로운 즐거움이 되었죠♡

잔기쁨

<언더커버 하이스쿨>
대본집이 출판된다니 !!
너무 기쁘고 설렙니다 ♡
여기까지 사랑했던 모든 사람들에게
꿈을 주었다 생각이 될 수 있기를 …
세상에 역

민주. 예나

언더커버 하이스쿨을
사랑해 주셔서 감사합니다 :)
함께해서 행복했어요 ♡

만남은 짧지만 , 기억은 길기를 .
늘 행복하세요 .
-동민역 신준항-

즐거워 해주셔서 감사 합니다.
늘 웃음이 가득 하시길-?
그럼 모두 다 같이 외쳐볼까요?

"언더커버~~하이스쿨 !!!"

유정세현 :)